PERRY STONE

PROPHETISCHE ENDZEIT-CODES ENTSCHLÜSSELT

W0087474

VERBLÜFFENDE GEHEIMNISSE UND WARNUNGEN,
AUFBEWAHRT FÜR DIE ZEIT DES ENDES

PROPHETISCHE ENDZEIT CODES ENTSCHLÜSSELT

WIEDERKEHRENDE ABLÄUFE UND BIBLISCHE PARALLELEN
ENTHÜLLEN EREIGNISSE DER VERGANGENHEIT,
GEGENWART UND ZUKUNFT

PERRY STONE

ReformaZion Media

Braasstraße 30
D – 31737 Rinteln
Fon (05751) 97 17 0
Fax (05751) 97 17 17
info@reformazion.de
www.reformazion.de

1. Auflage, Oktober 2016
ISBN 978-3-938972-60-1

Übersetzung: Gabriele Pässler, Görwihl.
Lektorat: Gabriele Pässler, Görwihl & ReformaZion Media.

Die Bibelstellen sind in der Regel der Schlachterbibel 2000 entnommen:
Bibeltext der Schlachter, Copyright © 2000 Genfer Bibelgesellschaft.

An den gekennzeichneten Stellen wurde aus folgenden Übersetzungen zitiert bzw. ins
Deutsche übertragen: **LUT:** Lutherbibel, revidierter Text 1984, durchgesehene Ausgabe,
© 1999 Deutsche Bibelgesellschaft, Stuttgart. **KJV:** King James Version, aus dem
Englischen übersetzt. **HFA:** Hoffnung für alle, © 1983, 1996, 2002, 2015 by Biblica, Inc.°.
NGÜ: Bibeltext der Neuen Genfer Übersetzung – Neues Testament und Psalmen, © 2011
Genfer Bibelgesellschaft. **GNB:** Gute Nachricht Bibel, revidierte Fassung, durchgesehene
Ausgabe, © 2000 Deutsche Bibelgesellschaft, Stuttgart. **ELB:** Revidierte Elberfelder Bibel
© 1985/1991/2006, SCM-Verlag GmbH & Co. KG, Witten 2008.
Alle Bibelzitate wurden den Regeln der Rechtschreibreform angepasst.

INHALT

Widmung

Millionen Zuschauer in 249 Ländern der Welt empfangen unsere wöchentliche Fernsehsendung „Manna-Fest" über Kabel, Satellit und im Internet. Ich freue mich sehr, von unseren Soldaten und Soldatinnen zu hören, die diesem Land im Militär dienen, und zu erfahren, wie unser Programm ihr Leben verändert und prägt. Deshalb widme ich dieses Buch über Amerika und biblische Prophetie unseren Soldaten in der Heimat und im Ausland. In mir finden sie immer einen Freund.

Mit grösster Hochachtung,
Perry Stone

EINE WICHTIGE VORBEMERKUNG: DIE BIBEL UND IHRE TYPEN, SCHATTEN, MUSTER, PARALLELEN UND ZYKLEN

Da sagte er zu ihnen: Darum gleicht jeder Schriftgelehrte, der für das Reich der Himmel unterrichtet ist, einem Hausvater, der aus seinem Schatz Neues und Altes hervorholt. Matthäus 13,52

Auf meiner ersten Israel-Reise wurde mir bewusst, wie unwissend ich in geistlichen Angelegenheiten war. Ich wuchs in einer christlichen Gemeinde auf und ging dreimal in der Woche zum Gottesdienst. Ich habe Erweckungen miterlebt, war auf Konferenzen, besuchte Großveranstaltungen und dachte wirklich, ich würde die Bibel kennen – zumindest bis 1985! Unsere jüdischen Reiseführer erklärten die Bibel nämlich aus einem hebräischen Blickwinkel, und was ich von ihnen lernte, war mir trotz aller meiner Predigten neu. Damals war ich 26, aber noch nie hatte ich einen Prediger unserer Gemeindebewegung über die sieben Feste Israels und ihre prophetische Erfüllung sprechen hören. Wir hielten uns für „Gläubige des Neuen Testaments", und das Alte Testament war für uns vor allem eine Sammlung bemerkenswerter uralter Geschichten.

Die Bibel enthält viele Schichten von Weisheit und Erkenntnis; doch das wurde bei uns nicht gelehrt. „In der Bibel ist das gemeint, was da steht, und wenn diese Bedeutung einen Sinn ergibt, dann suche keine andere Bedeutung!" Das ist die Ebene des einfachen Lesens – man nimmt eine Schriftstelle für die eigene Situation oder man stärkt seinen Glauben mit den Verheißungen Gottes. So hört man es von den meisten Kanzeln Nordamerikas, und dies ist die begrenzte Sicht vieler Christen. Leider haben die meisten Gläubigen kein Interesse, tiefer zu graben und weitere geistliche oder prophetische Bedeutungen und Anwendungsmöglichkeiten kennenzulernen – denn dazu braucht es Zeit, und man muss es wollen, und man benötigt Einblick in das hebräische Denken und seine Art der Schriftauslegung.

So gibt es die Ebene der Typen und der „Schatten der Dinge…, die kommen sollen" (Kolosser 2,17). Ein Typus ist eine Person, ein Ereignis oder ein Gegenstand, die für etwas anderes stehen oder es abbilden sollen. Ein Schatten ist etwas, das in der Erzählung verborgen ist, er verbindet etwas noch Kommendes mit Vergangenem. Ein gutes Beispiel dafür ist 1. Mose 22; hier nimmt Abraham seinen „einzigen Sohn" Isaak, den einzigen Sohn, den er von Sara hatte, und opfert ihn auf einem Berg (in Jerusalem), dem Berg Morija. Abraham bindet Isaak fest – das war ein Schatten auf das zukünftige Erlösungswerk Jesu Christi am Kreuz.

Abraham bringt seinen Sohn Isaak Gott zum Opfer dar	Gott opfert seinen Sohn Jesus Christus, um die Sünde zu sühnen
Abraham war der Vater Isaaks.	Gott ist der Vater Jesu Christi.
Isaak war sein „einziger Sohn" (1. Mose 22,2.12).	Jesus ist sein einziger („eingeborener") Sohn (Johannes 3,16).
Isaak kam mit ins Land Morija (V. 2).	Jesus wurde gekreuzigt unweit des Berges Morija (Markus 15,22; 2. Chronik 3,1).
Bei ihm waren noch zwei Männer, deren Namen nicht genannt werden (V. 3).	Bei ihm waren zwei Männer, deren Namen nicht genannt werden (Markus 15,27).
Sie spalteten das Holz, auf das Isaak gelegt werden sollte (V. 3).	Jesus starb an einem Kreuz aus Holz (Galater 3,13).
Für Abraham war das ein Akt der Anbetung (V. 5).	Das Sterben Jesu Christi war von zutiefst geistlicher Bedeutung (Apostelgeschichte 3,26).
Abraham legte Isaak das Holz auf (V. 6).	Jesus trug sein Kreuz (Johannes 19,17).
Gott sorgte für ein „Lamm" zum Opfer (V. 8).	Jesus war das Lamm Gottes (Johannes 1,29).
Isaak stand auf und stieg vom Altar (V. 13).	Jesus Christus stand von den Toten auf (Apostelgeschichte 10,40).

Viele Schatten in der Thora[1] offenbaren Einzelheiten zum Erlösungswerk Jesu Christi, von dem im Alten Testament noch niemand wusste; der Heilsplan wurde ja erst offenbart und verstanden, als die vorherbestimmte Zeit des Leidens Christi gekommen war. Zu diesen Schatten gehören die Pessach-Rituale (2. Mose 12) und das Opfer der jungen roten Kuh (4. Mose 19); in beidem sind viele und exakte Einzelheiten verborgen, die wir bei der Kreuzigung Jesu Christi wiederfinden.

Meiner ersten Israel-Reise in den 1980er-Jahren folgten viele weitere. Als ich die jüdischen Wurzeln des Christentums erforschte und begann, darüber zu lehren, dachten meine konservativen Kollegen, ich gleite ab und wäre kurz davor, in einem Pfuhl der Irrlehre zu versinken. Biblische Prophetie war für mich schon immer ein wichtiges Thema, doch nun kam ein neuer Aspekt hinzu: Die Prophetien, die innerhalb Israels erfüllt wurden. Zum Beispiel hielt ich eine Predigt über „Die Asche von der jungen roten Kuh" und den bevorstehenden Bau eines jüdischen Tempels. Diese Predigten über biblische Prophetie mit Schwerpunkt auf unseren jüdischen Wurzeln füllten die Gottesdienste mit aufmerksamen Zuhörern; sie öffneten aber auch Tor und Tür für Kritiker, die sich so sehr von mir distanzierten, als hätte ich die Pest. Diese Lehre über Typen, Schatten, Muster, Parallelen und Zyklen in der Bibel verstanden sie nicht, und sie sagten lieber: „Perry hat sich wirklich verstiegen", als zuzugeben, dass sie davon nicht viel verstanden.

Ich achtete nicht auf die Unkenrufe, sondern grub immer tiefer, und die Bibel entpuppte sich als ein vielschichtiges Buch, das zu oft nur gelesen, aber nicht erforscht wird. Man sieht sie als ein Geschichtenbuch – eine nette Geschichte hier, eine interessante Erzählung da. Aber die Worte der Bibel sind mehr als nur alte Geschichten; es ist von Gott inspirierte Schrift mit vielfältiger

---

1 Thora – hebr. „Weisung", Gesetz; die ersten fünf Bücher der Bibel, 1.-5. Mosebuch oder Genesis, Exodus, Leviticus, Numeri, Deuteronomium. (Anm. d. Übers.)

Anwendung! In so manchen Passagen sind prophetische Codes verborgen – frühere Ereignisse mit Details, die sich irgendwann wiederholen werden. Doch um auf diese verborgenen Wahrheiten zu stoßen, muss man die ganze Bibel kennen, die Zeit ihrer Entstehung und Einzelheiten von ähnlichen Ereignissen, und man braucht ein Verständnis von biblischer Prophetie und Einsicht darüber, welche Zeichen und Umstände die Wiederkunft Christi vorhersagen.

Eine meiner erstaunlichsten Entdeckungen ist, dass Gott die Weltgeschichte in Spiralen schreibt: Manchmal liegen Jahrhunderte oder Jahrtausende zwischen bedeutenden Ereignissen, aber oft gibt es Parallelen beim Datum oder es sind dieselben Bezeichnungen, welche ähnliche Ereignisse und Schauplätze wiedergeben. Gott selbst hat gesagt:

> Ich verkündige von Anfang an das Ende, und von der Vorzeit her, was noch nicht geschehen ist. Ich sage: Mein Ratschluss soll zustande kommen, und alles, was mir gefällt, werde ich vollbringen. Jesaja 46,10

> Das Frühere habe ich längst schon verkündigt; aus meinem Mund ist es hervorgegangen, und ich habe es bekanntgemacht. Plötzlich habe ich es ausgeführt, und es ist eingetroffen. Jesaja 48,3

Darum geht es in diesem Buch: wie sich das Frühere im Kommenden wiederholen kann und wie Vergangenes zur Gegenwart wird. Gottes Weisheit hilft uns, das Künftige zu sehen aufgrund dessen, was früher war. Dieses Buch bietet keine theologische These zu irgendeiner Doktrin, sondern zeigt, dass Gottes Geschichte ständig voranschreitet – und zwar nicht nur geradlinig vorwärts, wie wir im Westen oft meinen, sondern kreisförmig vorwärts oder mit Wiederholungen. Dieses Prinzip von Zyklen, wenn richtig verstanden, kann uns dabei helfen, uns die Zukunft vorzustellen und mitunter eine Entwicklung vorherzusagen, noch bevor etwas eintrifft.

Ich teile hier einige sehr wichtige und manchmal delikate Geschichten mit; deshalb nenne ich die Namen der Personen, von denen ich sie habe, oft nicht. Ich möchte ihre Privatsphäre schützen; in der Presse und den Nachrichten hört man das ja oft: „interne Quellen", „aus Regierungskreisen" oder „jemand, der nicht genannt werden möchte". Ich kann aber versichern, dass ich diese Menschen persönlich kenne und dass ihre Erzählungen wahr sind.

Eine starke Betonung liegt auf der Verbindung Amerikas mit früheren Weltreichen und auf der Frage, was die Vergangenheit über unsere Zukunft offenbaren kann – dazu gehört auch, dass das Leben früherer Präsidenten möglicherweise eine Warnung ist für künftige Präsidenten und Politiker. Da wir neue Freunde, Partner und Zuschauer haben, die nicht alle unsere bisherigen Erkenntnisse gelesen oder erforscht haben, habe ich in diesem Buch auch einiges geschrieben, was unsere langjährigen Freunde und Partner vielleicht schon wissen. Dafür bitte ich um Nachsicht; doch auch sie werden vieles Bekannte mit neuen Einsichten verknüpfen können.

PERRY STONE

1

PROPHETISCHE, WIEDERKEHRENDE
CODES KNACKEN

Ist das nicht interessant?

- Zweiter Gouverneur der Kolonie Plymouth war Sir
  William Bradford. In dem Buch „Geschichte der Kolonie
  Plymouth" sagt er, Hebräisch sei die Sprache gewesen, in
  der „Gott und die Engel zu den heiligen Patriarchen der
  alten Zeit gesprochen" hätten.[2]
- Bradford gebrauchte die hebräische Sprache auf den ersten
  Seiten seiner Bücher, und die Gründungsväter berieten
  sich, ob Hebräisch nicht zur Amtsprache der Kolonien
  gemacht werden sollte.[3]
- Viele der ersten Universitäten Amerikas, die heute als
  Elite-Unis gelten, haben Hebräisch gelehrt, und im Siegel
  der Yale-Universität steht das hebräische *urim ve-tumim*
  – „Licht und Recht".[4]
- Amerikas Gründungsurkunden fußen auf der Anweisung
  und den Gesetzen der Thora, der Offenbarung Gottes
  an Israel in den ersten fünf Büchern der Bibel.
  Die Verfassung, die *Bill of Rights* („Gesetzesvorlage der
  Rechte", 1689) und die Unabhängigkeitserklärung beruhen
  auf der Thora, den Psalmen und den vier Evangelien.
- Die „Pilgerväter", die Anfang des 17. Jahrhunderts in
  Amerika Glaubensfreiheit suchten, hießen in England

---

2 William Bradford, The History of Plymouth Colony (Nabu Press, 2011), o. S.

3 Abraham Katsh, The Biblical Heritage of American Democracy (New York: KTAV
   Publishing House, 1977), 70.

4 Aish.com, „Tisha B'Av – The Ninth of Av", http://www.aish.com/h/9av/oal/48944076.
   html? tab=y (Zugriff am 23.09.2014).

„die Separatisten" (sie hatten die Staatskirche verlassen). Abraham und seine Nachkommen wurden zunächst *ivri* genannt, Hebräer, „die von drüben". Dabei denkt man an einen, der sich abgesondert hat – so wie Abraham, der aus seinem Land und von seiner Familie wegzog in das Land Kanaan.

- Sowohl Abraham als auch die Pilgerväter betraten bereits bewohntes Land, und beide versuchten, die Ureinwohner in dem neuen Land zu lehren über Gott und sein Wort.

- Sowohl Israel als auch die USA entstanden aus dreizehn Gruppen – Israel aus dreizehn Stämmen, die USA aus dreizehn Kolonien.

- Beide Nationen wurden in Nord und Süd geteilt – Israel zerfiel in Nordreich und Südreich, in Amerika kämpften im Bürgerkrieg (Sezessionskrieg) die Nordstaaten und die Südstaaten gegeneinander.

- Als die Hebräer Jerusalem eroberten und zur Hauptstadt machten, gehörte diese Stadt nicht zu einem einzigen Stamm; sie war Hauptstadt aller dreizehn Stämme.
  Als die amerikanischen Gründerväter mit dem Bau von Washington begannen, galt es als eigenständige Stadt; alle Kolonien erkannten es als Hauptstadt und Regierungssitz an.

- Jerusalem wurde zur Hauptstadt unter David, dem zweiten König Israels; er baute seinen Palast auf dem Berg Zion. In Washington residierte erst der zweite Präsident von Amerika, John Adams, im Weißen Haus, dem Amtssitz der Präsidenten Amerikas.

- Sowohl Saul, der erste König Israels, als auch George Washington, der erste Präsident Amerikas, waren größer als der Durchschnitt. Und weder König Saul noch George Washington wollten Staatslenker sein!

- In lateinischer und damit auch englischer Schreibweise befinden sich in der Mitte des Wortes „Jerusalem" die Buchstaben U, S und A.

Das sind ungewöhnliche und interessante Verbindungen zwischen Amerika und Israel. Seit vielen Jahren beobachte ich, dass es zwischen Amerika und Israel geistliche Verbindungen gibt: Was im alten Israel geschah, kann im heutigen Amerika wieder geschehen.

Ende der 1990er-Jahre entdeckte ich in der Bibel etwas, von dem ich glaubte, dass es sich in Amerika wiederholen könnte; so begann ich zu lehren, dass sich 2007 und 2008 in Amerika große Veränderungen ereignen würden. Ich glaubte, die Weltmacht Amerika näherte sich ihrem Höhepunkt; danach würde ein beständiger Niedergang folgen und Amerika würde seiner Rolle als Weltmacht verlustig gehen; seine Wirtschaftsmacht würde gebrochen und das Wirtschaftswachstum sich nach und nach vom Westen in den Osten verschieben, nach Asien. Dieser Überzeugung lagen wirtschaftliche und prophetische wiederkehrende Vorgänge zugrunde, die in der Menschheitsgeschichte immer wieder abliefen. In diesem Buch zeige ich, dass die Geschichte in Zyklen, in Schleifen verläuft. Wer solch einen Vorgang erkennt, nämlich, dass sich bedeutende Ereignisse irgendwann wiederholen (oft mit großer Präzision), kann im Voraus sagen, was kommt.

Meine Vorhersage, dass auf Amerika Veränderung und Umschwung zukommen, gründet auf den vielen Parallelen in der Geschichte des alten Israels mit der Amerikas, angefangen bei Abraham. Ich lehrte über die einzigartigen Parallelen von Amerika und Israel: Gott gab den Nachkommen Abrahams vier Generationen, 400 Jahre – von dem Tag an, als Abraham nach Ägypten ging, bis zum Auszug Israels aus Ägypten, dem Exodus (1. Mose 15,13+14). Die erste Kolonie in Amerika wurde am 14. Mai 1607 gegründet; 400 Jahre später schrieben wir den 14. Mai 2007; zudem ist der 14. Mai der Tag, an dem 1948 der moderne Staat Israel gegründet wurde.

Im Jahr 2007 hatten wir eine schwere Rezession mit hohen Erdölpreisen, Millionen wurden arbeitslos, die Kredit- und Automobil-Industrie stand kurz vor dem Zusammenbruch.

2007 geriet Amerika massiv in Schulden; unser Volk war in *Not* und *Schulden*, und sein Herz war *verbittert* – genau diese drei Wörter finden wir in 1. Samuel 22,2 für den Zustand Israels unter König Saul. Ich hatte Veränderung und Umschwung vorhergesagt, aber was ich dann vor den Präsidentschaftswahlen erlebte, erstaunte mich doch: Barack Obama redete von „Veränderung"; er versprach, „Amerika von Grund auf zu verändern".

Und jetzt, mitten in den atemberaubenden Veränderungen und Umschwüngen, die aus geistlicher Sicht beängstigend sind (Krankenversicherungspflicht und Hunderte neuer Verordnungen zum Umweltschutz), bröseln die Bürgerrechte nur so dahin und viele fragen sich, wo das alles enden soll. Ich glaube, dass wir die Antwort finden können, wenn wir nach den Parallelen zwischen Amerika, dem alten Israel und dem Römischen Reich suchen.

AMERIKA, DAS ALTE ISRAEL UND DAS RÖMISCHE REICH

Ich habe gefragt, welche Parallelen es zum alten Israel in Amerikas geistlicher, wirtschaftlicher und politischer Entwicklung gibt. Ich habe auch erforscht, inwiefern man in Amerika die wirtschaftlichen und politischen Vorgänge des Römischen Reiches erkennen kann.

Erstens: Die Muster in Politik und in der Regierung Amerikas weisen große Parallelen zu der Spätzeit des Römerreichs vor seinem wirtschaftlichen Niedergang auf und bevor fremde Völker einfielen und die Macht übernahmen. Das herrliche und unbesiegbare Weltreich wurde geschwächt, weil die hohe Steuerlast das Wirtschaftswachstum bremste; zuletzt fiel Rom in die Hände von zehn heidnischen Stämmen. Und doch verbreitete sich der christliche Glaube wie ein Lauffeuer über die ganze damals bekannte Welt, und die christliche Kirche im Westen (Rom) und im Osten (Byzantinisches Reich) wurde stark und mächtig.

Zweitens: In Israel wie in Amerika wuchs Gottes Volk von einem kleinen Stammesverband zu einem starken Volk von mehreren Millionen an, nachdem es erst einmal das Land der Verheißung eingenommen und die ansässigen Stämme vertrieben hatte. Die geistliche Geschichte Amerikas beginnt mit den Gründungsurkunden der ersten Kolonien. Amerika kannte Gott, wie auch das alte Israel; beide verbreiteten den Glauben an den einen Gott. Immer wenn in Israel gottlose Könige herrschten, standen Propheten auf und der Glaube wurde neu entfacht.

Wenn meine These der Wiederholungen sich als richtig erweist, steht dem christlichen Glauben seine größte Chance kurz bevor – denn die Menschen können den Politikern nicht mehr trauen und sie verlieren die angenehme Sicherheit des auf Sand gebauten Wohlstands, der den kommenden Stürmen aber nicht standhalten wird (Matthäus 7,26+27).

Diese beiden Vorlagen, Rom und Israel, sind so klar und unmissverständlich; wenn man das Ergebnis früherer großer Ereignisse kennt, kann dies zeigen, was auf Amerika zukommt – mehr als dies für jedes andere Land der Welt gilt. Manche halten nicht viel von meinen Methoden, zyklische Codes zu untersuchen und daraus Schlüsse zu ziehen. Die Antwort ist einfach: Geschichte wiederholt sich. Schon Salomo wusste, dass die Zukunft im Vergangenen verborgen ist:

Was einst gewesen ist, das wird wieder sein, und was einst geschehen ist, das wird wieder geschehen. Und es gibt nichts Neues unter der Sonne. Kann man von irgend etwas sagen: „Siehe, das ist neu"? Längst schon war es in unbekannten Zeiten, die vor uns gewesen sind! Prediger 1,9+10

Ein einfaches Beispiel ist das Leben Jesu Christi von seiner Geburt bis zu seiner Himmelfahrt: In der Weihnachtsgeschichte lesen wir von Maria (seiner Mutter), Josef (Marias Ehemann) und Herodes (einem von den Römern eingesetzten Herrscher); dieser verurteilte den Neugeborenen, den „König der Juden", zum

Tode (Matthäus 2). Etwa 33 Jahre später tauchen genau diese Namen wieder auf, aber jetzt sind es drei andere Personen: da gibt es eine Maria, genannt Maria Magdalena; dann einen anderen Josef (von Arimathia), und einen neuen römischen Herrscher, ebenfalls namens Herodes; dieser wirkte daran mit, dass Jesus den jüdischen Zeloten überliefert wurde, was mit seiner Kreuzigung endete (Matthäus 27+28).

Zu Beginn seines öffentlichen Dienstes fastete Jesus vierzig Tage lang, und nach seiner Auferstehung erschien er vierzig Tage lang vielen Menschen (Matthäus 4,2; Apostelgeschichte 1,3; 1. Korinther 15,5+6). Als Jesus Christus zu seinem Vater zurückkehrte, tat er das vom Ölberg aus, und wenn er wiederkommt, werden seine Füße genau dort stehen, wo sie zuletzt standen: auf dem Ölberg (Apostelgeschichte 1,9–12; Sacharja 14,4)! Das Ende ist ein Spiegelbild des Anfangs.

Im Alten Testament gibt es viele Geschichten, deren Einzelheiten Hinweise auf kommende Ereignisse bergen. Diese Ereignisse geschehen zu einer anderen Zeit, oft Jahrhunderte oder Jahrtausende nach der ursprünglichen Begebenheit. Da ist zum Beispiel der Esther-Code.

ESTHER – RETTUNG FÜR DIE JUDEN

Im Buch Esther kommt der Name Gottes nicht vor, aber es stecken Geheimnisse darin; dazu gehört auch, wer Esther in Wirklichkeit war. Ihr hebräischer Name war „Hadassa" (Esther 2,7); ihr persischer Name Esther; wenn dieser hebräisch geschrieben wird, enthält er die Buchstaben samech, tav und resch – „verbergen". Esther verbarg ihre Herkunft, denn die Juden waren in der Verbannung, und eine Jüdin als Königin war wahrscheinlich nicht willkommen; besonders von dem bösen Haman war Widerstand zu erwarten (Esther 2,10).

Am Anfang des Buches lesen wir, dass der König von Persien in seinem dritten Regierungsjahr ein großes Festgelage hielt; Königin Vasti aber verweigerte die Teilnahme. Das war für den König eine peinliche Blamage, deshalb wurde Vasti verstoßen. Später veranstaltete der König einen „Schönheitswettbewerb", um eine neue Königin zu finden, das Wichtigste dabei: Sie musste Jungfrau sein (Esther 2,1+2). Zur Vorbereitung wurde Esther gepflegt, gedrillt und mit kostbaren Ölen gesalbt. Sie errang den ersten Platz und wurde damit Königin; die Hochzeit fand im siebten Regierungsjahr des Königs statt (Esther 2,16). Man beachte: Mit Esther wählte der König eine Frau, die keine Perserin, sondern Ausländerin war. – Nun schmiedeten Haman und seine zehn Söhne ein Komplott, die Juden auszurotten (Esther 3,8–13); doch die neue Königin, Esther, schritt ein und verriet Hamans Plan; so wurden die Juden gerettet.

Dieser Bericht von einer wahren Begebenheit hat viele prophetische Schichten. So ist Esther ein Bild für die Gemeinde Jesu und der böse Haman steht für den kommenden Antichristen. Außerdem war Israel Gottes Ehefrau und Gott war zugleich Israels König – so wie Vasti und der Perserkönig; doch Israel wurde widerspenstig und halsstarrig und gehorchte Gottes Geboten nicht. Es lehnte die Einladung zu Gottes Fest ab (wie in Matthäus 22,1–6). Im dritten Regierungsjahr schlug Vasti die Einladung zum Fest aus (Esther 1,3–12), und im dritten Jahr seines öffentlichen Dienstes stieß Jesus auf massiven Widerstand und wurde schließlich von seinem Volk verworfen (Lukas 13,7). Wegen Israels Sünde und Unglaube schied Gott die Ehe und entließ Israel (Jeremia 3,8; Jesaja 50,1).

Und nun erwählte Gott, der König, eine Braut (für seinen Sohn), aber nicht aus seinem Eigentumsvolk, sondern aus den Völkern der Welt. Die heutige Christenheit besteht überwiegend aus Nichtjuden, und sie wächst in aller Welt (Römer 11). Die Kirche, die Braut Christi, wird als eine keusche Jungfrau ihrem Bräutigam Christus zugeführt (2. Korinther 11,2), so wie auch

Esther unberührt sein musste. Sie war bei ihrem Onkel Mordechai aufgewachsen, der sie auch noch beriet, als sie am Königshof war. Er gehörte zum Stamm Benjamin – dieser Name bedeutet „Sohn der rechten Hand". Jesus Christus sitzt jetzt im Himmel „zur Rechten Gottes" (Hebräer 10,12) – und tritt fürbittend für seine Braut, die Kirche ein.

Am Ende der Zeit wird der Antichrist aufstehen (Typus: Haman). Er hat zehn Könige unter sich (Typus: die zehn Söhne Hamans); mit denen schmiedet er ein Komplott: Er will Israel vernichten, die Juden ausrotten – aber die Verschwörung wird vereitelt und es wird ihm nicht gelingen. Die Braut des Königs, die Heiligen, kommen zur Erde zurück, gemeinsam mit Christus, dem König der Könige, und retten die Juden vor dem Antichristen und seinen zehn Verbündeten. Esther und der König heirateten im siebten Jahr; die Parallele ist das Hochzeitsmahl des Lammes, das stattfindet im letzten – siebten – Jahr der Trübsalszeit.

Im alten Persien gab es die „Weisen, die sich auf die Zeiten verstanden" (Esther 1,13). Zur Zeit Davids waren es die Söhne Issaschar, „die Einsicht hatten in die Zeiten, um zu wissen, was Israel tun sollte" (1. Chronik 12,33). Zur Zeit des Endes wird (geistliche) Erkenntnis zunehmen; der Allmächtige gibt ein noch tieferes Verständnis seines Wortes. Die wunderbaren prophetischen Schichten und Parallelen werden zeigen: „Gott sucht das Vergangene wieder hervor" (Prediger 3,15).

ISRAELS VERGANGENHEIT UND SEINE ZUKUNFT ZUSAMMENBRINGEN

Die Erlebnisse und der Weg von „Vater" Abraham sind ein Vorbild auf die geistliche Zukunft Israels: Die Geschichte Abrahams von seinem Auszug aus Ur bis zur Trennung von Lot malt ein erstaunliches Bild von der Geschichte Israels in Ägypten bis zum Exodus aus der Knechtschaft.

Der Weg Abrahams (1. Mose 12)	Der Weg Israels (1. Mose 42 - 2. Mose 12)
Eine Hungersnot bringt Abraham nach Ägypten (V. 10).	Eine Hungersnot bringt die Söhne Jakobs nach Ägypten (1. Mose 42,5).
Der Pharao war hinter Sara her (V. 15).	Der Pharao war hinter den Israeliten her (2. Mose 1,8-16).
Der Herr schickte dem Pharao Plagen (V. 17).	Der Herr schickte dem Pharao Plagen (2. Mose 5–12).
Der Pharao schickte Abraham weg (V. 19+20).	Der Pharao schickte Israel weg (2. Mose 12,31).

Bei Abraham und Lot sehen wir Vorlagen für das Israel nach dem Auszug aus Ägypten bis zur Richterzeit:

Abraham im Land (1. Mose 13)	Israel im Land (2. Mose bis Richter)
Abraham verließ Ägypten als reicher Mann (V. 2).	Israel verließ Ägypten mit Silber und Gold (Psalm 105,37).
Abraham ging nach Kanaan zurück (V. 3).	Israel ging nach Kanaan zurück (5. Mose).
Abraham und Lot hatten viel Vieh, und sie brauchten Weideland (V. 7).	Die Stämme hatten viel Vieh, und sie brauchten Weideland (4. Mose 32).
Abraham teilte das Land mit Lot (V. 9).	Das Land wurde unter den Stämmen verteilt (Josua 21).

1. Mose 14 berichtet über die Kriege im Land der Verheißung und den Sieg Abrahams über seine Feinde; dann begegnet er Melchisedek, Gottes erstem Priesterkönig. Jahrhunderte später erlebt Israel das Gleiche:

Abraham (1. Mose 14)	Israel in der Prophetenzeit
Vier Könige nahmen Lot gefangen (V. 1.12).	Israel n der babylonischen Gefangenschaft diente vier Königen (Daniel 7-9).
Abraham kehrte zurück mit der Beute (V. 16).	Israel kehrte zurück mit den Tempelschätzen und anderen Wertsachen (Esra, Nehemia).

Abraham zog hinauf nach Jerusalem (V. 17).	Israel kehrte nach Jerusalem zurück (Esra, Nehemia).
Abraham begegnete Melchisedek (V. 18).	Israel wird Jesus begegnen, dem „Hohepriester nach der Ordnung Melchisedeks" (Hebräer 7,21).
Abrahams Feinde wurden besiegt (V. 15).	Israel wird gerettet aus der Hand seiner Feinde (Sacharja 14,1-3).

In 1. Mose 15,18 wurde Israel das Land vom Bach Ägyptens bis zum Euphrat verheißen; diese Zusage wird erfüllt, wenn Christus eintausend Jahre auf Erden herrscht (Hesekiel 44-47).

Es gibt bedeutende Menschen und Propheten in der Bibel, deren Leben ähnlich verläuft; das kann kein Zufall sein, Gott muss es so geplant haben! Nur wenige vergleichen das Leben Jakobs mit dem von Mose; immerhin hat Jakob seinen Bruder zweimal betrogen, um dessen Erstgeburtsrecht und den ihm zugedachten Segen zu erlangen; er musste mit Gott kämpfen, und das Ergebnis war, dass er hinkte und einen anderen Namen bekam (1. Mose 27,36; 32,25+26). Und doch: Sowohl Jakob als auch Mose waren etwa vierzig, als sie ins Exil gingen. Und es gibt noch viele weitere Ähnlichkeiten:

Das Leben Jakobs	Das Leben Moses
Jakob sündigte – er log (1. Mose 27).	Mose sündigte – er ermordete einen Ägypter (2. Mose 2,15).
Jakob floh nach Syrien, um sein Leben zu retten (1. Mose 28).	Mose floh in die Wüste Midian, um sein Leben zu retten (2. Mose 2,15).
Jakob zog nach Osten (1. Mose 29,1).	Mose zog nach Osten (Midian liegt östlich von Ägypten).
Jakob traf seine Frau am Brunnen (1. Mose 29,2-30).	Mose traf seine Frau am Brunnen (2. Mose 2,16).
Jakob arbeitete für seinen Schwiegervater (1. Mose 29,14-30).	Mose arbeitete für seinen Schwiegervater (2. Mose 3,1).
Jakob hütete Schafe und Ziegen (1. Mose 30,32).	Mose hütete Schafe (2. Mose 3,1).

Jakob hatte eine Engelserscheinung (1. Mose 31,11).	Mose hatte eine Engelserscheinung (2. Mose 3,2).
Jakob kehrte ins Land zurück (1. Mose 31,17-18).	Mose kehrte nach Ägypten zurück (2. Mose 7).
Jakob nahm seine Familie mit ins Land (1. Mose 31,17).	Mose führte die Israeliten in ihr Land zurück (2. Mose 12+13).
Jakob wurde „Fürst vor Gott" genannt (1. Mose 32,29 kjv).	Mose wurde zum Anführer Israels (5. Mose 31,2).

Im Übrigen hatte Jakob zwei Frauen, Lea und Rahel; auch Mose hatte zwei Frauen: Zippora, die Tochter von Reguel-Jethro, dem Priester Midians (2. Mose 2,16.18.21), und eine äthiopische Frau, die er in Ägypten geheiratet und dort zurückgelassen hatte.

Bis er vierzig war, lebte Mose ja in Ägypten; in dieser Zeit schlug er den König von Äthiopien und heiratete dessen Tochter mit Namen Tharbis. Dann, mit vierzig, floh Mose aus Ägypten und ließ Tharbis zurück; er dachte, er würde niemals nach Ägypten zurückkehren. Deshalb heiratete Mose Zippora, die Tochter Jethros, des Midianiters.

Vierzig Jahre später kam Mose nach Ägypten zurück und führte Israel hinaus. Manche meinen, dass Mose dieses Mal seine ägyptische Frau Tharbis mitnahm, als er das Land verließ; das wäre dann die äthiopische Frau, die Mirjam dem Mose zum Vorwurf machte (4. Mose 12,1). Diese „Zwei-Ehefrauen"-Theorie ist deshalb interessant, da auch Jakob zwei Ehefrauen hatte.

Das Leben des Mose hat auch Parallelen zu dem Leben von Elia; Rabbis sagen, dass die beiden zu den größten Propheten gehörten, die Israel je hatte:

- Beide fasteten vierzig Tage (2. Mose 34,28; 1. Könige 19,8).
- Beide waren so deprimiert, dass sie Gott darum baten, sterben zu dürfen (2. Mose 32,32; 1. Könige 19,4).

- Beide bekämpften den Götzendienst – Mose das goldene Kalb und Elia die Baalspropheten (2. Mose 32; 1. Könige 18).
- Beide sahen Feuer vom Himmel auf ihr Opfer fallen (3. Mose 9,24; 1. Könige 18,38).
- Beide erhielten Morddrohungen (4. Mose 14,10; 1. Könige 19,1–2).
- Beide suchten Gottes Angesicht in einer Felsspalte und in einer Höhle am Horeb, und beide hatten dort eine sichtbare und hörbare Gotteserscheinung (2. Mose 32; 33,21-23; 1. Könige 19,8-18).
- Beide setzten einen Nachfolger ein – Mose den Josua, Elia den Elisa (4. Mose 27,12-23; 1. Könige 19,16-21).
- Elia wurde lebendig weggenommen – in einem feurigen Wagen – und zwar in derselben Gegend, in der Mose begraben wurde: in den Ebenen von Pisga, Jericho gegenüber (5. Mose 34,1.5-6; 2. Könige 2,4-14).
- Beide hatten kein Grab, das man hätte aufsuchen können: Elia fuhr zum Himmel auf, und Moses Grab hatte Gott verborgen (2. Könige 2,11-18; 5. Mose 34,6).
- Beide erschienen auf dem Berg der Verklärung (Matthäus 17,1-3).

Bei Mose und Elia gibt es also viele Parallelen. Schauen wir nun, wie auch Elias Leben eine Vorlage ist für eine Serie, die sich später wiederholt: Elia ließ Feuer vom Himmel fallen; das geschah während einer Dürre, die 42 Monate dauerte (1. Könige 18 mit Jakobus 5,17; Offenbarung 11,1-6). Elia wurde lebendig in den Himmel aufgenommen und er wird zur Erde zurückkehren als einer der zwei Zeugen in der großen Trübsal (Maleachi 3,23; Offenbarung 11,3). Wenn Elia kommt, wird er dieselben Wunder tun und dasselbe erleiden wie zuvor: Als Prophet Gottes diente Elia unter der Herrschaft zweier böser Menschen, Ahab und Isebel; wenn er wiederkommt, sind die beiden Bösen der Antichrist und der falsche Prophet (Offenbarung 13,1-11). Im Einzelnen:

In den Königsbüchern: 1. Könige 17 bis 2. Könige 2	Offenbarung an Johannes: Kapitel 6-13
42 Monate Gericht über Ahab (1. Könige 17,1; Jakobus 5,17).	42 Monate Gericht über die Erde (Offenbarung 11,2-6).
42 Monate kein Regen (1. Könige 17,1; Jakobus 5,17).	42 Monate kein Regen (Offenbarung 11,6).
Hungersnot im Land (1. Könige 18,2).	Hungersnot im Land (Offenbarung 6,5+6).
Der Bach vertrocknete (1. Könige 17,7).	Der Euphrat vertrocknet (Offenbarung 16,12).
Die Israeliten versteckten sich in Höhlen (1. Könige 18,4).	Juden verstecken sich in der Wüste (Offenbarung 12,14).
Ein Überrest bleibt treu (1. Könige 19,18).	Ein Überrest bleibt treu (Offenbarung 12,17).
Feuer fiel vom Himmel (1. Könige 18,38).	Feuer fällt vom Himmel (Offenbarung 13,13).
Eine falsche Religion herrschte im Land (1. Könige 16,29-33).	Eine falsche Religion herrscht auf Erden (Offenbarung 13,14).
Siebentausend haben sich nicht gebeugt (1. Könige 19,18).	Siebentausend kommen in Jerusalem um (Offenbarung 11,13).
Elia wurde in den Himmel aufgenommen (2. Könige 2,11).	Nachdem er gestorben ist, wird er aufgenommen (Offenbarung 11,12).

Auch im Neuen Testament finden wir Serien und Parallelen. Betrachten wir das Geschehen von der Geburt Jesu Christi bis zum Tausendjährigen Reich im Vergleich mit den Anfängen Israels bis zum Königtum Salomos:

Israels Weg zum Königtum	Der Weg Jesu Christi zur Königsherrschaft
Erste Anfänge in Kanaan	Geboren in Judäa, vormals Kanaan
Schneller Aufbruch nach Ägypten, um das Überleben der Großfamilie zu sichern	Schneller Aufbruch nach Ägypten, um das Überleben der heiligen Familie zu sichern
Getauft im Schilfmeer	Getauft im Jordan
Vierzig Jahre Versuchung in der Wüste	Vierzig Tage Versuchung in der Wüste

Rückkehr mit Zeichen und Wundern	Rückkehr mit Zeichen und Wundern
Hatte zwölf Stämme	Hatte zwölf Jünger
Josua (Jeschua) starb.	Jesus (Jeschua) starb.
Es waren noch Feinde im Land.	Es waren noch Feinde im Land.
Beginn der Landnahme	Die Heiligen begannen, das Evangelium zu verkünden.
Israel wandte sich vom Herrn ab.	Die Kirche begann, sich vom Herrn abzuwenden.
Gott ließ Befreier aufstehen.	Gott läßt Reformatoren aufstehen.
Das Volk ehrte Menschen mehr als Gott.	Die Völker ehren Menschen mehr als Gott.
König Saul stand auf und verfolgte den Gerechten.	Der Antichrist steht auf und verfolgt Israel.
Saul brachte die Priester um, so hörte das Opfer auf.	Der Antichrist wird die Opfer aufhören lassen.
König David kommt und unterwirft die Feinde.	König Jesus kommt und unterwirft Satan und den Antichristen.
Salomo baute den Tempel in Jerusalem.	Jesus baut den Tempel in Jerusalem.
Salomo führte eine Friedensherrschaft.	Jesus errichtet eine tausendjährige Friedensherrschaft.

Seit Jahrhunderten herrscht unter Theologen Einigkeit: Im Alten Testament ist das Neue *verborgen*, im Neuen Testament ist das Alte *offenbart*. Gott selbst hat gesagt:

Sie mögen sie herbeischaffen und uns verkünden, was sich ereignen wird! Das Frühere, was ist es? Verkündet es, so wollen wir es bedenken und dessen Ausgang erkennen! Oder lasst uns hören, was kommen wird.

Jesaja 41,22

Der Bericht über die Regentschaft der Könige der Bibel kann ebenso Kommendes zeigen – ein Beispiel ist die Vorlage von König Jerobeam und dazu der kommende Antichrist. Die Bibel macht neun Feststellungen über Jerobeams Herrschaft; genau dieselben finden sich in der Offenbarung an Johannes über den letzten Welt-Diktator, den Antichristen:

Bibelstelle im AT	Muster bei Jerobeam und dem Antichristen	Bibelstelle zum Antichristen
1. Könige 11,37	Er wird nach seinem Belieben regieren.	Daniel 11,36
1. Könige 12,16+17	Zehn Stämme bzw. Könige bilden eine Allianz, drei machen nicht mit.	Daniel 7,7-8.20.24
1. Könige 12,20	Die zehn Stämme bzw. Könige ernennen ihn zum König.	Offenbarung 17,12+13
1. Könige 12,25	Er baut Festungen, verehrt den „Gott der Festungen".	Daniel 11,38
1. Könige 12,28	Er richtet Götzenbilder und Gräuel auf.	Daniel 9,27
1. Könige 13,1-6	Ein Prophet steht auf gegen den bösen Herrscher.	Offenbarung 11,1-13
1. Könige 14,9	Bis dahin ist er der böseste Herrscher, den es je gab.	Daniel 11,36
1. Könige 14,11	Die Raubvögel werden sein Fleisch fressen.	Offenbarung 19,17+18
2. Chronik 11,12-16	Er wird die Heiligen überwinden.	Daniel 7,21

SERIEN VON WELTREICHEN

Solche prophetischen Serien, solche Wiederholungen gibt es nicht nur bei Einzelpersonen, sondern auch bei den Weltreichen, über welche die Propheten der Bibel sprechen. Schon am Anfang lesen wir vom Turm zu Babel (1. Mose 10,10; 11,4), von der ersten Weltregierung. Jahrhunderte später ist Daniel als Kriegsgefangener in Babylon (Daniel 1). In der Offenbarung, in der die Endzeit beschrieben wird, taucht der Name Babylon wieder auf – er steht für eine Religions- und Wirtschaftsmacht, die nun fällt; wie der Turmbau zu Babel abgebrochen werden musste, wird auch das Geheimnis Babylon keinen Bestand haben, sondern fallen (1. Mose 11; Offenbarung 17-19).

Zur Zeit Daniels wurde Babylon von den Persern erobert und das zweite große Weltreich entstand. Heute steht Persien (jetzt: Iran) wieder auf; in der Schlacht von Gog und Magog wird Persien eine islamische Koalition gegen Israel anführen (Hesekiel 38,5). Das Vorbild des alten Römerreichs hat sich wiederholt im Aufstieg des modernen amerikanischen Weltreichs – wir sehen: Die Vorlagen früherer Reiche können eine Neuauflage erleben.

DATUMS-SERIEN

Auch bestimmte Daten in der Geschichte Israels wiederholen sich: 586 v. Chr. wurden Jerusalem und der Tempel von den Babyloniern zerstört. Nach der babylonischen Gefangenschaft bauten die Juden den Tempel wieder auf, aber 656 Jahre später, im Jahr 70 n. Chr., wurde er ein zweites Mal in Schutt und Asche gelegt, nun von der Zehnten Legion der Römer. Beide Male erfolgte die Zerstörung am gleichen Tag des jüdischen Kalenders, am 9. Av.

Am 9. Av geschahen für die Juden immer wieder wahre Katastrophen. Den Anfang macht der verzagte Bericht der zehn Kundschafter und die Auflehnung der Israeliten, auf die vierzig Jahre Wüstenwanderung folgten (4. Mose 13+14). Am 9. Av 132 n. Chr. kamen bei der Niederschlagung des Bar-Kochba-Aufstands in der Schlacht von Betar über hunderttausend Juden ums Leben; genau ein Jahr später wurde der Tempelberg umgepflügt. 1492 wurden die Juden aus Spanien vertrieben – Ultimatum: Der 9. Av. An diesem Tag sollten die Schiffe des Kolumbus auslaufen; er hatte viele Juden an Bord und die Abfahrt verzögerte sich um einen Tag. Durch Gottes allmächtige Fügung entdeckte Kolumbus neues Land, das spätere Amerika, das Juden jahrhundertelang als sichere Zuflucht diente.

Bedeutungsschichten in der Bibel

Viele glauben, die Bibel habe immer nur eine Bedeutung. Aber schauen wir doch einmal im Propheten Hosea nach:

Als Israel jung war, liebte ich ihn, und aus Ägypten habe ich meinen Sohn gerufen.
Hosea 11,1

Hosea spricht über die Frühgeschichte Israels – Gott führte die Kinder Israels aus Ägypten. Jahrhunderte nach Hosea schickte Gott den Josef mit Frau und Kind nach Ägypten, bis Herodes gestorben wäre (Matthäus 2,13); Matthäus zitiert Hoseas Aussage und kommentiert, diese Weissagung habe sich erfüllt, als Jesus, der Sohn Gottes, nach Ägypten flüchtete (Matthäus 2,15). Dieser Vers gilt aber auch allen Gläubigen: Als Söhne und Töchter Gottes sollen wir das geistliche „Ägypten" verlassen; in der Bibel steht Ägypten für Sklaverei, Gefangenschaft und Sünde.

So hat dieser Vers eine dreifache Bedeutung: Er spricht von dem Exodus, als Israel, der Sohn Gottes, Ägypten verließ (2. Mose 4,22-23); er ist prophetisch: Jesus wurde nach Ägypten gebracht und wieder zurückgeholt; und er hat eine geistliche bzw. lebenspraktische Bedeutung: die Gläubigen müssen aus Bindungen befreit werden. Nicht jeder Bibelvers hat eine solche dreifache Bedeutung; dennoch darf diese Sichtweise nicht vernachlässigt werden.

Die dreifache Bedeutung einer Schriftstelle oder Erzählung kann auch anders gefunden werden: Obenauf liegt die *direkte, wörtliche* Bedeutung – „Das ist wirklich passiert". Darunter liegt die *lebenspraktische* Bedeutung, die in der Erzählung verborgen ist: Sie hat uns heute etwas zu sagen, für unser geistliches Leben und unseren Alltag. Die unterste, dritte Schicht ist die prophetische Bedeutung: Im Vergangenen liegt Kommendes verborgen.

Schauen wir uns die Ereignisse um Noah an. Die *direkte* Bedeutung sagt: Das ist eine Geschichte, die vor gut viertausend

Jahren so passiert ist. Die *lebenspraktische* Bedeutung ist: Gott richtet die Gottlosen und bewahrt die Gerechten (2. Petrus 2,9). Die *prophetische* Bedeutung lautet: „Wie es aber in den Tagen Noahs war, so wird es auch bei der Wiederkunft des Menschensohnes sein." (Matthäus 24,37) In den Tagen Noahs war „die Bosheit des Menschen sehr groß ... auf der Erde" (1. Mose 6,5). Weiter heißt es, dass „alles Trachten der Gedanken seines Herzens allezeit nur böse" war (1. Mose 6,5), und „die Erde war verderbt vor Gott, und die Erde war erfüllt mit Gewalttat" (1. Mose 6,11). Ein Rabbi hat darauf hingewiesen, dass das hebräische Wort für „Gewalttat" *chamas* ist; so heißt eine Organisation, die heute Israel bekämpft.

Interessant ist auch, dass Noahs Generation die zehnte nach Adam war; manche Zahlen der Bibel haben uns nämlich eine Menge zu sagen.

DIE PROPHETISCHE BEDEUTUNG VON ZAHLEN

Dem Urgroßvater Noahs, Henoch, verdanken wir gleich zwei Beispiele dafür, was biblische Zahlen bedeuten können: Henoch war „der siebte nach Adam", und nachdem er 365 Jahre gelebt hatte, wurde er lebendig hinweggenommen, ohne den Tod schmecken zu müssen (1. Mose 5,23+24; Hebräer 11,5; Judas 14). In der Bibel spricht die Sieben immer von Vollkommenheit: Henoch ging mit Gott, er führte ein gerechtes Leben. Faszinierend ist, dass er 365 Jahre lebte – so viele Tage hat das Sonnenjahr. Das sagt uns, dass Henoch „den Kreis schloss": Sein Leben endete damit, dass er in den Himmel geholt wurde.

Noah war die zehnte Generation nach Adam. Die zehnte Generation, das steht für die Vollständigkeit eines Volkes, einer Familie (5. Mose 23,3). In der Bibel steht die Zehn für geistliche Fülle:

- Noah war „untadelig unter seinen Zeitgenossen", oder, nach meiner englischen Bibel: „vollkommen in seinen Generationen" (1. Mose 6,9).

- Alle zehn Jahre beginnt ein neues Jahrzehnt.

- Gott sandte zehn Plagen auf Ägypten; so zerbrach schließlich die Macht der Ägypter (2. Mose 9,14).

- Der Zehnte gehört Gott (3. Mose 27,30); damit bezeugen wir, dass wir Gott total vertrauen und uns darauf verlassen, dass er uns versorgt.

- Mit den Zehn Geboten gab Gott Israel eine umfassende Lebensordnung (5. Mose 4,13).

- Wären in Sodom zehn Gerechte gewesen, hätte Gott die Stadt verschont (1. Mose 18,32).

- Zehn Kamelladungen Geschenke brachte Abrahams Knecht Elieser als Brautpreis mit (1. Mose 24,10).

- Als in Kanaan Hungersnot herrschte, zogen zehn Brüder Josefs nach Ägypten, um Getreide zu kaufen (1. Mose 42,3).

- Das letzte Weltreich vor der Wiederkunft des Messias hat zehn Könige; damit erfüllt sich die Prophetie bei Daniel.

Zeit wird in Zahlen ausgedrückt und durch Zahlen angekündigt; deshalb sagen die Zahlen der Bibel oft etwas über Zeit aus. Auch Geschwindigkeit und Entfernungen werden in Zahlen angegeben. Unsere Welt ist dreidimensional – Länge, Breite und Höhe –, und diese Dimensionen geben wir in Zahlen an. Ganz gleich, ob es ein Küchenschrank ist oder ein Teppich: diese drei Maße gehören zusammen. Die Bibel ist voll von der Zahl Drei, der Zahl der Einheit:

Eins	Zwei	Drei
Länge	Breite	Höhe
Ägypten	Wüste	Land der Verheißung
Sklaven	Söhne	Soldaten
Leib	Seele	Geist
Glaube	Hoffnung	Liebe
Vorhof	Heiligtum	Allerheiligstes
Erster Himmel	Zweiter Himmel	Dritter Himmel (Paradies)
Vater	Sohn	Heiliger Geist
Errettung	Heiligung	Taufe im Heiligen Geist
Blut	Wasser	Geist
Neugeburt	Rechtfertigung	Verherrlichung

All die Namen, Orte und Zahlen der Bibel sowie die Muster, die verborgen sind in den von Gott eingehauchten Erzählungen, können solche prophetischen Vorbilder und Serien sein. Wenn wir diese „Codes" knacken und erkennen, dass im Vergangenen die Zukunft verborgen ist, können wir entschlüsseln, wann künftige, geweissagte Ereignisse am Horizont auftauchen. Zugegeben, diese Methode gehört nicht zum Standard-Lehrplan nordamerikanischer Bibelschulen, und auch die theologischen Fakultäten der westlichen Welt lehren sie eher nicht, aber Rabbinern ist sie wohlbekannt. – Um Kommendes zu erkennen, schauen wir also zurück auf Zeiten und Stunden der alten Geschichte, die wir in der Geschichte der USA wiederfinden.

Serien können sich zuweilen ändern – durch ernsthaftes Gebet: König Hiskia hatte sein Todesurteil erhalten, aber er demütigte sich vor Gott mit Weinen, und Gott fügte seiner Lebenszeit fünfzehn Jahre hinzu (2. Könige 20,4-6). Bevor wir uns näher damit befassen, betrachten wir im nächsten Kapitel, welches Zeitverständnis in der Prophetie der Bibel zu finden ist – wie Gott die Zeit misst und angekündigte (prophetisch bedeutsame) Ereignisse bewertet, die er vorhersagt, sowie Gottes Weltenuhr.

2

DREI ZEIGER AN GOTTES WELTENUHR

Viele Gläubige möchten die *Zeichen der Zeit* erkennen; andere sind mehr interessiert an der *Zeit dieser Zeichen*: die einen fragen nach dem Was, die anderen nach dem Wann. Viele glauben, dass Jesus tatsächlich wiederkommt und die Seinen sammelt (1. Thessalonicher 4,16+17), und an all das andere rund um seine Wiederkunft (Offenbarung 19,11-16). Sie diskutieren über die sichtbaren Vorzeichen der Ereignisse, die die Bibel ankündigt, und natürlich wüssten sie nur zu gern, wann genau alles zusammenbricht als Auftakt zu der erwarteten Wiederkunft des Messias.

Schon die Jünger Jesu fragten nach dem Was und dem Wann (Matthäus 24,3): „Sage uns, wann wird dies geschehen, und was wird das Zeichen deiner Wiederkunft und des Endes der Weltzeit sein?" Das Wann beantwortete Jesus, indem er ihnen die Zeichen der Zeit nannte. Prophetische Zeichen sind die Zeiger an der Uhr der Heilsgeschichte; wenn sie eintreffen, wissen wir, dass es kurz vor Mitternacht ist, und wir hören den Ruf: „Siehe, der Bräutigam kommt!" (Matthäus 25,1-6).

Zeit ist der Raum, in dem etwas geschieht. Von der Erschaffung Adams bis heute schreitet sie unaufhaltsam voran in eine Zukunft, die wir nicht kennen – es sei denn, sie würde uns zuvor offenbart werden. Viele Meilensteine des Lebens – Geburten, Kriege, Zeitpunkte in der Politik, Sternstunden – messen wir in Zeiträumen.

Gott braucht keine Armbanduhr, um die Zeit zu messen, keine Chips, wie wir sie im Handy haben, und auch keine Funkuhr. Gottes Zeitanzeiger waren und sind die Gestirne Sonne, Mond und Sterne; 1. Mose 1,14 sagt das eindeutig:

Und Gott sprach: Es sollen Lichter an der Himmelsausdehnung sein, zur Unterscheidung von Tag und Nacht, die sollen als Zeichen dienen und zur Bestimmung der Zeiten und der Tage und Jahre.

Die Erde dreht sich um die Sonne (in Zyklen, also in Serien!); für eine Umkreisung benötigt sie genau 365,25 Tage, das ist ein Jahr. Der Mondzyklus – von Neumond (völlige Dunkelheit) zum Vollmond und wieder zurück zum Neumond – beträgt 29,5 Tage, so lang ist ein synodischer Monat im Durchschnitt. Schon im Altertum wurde beobachtet, dass die Himmelskörper Vorzeichen sein können – Sterne, Kometen, Asteroiden, Mondfinsternisse und besonders gewisse Sternkonstellationen gingen großen Veränderungen voraus, zum Beispiel dem Aufstieg und Niedergang von Königen und ihren Reichen.

Im Schöpfungsbericht heißt es, dass diese Himmelslichter als „Zeichen" dienen, um „Zeiten" zu bestimmen (1. Mose 1,14). Das hebräische Wort für „Zeichen" ist *ot* – „Wahrzeichen, Monument; Erscheinung, Wunderzeichen". Das Wort für „Zeiten" ist *moed* – „festgesetzte Zeit, bestimmte Zeit, Zeitpunkt, Stunde".

Genau dieses Wort wird in der Thora gebraucht für die Feste Israels (3. Mose 23,4). In 3. Mose 23,2.4.37.44 wird das hebräische *moed* mit „Fest" wiedergegeben. In Israel gab es sieben Feste; sie wurden zu genau festgelegten Zeiten gefeiert (3. Mose 23,2.4.37).

Das andere hebräische Wort für diese Feste ist *miqra*, in 3. Mose 23,37 als „Versammlung" übersetzt; es kann auch „Hauptprobe" bedeuten. Das ist interessant, denn die sieben großen Feste Israels waren und sind eine Vorschau auf kommende Ereignisse: Das erste Pessach war die Hauptprobe für die Kreuzigung Jesu Christi – er starb an *Pessach*; er lag im Grab am *Tag der ungesäuerten Brote*; und die Auferweckung Jesu Christi geschah am *Tag der Erstlingsgarbe* – das sind die ersten drei Frühlingsfeste Israels.

Sieben Wochen später, am Tag des Erntefestes *Schawuot*, rüstete der Heilige Geist eine neue Körperschaft auf Erden aus, die Kirche – wir kennen dieses Geschehen als „das erste Pfingsten" (Apostelgeschichte 2,1-4). Schawuot war der Zeitpunkt, an dem Mose am Sinai das Gesetz Gottes empfing. – Die künftigen Ereignisse der Entrückung und der Trübsalszeit sowie das Kommen des messianischen Friedensreiches passen genau zu den drei Herbstfesten *Posaunenfest, Versöhnungstag* und *Laubhüttenfest*. In Israel richteten sich die Feste nach dem Mond; Gottes Kalender ist also seit Erschaffung der Welt am Himmel für jeden sichtbar.

DER ERSTE ZEIGER AN GOTTES WELTENUHR: GOTTES HIMMELSKALENDER

Bevor Gott am Sinai dem Volk Israel sein Gesetz gab, hatte die Menschheit zweieinhalb Jahrtausende lang keine schriftliche Offenbarung von Gott; der Allmächtige offenbarte sich und seine Pläne durch Träume, Visionen und Engelserscheinungen. Die Menschen der Urzeit und der Antike schauten alle zum Himmel und versuchten, die Bewegungen der Himmelslichter zu deuten. Mit oder ohne Inspiration von Gott versuchten sie, Zweck, Bedeutung und Wirkung herauszufinden.

Für die Priester im Tempel zu Jerusalem begann der neue Monat, wenn zwei Zeugen zum Hohepriester kamen und ihm sagten, sie hätten die Silbersichel des Mondes erblickt. Zur Zeit Jesu konnten die Pharisäer auch das Wetter vorhersagen – anhand dessen, was sie am Himmel beobachteten:

Er aber antwortete und sprach zu ihnen: Am Abend sagt ihr: Es wird schön, denn der Himmel ist rot!, und am Morgen: Heute kommt ein Ungewitter, denn der Himmel ist rot und trübe! Ihr Heuchler, das Aussehen des Himmels versteht ihr zu beurteilen, die Zeichen der Zeit aber nicht! Matthäus 16,2+3

Als Jesus gefragt wurde nach den Zeichen seiner Wiederkunft, zählte er eine Reihe von Zeichen auf:

> Und es wird hier und dort große Erdbeben geben, Hungersnöte und Seuchen; und Schrecknisse und große Zeichen vom Himmel werden sich einstellen.
>
> Lukas 21,11

> Und es werden Zeichen geschehen an Sonne und Mond und Sternen, und auf Erden Angst der Heidenvölker vor Ratlosigkeit bei dem Tosen des Meeres und der Wogen, da die Menschen in Ohnmacht sinken werden vor Furcht und Erwartung dessen, was über den Erdkreis kommen soll; denn die Kräfte des Himmels werden erschüttert werden.
>
> Lukas 21,25-26

Nach Lukas werden zur Zeit des Endes die Himmel erschüttert werden, und dieses Geschehen wird etwas ganz Neues sein (so groß und so beängstigend wie noch nie), und jeder auf der Erde wird es miterleben. Das griechische Wort für „groß" ist *megas*; es steht für etwas Riesiges, ungeheuer Großes. Dieses Zeichen im Weltraum, diese Erschütterung des Himmels kann also keiner einfach so abtun; man wird es auf der ganzen Erde sehen können.

Jesus sagte auch, dass am Himmel furchterregende Zeichen erscheinen würden. Das griechische Wort für „furchterregend" ist *phobos*; es beschreibt etwas so Beängstigendes, dass es Menschen Schrecken einflößt und sie mit Panik erfüllt. Im Buch der Offenbarung sehen wir ein Beispiel für ein solches *phobos*-Himmelsereignis: Johannes sah, wie ein riesiger Komet auf der Erde einschlägt und ein Drittel alles Lebens im Ozean, ein Drittel der Bäume und ein Drittel des Grases vernichtet (Offenbarung 8,10+11). Eine Warnung vor einem Kometen, der auf die Erde zurast, wird weltweit Panik auslösen; das ist die Erfüllung der Worte Jesu, dass „die Menschen in Ohnmacht sinken ... vor Furcht" (Lukas 21,26), wenn sie sich ausmalen, wie der Asteroid mit der Erde zusammenstößt und welch schlimme Zerstörung das verursacht.

Gott geht mit seinen Zeichen nicht verschwenderisch um; für jedes Zeichen und Wunder gibt es in der Bibel einen Zweck. Laut Lukas' Bericht sagte Jesus, diese Boten aus dem Weltraum seien „Zeichen" – sie künden an, dass er bald wiederkommt und auf

Erden seine Herrschaft aufrichtet (Lukas 21,11.25-27). In beiden Versen ist das griechische Wort für „Zeichen" *semaino*; es kommt von dem Wort *sema* und bedeutet „ein Zeichen, das auf etwas hinweist". Demnach sind bestimmte Veränderungen an Sonne, Mond und Sternen mitunter tatsächlich Zeichen im Weltraum, die auf Ereignisse hinweisen, die in der Bibel geweissagt sind.

Die *Sonne* und ihre elektromagnetischen Sonnenflecken werden von Wissenschaftlern ständig beobachtet; es besteht die Gefahr, dass sie eines Tages Satelliten schwer beschädigen könnten, und das hätte schwerwiegende Folgen für die gesamte Telekommunikation auf der Erde. 1969 gingen Astronauten auf dem *Mond* spazieren, und vor nicht langer Zeit konnten wir zuschauen, wie der Mond zu Blut wurde (Apostelgeschichte 2,20). Rabbiner sagen, dass damit totale Mondfinsternisse gemeint sind, besonders die, die auf jüdische Feste fallen.

Zu den Zeichen an den *Sternen* gehören Sternschnuppen und Kometen – und ich glaube, dass auch in den faszinierenden Bildern aus den Tiefen des Weltalls Zeichen zu sehen sind: Sie weisen einzigartige Muster auf, die von der Erde aus nicht sichtbar sind, wie „Gasnebel" und „Sternenstaub" in Form einer Männerhand oder einer Dornenkrone; ein NASA-Bild wurde bekannt als das „Auge Gottes" – ein Riesen-Auge, das in die Tiefen des Weltalls zu starren scheint. Wenn die Himmelslichter Zeichen geben, hören wir Gottes Weltenuhr schlagen.

DER URSPRÜNGLICHE KALENDER

Ausgehend von den Zeitangaben im 1. Buch Mose umfasst unser Kalender seit Adam bis heute ein wenig mehr als sechstausend Jahre (nach dem Standard-Kalender). Der heute allgemein übliche „Gregorianische Kalender" hat ein Sonnenjahr von 365,25 Tagen; so lange braucht die Erde für ihre Runde um die Sonne.

Allerdings ist es so gut wie sicher, dass zu Beginn der Menschheitsgeschichte ein anderer Kalender im Gebrauch war. Als Gott Himmel und Erde schuf, machte er die Sonne, um den Tag zu regieren, und den Mond, um die Nacht zu regieren, und einen Abend und einen Morgen nannte er einen ganzen Tag. Das bedeutet: Jedes dieser Himmelslichter hatte einen Strahlungsbereich und bekam dafür etwa zwölf Stunden zugeteilt, in denen es „regieren" kann. Jesus fragte die Juden (Johannes 11,9): „Hat der Tag nicht zwölf Stunden?" Damals begann der Arbeitstag bei Sonnenaufgang (ungefähr um sechs Uhr früh) und endete bei Sonnenuntergang (ungefähr um sechs Uhr abends) – insgesamt etwa zwölf Stunden. Und wenn die Sonne untergegangen ist, schätzt man das Licht des Mondes – er „regiert die Nacht".

Es gibt Grund zur Annahme, dass das Jahr ursprünglich aus 12 Monaten zu je 30 Tagen bestand. Bei Mose lesen wir, dass Noah 150 Tage in der Arche war – oder fünf Monate (1. Mose 7,11.24; 8,4). Daraus kann man schließen, dass jeder Monat 30 Tage hatte; diese Zeitrechnung finden wir auch in der Offenbarung an Johannes: 7 Jahre Trübsalszeit (Daniel 9,27), aufgeteilt in 2 × 42 Monate bzw. 1260 plus 1260 Tage (Offenbarung 11,2+3: 12,6; 13,5). Wenn 1260 Tage 42 Monate sind, dann hat ein Monat 30 Tage und ein Jahr hat 360 Tage. Würden wir den normalen Sonnenkalender mit einer Jahreslänge von 365,25 Tagen zugrunde legen, wären die 42 Monate rund 1278 Tage lang; die Trübsalszeit würde also 18 Tage länger dauern als in der Bibel angekündigt. Wir sehen: Die Zeitangabe für die „große Trübsal" in der Offenbarung an Johannes beruht auf einem Jahr aus 12 Monaten zu je 30 Tagen, also auf 360 Tagen pro Jahr.

Bis zum 8. Jahrhundert v. Chr. rechnete man mit Jahren zu 360 Tagen, zum Beispiel bei den alten Griechen. Zur Zeit Mohammeds wurden in der Kaaba in Mekka 360 Götter verehrt, für jeden Tag des Jahres gab es einen. Auch die alten Chinesen rechneten mit 360 Tagen – entsprechend den 360 Grad in einem

Kreis. Alte indische Texte sprechen von einem 360-Tage-Jahr. Im alten Japan gab es vor dem Dairi-Palast 360 Götterfiguren. Die Mayas in Mexiko hatten 72 Wochen zu je 5 Tagen, das macht ein Jahr zu 360 Tagen. Die Inkas hatten 30 Tage bis zur neuen *killa* (Neumond) und zwölf *killas* im Jahr – 360 Tage. Im alten Rom gab es 10 Monate zu je 36 Tagen, auch das ergibt ein Jahr zu 360 Tagen.

Nun mag man fragen, warum dieser ursprüngliche Kalender, der Schöpfungskalender, geändert werden musste; wo kamen die 5,25 Tage auf einmal her? Die Antwort ist eine Vermutung, die man nicht beweisen kann: Möglicherweise hat die Sintflut die Erde abgebremst oder aber die Erdumlaufbahn wurde beeinträchtigt und vielleicht hat sich die Erdachse verschoben.

Andere erinnern an erstaunliche Wunder, da ist zum Beispiel der lange Tag bei Josua (Josua 10,13) und die übernatürliche Erscheinung zur Zeit Hiskias, als der Schatten an der Sonnenuhr zehn Stufen zurückging (2. Könige 20,9-11). Das könnte an der Erde oder im Sonnensystem eine Veränderung bewirkt haben mit der Konsequenz, dass der Kalender nicht mehr stimmte. Was nun haben die fünf zusätzlichen Tage bewirkt? Natürlich, wir haben jetzt vier Monate zu 30 und 7 Monate zu 31 Tagen und zudem Schaltjahre – was sich darüber hinaus verändert hat, darüber mag die Wissenschaft diskutieren.

Im Jahr 46 v. Chr. führte der römische Kaiser Julius Caesar den Sonnenkalender zu 365,25 Tagen ein – jedes vierte Jahr war ein Schaltjahr mit einem zusätzlichen Tag (mit Ausnahme der Jahre, die durch 100 teilbar waren). Allerdings war hier das Jahr 12 Minuten und 14 Sekunden zu lang; dies führte zu einer Abweichung, die im 16. Jahrhundert bereits schon 10 Tage betrug. 1582 verordnete Papst Gregor XIII. eine Kalenderreform; die fehlenden Tage ließ er kurzerhand überspringen, und um den Fehler auch für die Zukunft zu korrigieren, verfügte er, dass die Jahre, die durch 400 teilbar sind, nun doch Schaltjahre sein sollten. Diese Kalenderreform setzte sich nur allmählich durch, da nicht alle Landesherren sich dem Papst verpflichtet fühlten; in den amerikanischen Kolonien wurde sie erst 1752 angenommen.[5]

ZEITEN UND STUNDEN IN DER BIBEL

Gott hat Zeiten bestimmt, in denen Wichtiges geschieht, etwas Neues entsteht oder der Lauf der Geschichte sich ändert – sowohl im Leben von Einzelpersonen als auch für Völker. Im Alten Testament lesen wir sieben Mal von einer bestimmten, festgesetzten Zeit. Einige Beispiele:

- Sara wurde schwanger und brachte „um diese bestimmte Zeit im nächsten Jahr" einen Sohn zur Welt (1. Mose 17,21).

- Der Herr „bestimmte eine Zeit", in der im Rahmen der zehn Plagen das Gericht über das Vieh der Ägypter kommen sollte (2. Mose 9,5).

- Hiob bat Gott, ihm „eine Frist" zu setzen, nach der er wieder seiner gedenken würde (Hiob 14,13).

- David weissagte, dass Gott Zion besondere Gunst erweisen würde, „denn ... die bestimmte Zeit ist gekommen" für die Erscheinung des Messias (Psalm 102,14-17).

- Am Teich Bethesda in Jerusalem stieg „zu gewissen Zeiten ein Engel herab und bewegte das Wasser"; dann geschah eine Wunderheilung (Johannes 5,4).

- Wenn Gott Segen verheißt oder vor dem Gericht warnt, ist das oft mit festgesetzten Zeiten verknüpft.

- Sogar der Tod kommt für jeden Menschen zu einer bestimmten Zeit (Hiob 14,14; Hebräer 9,27).

---

5 Wie in Schottland und England; im deutschen Sprachraum zwischen 1582 und 1724; in Russland 1918, in China 1949. (Anm. d. Übers.)

In Bezug auf die Zeit einer spezifischen Weissagung, die sich erfüllen (und der Wiederkunft Christi den Weg bahnen) soll, spricht das Neue Testament von der „Fülle der Zeiten":

... zur Ausführung in der Fülle der Zeiten: alles unter einem Haupt zusammenzufassen in dem Christus, sowohl was im Himmel als auch was auf Erden ist. Epheser 1,10

Es gibt auch einen Moment der „Fülle" oder „Vollzahl der Heiden":

Denn ich will nicht, meine Brüder, dass euch dieses Geheimnis unbekannt bleibt, damit ihr euch nicht selbst für klug haltet: Israel ist zum Teil Verstockung widerfahren, bis die Vollzahl der Heiden eingegangen ist. Römer 11,25

Dieser Ausdruck „Vollzahl der Heiden" spricht von einer vorher bestimmten Anzahl von Nichtjuden aus den Völkern der Welt, die sich vor der Wiederkunft des Herrn zu ihm bekehren, wenn die natürlichen Nachkommen Abrahams von ihrer geistlichen Blindheit befreit werden.

Eine andere „Erfüllung der Zeiten" gilt für Jerusalem – dann wird die Stadt von der Herrschaft der Heiden befreit. Jesus prophezeite:

Und sie werden fallen durch die Schärfe des Schwerts und gefangen weggeführt werden unter alle Heiden. Und Jerusalem wird zertreten werden von den Heiden, bis die Zeiten der Heiden erfüllt sind. Lukas 21,24

Jesus sagte also voraus, dass Jerusalem in den Händen von Nichtjuden sein und zertreten werden würde (das ist ein Ausdruck für ständige Kriege und Zerstörung). Das werde so bleiben, „bis die Zeiten der Heiden erfüllt sind"; dann würden diese Völker ihren Griff lockern und die Stadt komme wieder unter jüdische Herrschaft.

Das griechische Wort für „erfüllt" in Lukas 21,24 ist *pleroo*; es bedeutet „auffüllen, vollstopfen; etwas, das zuvor angekündigt wurde, geschieht". Eine Prophezeiung wird erfüllt, wenn das vorhergesagte Ereignis bestimmte Begleitumstände hat, die mit der Vorhersage übereinstimmen. Die Befreiung Jerusalems aus der Herrschaft der Heiden im Juni 1967 war die Erfüllung einer Prophezeiung. Seit 1948 war die Heilige Stadt geteilt zwischen Israel und Jordanien; nun, nach dem Sechstagekrieg, war sie wieder eine vereinte Stadt und wurde zur Hauptstadt Israels.

Manchmal spricht die Schrift von „Zeit und Stunde". Die Jünger fragten Jesus, ob er Israel wieder zum unabhängigen Königreich machen würde –

Er aber sprach zu ihnen: Es ist nicht eure Sache, die Zeiten oder Stunden zu kennen, die der Vater in seiner eigenen Vollmacht festgesetzt hat.

Apostelgeschichte 1,7

Das griechische Wort für „Zeiten" ist *chronos*; es deutet auf einen festen Zeitraum hin, insbesondere auf die Zeit, bis der Herr wiederkommt. Das griechische Wort für „Stunde" oder „Zeitpunkt" ist *kairos*; es spricht von einem besonderen Zeitabschnitt oder von etwas, das sich zu einer bestimmten Zeit ereignet. Dann gibt es noch das hebräische *moed* (Mehrzahl: *moadim*); es bedeutet „bestimmte Zeit" und steht bei den sieben Festen Israels, die jedes Jahr im selben Monat auf den selben Tag festgesetzt sind. Es ist faszinierend, wie in Gottes prophetischem Kalender wichtige Ereignisse der Bibel sowie Ereignisse, die er durch die Propheten angekündigt hat, übereinstimmen mit dem Tag und Thema der sieben Hauptfeste.

DER FESTKALENDER

Auf den Abend vor Israels Auszug aus Ägypten setzte Gott das erste der sieben jährlichen Feste Israels an, die er auf Monat und Tag bestimmt hat. – Hier ein Überblick:

Name	Jüdischer Monat	Entspricht unserem
Passah/Ostern (Pessach)	1. Monat, 14. Tag	März/April
Ungesäuerte Brote (Chag haMatza)	1. Monat, 15.-21. Tag	März/April
Erstlingsgarbe (Bikkurim)	1. Monat, Tag nach dem Sabbat der ungesäuerten Brote	März/April
Pfingsten (Schawuot)	50 Tage nach dem Tag der Erstlingsgarbe	Mai/Juni
Posaunenfest, Fest des Hörnerschalls (Jom Terua)	7. Monat, 1. Tag	September/Oktober
Versöhnungstag (Jom Kippur)	7. Monat, 10. Tag	September/Oktober
Laubhüttenfest/Erntedank (Sukkot)	7. Monat, 15.-21. Tag	September/Oktober

Der jüdische Kalender ist ein Mondkalender; deshalb hat ein Jahr 354 Tage – 6 Monate zu je 29 Tagen und 6 Monate zu je 30 Tagen; ein Mondjahr kann auch 353 oder 355 Tage haben. Es fehlen also im Vergleich zum Sonnenjahr durchschnittlich 11 Tage; deshalb ist mit wenigen Ausnahmen jedes dritte Jahr ein „schwangeres Jahr" – *schana meuberet* – mit einem 13. Monat; dieser folgt dem letzten Monat Adar und heißt *adar bet* – „Adar II". Das sorgt dafür, dass die Feste immer in die richtige Jahreszeit fallen; sonst würden sie wie die Feste des Islams in drei bis vier Jahrzehnten einmal ums Jahr wandern.

Wichtige Ereignisse fallen häufig auf die gleichen Tage, besonders wenn sie prophetisch bedeutsam sind. – Der jüdische Kalender hat 12 Monate. Der Kislew fällt in der Regel auf den Dezember, manchmal beginnt er Ende November.

Im 2. Jahrhundert v. Chr. wurde am 24. Kislew im Tempel in Jerusalem eine Zeus-Statue aufgestellt; das war eine schwere Verunreinigung. Ebendieser Tempel wurde drei Jahre danach gereinigt und wieder geweiht – interessanterweise ebenfalls am 24. Kislew (im Gedenken daran wurde das Lichterfest „Chanukka" eingesetzt). Jahrhunderte zuvor, die Juden waren gerade aus der babylonischen Gefangenschaft zurückgekehrt, bauten sie unter Haggai den zerstörten Tempel wieder auf – und sie begannen am 24. Kislew. Manche vermuten, dass Jesus von der Jungfrau Maria empfangen wurde am 24. Kislew, am Lichterfest.[6] Die Befreiung Jerusalems nach 400 Jahren Osmanen-Herrschaft am 9. Dezember 1917 geschah ebenfalls am 24. Kislew – an diesem Tag zog der britische General Edmund Allenby in Jerusalem ein.

In Kapitel 1 habe ich einen anderen jüdischen Mehrfach-Gedenktag angeführt, den *Tischa beAv* (9. Av); dieser Tag wurde im Judentum zum Volkstrauertag. Hier eine Liste schrecklicher Ereignisse in der Geschichte der Juden, die alle am 9. Av stattfanden:

- Rückkehr der zwölf Kundschafter, die Mose ausgesendet hatte, mit einem entmutigenden Bericht; Rebellion des Volkes

- Gott verkündet die Strafe: Alle, die als Erwachsene Ägypten verlassen haben, müssen in der Wüste sterben.

- Nebukadnezar brennt den ersten Tempel nieder (586 v. Chr.).

- Die Römer zerstören den zweiten Tempel (70 n. Chr.).

- Niederschlagung des Bar-Kochba-Aufstands in der Schlacht von Betar (132)

- Die Römer pflügen den Tempelberg um und machen Jerusalem zu einer Römer-Kolonie namens Aelia Capitolina (133).

---

6 Lukas 1,5 in Verbindung mit 1. Chronik 24,10 (1–19) legt nahe, dass die Geburt Johannes des Täufers etwa im Juni angekündigt wurde, die Ankündigung der Geburt Jesu geschah laut Lukas 1,26 „im sechsten Monat", also ein halbes Jahr später. (Anm. d. Übers.)

- König Eduard vertreibt die Juden aus England (1290).
- Bei der Vertreibung der Juden aus Österreich verlassen die letzten Juden Wien (1670).
- Das Osmanische Reich stoppt die Einwanderung russischer und rumänischer Juden nach Palästina (1882).
- Ausbruch des Ersten Weltkriegs als Folge der Ermordung von Erzherzog Franz Ferdinand (1914)
- Erlass, der die Juden aus Teilen Ungarns vertreibt (1941)[7]

Im Judentum gilt der 9. Av als Unglückstag. Noch ein Ereignis aus neuester Zeit: Am 14. August 2005 wurden Juden aus ihren Siedlungen in Gaza (also in Israel) zwangsumgesiedelt; ihre eigenen Soldaten zwangen sie, Busse zu besteigen, die sie an andere Orte in Israel bringen sollten – auch das geschah am 9. Av.

ZEICHEN AM MOND

Bevor es Kalender aus Papier gab – woher wusste man damals, dass ein neuer Monat begann? Die Juden sahen es am Mond. Jeder ihrer Monate hat vier Mondphasen: vom 1.-7. Tag ist Neumond, dann vom 8.-14. Tag zunehmender Mond, vom 15.-22. Tag Vollmond und zuletzt, vom 23.-30. Tag, abnehmender Mond. Manche rabbinische Quellen sprechen von der „Wiedergeburt des Mondes": Neumond ist, wenn der Himmel vollständig finster ist – der Mond „verbirgt sein Gesicht" vor der Erde. Wenn dann wieder die Silbersichel am Himmel erschien, wussten die Hebräer: Jetzt beginnt ein neuer Monat. Allmählich wurde ein Halbmond daraus und schließlich, nach gut vierzehn Tagen, war Vollmond; dann ging das Ganze rückwärts, bis der Mond wieder ganz dunkel war. Wie in vielen anderen Sprachen ist auch im Hebräischen die

---

7 Aish.com, „Tisha B'Av – Tisha B'Av",„America's Hebraic Heritage and Roots", http://www.threemacs.org/docs/Americas%20Hebraic%20Roots%20-%20 Columbus%20and%20the%20Discovery.pdf (Zugriff am 24.09.2014).

Verbindung von Monat und Mond zu erkennen – beide heißen *chodesch* (1. Mose 7,11; 8,4; 29,14; 2. Mose 12,2-6).

In den Schriften der Rabbiner ist zu lesen, dass der Mondzyklus das geistliche Auf und Ab Israels wiedergibt – und entsprechend den Zustand des Volkes: Von Abraham bis Salomo sind es 15 Generationen; entsprechend war Abraham der Beginn von Israels Erleuchtung; zu seiner Zeit herrschte, geistlich gesehen, totale Finsternis. 15 Generationen später erstrahlte das Königreich Israel in hellstem Glanz – unter König Salomo erlebte es den Höhepunkt von Frieden und Wohlstand. Nach Salomos Tod übernahm sein Sohn Rehabeam die Herrschaft – der Abstieg des Königreichs begann. Wie der Mond am Himmel dunkel wird, wurde Israel 15 Generationen später in die Finsternis der babylonischen Gefangenschaft geführt; so kann man die Geschichte des alten Israels im 29 oder 30 Tage dauernden Mondzyklus wiederfinden. Deshalb messen Rabbiner totalen Mondfinsternissen („Blutmonden") prophetische Bedeutung zu, wenn diese auf jüdische Feste fallen. Totale Mondfinsternisse gelten ihnen als böses Vorzeichen, zum Beispiel für interne Kämpfe, oder sie ahnen einen Krieg.

WIE DAS ALTERTUM DIE ZEICHEN AM HIMMEL SAH

Vielleicht die bekanntesten römischen Kaiser waren Julius Caesar und Kaiser Augustus. Unter Julius Caesar gruben römische Siedler in Capua uralte Gräber um und fanden dabei eine eherne Tafel mit griechischer Schrift und Sprache, die besagte:

**Kommt einst Capys' Gebein ans Licht,
wird Julians Spross vom Eignen hingeschlacht'.**

Als wäre diese seltsame Weissagung nicht beunruhigend genug gewesen, träumte die Kaisergattin auch noch, dass ihr Haus einstürzte; das verstand sie als Warnung und bat den Kaiser, nicht zum Kolosseum zu gehen, doch der schlug die Warnung in den Wind. Im Kolosseum wurde er mit 23 Messerstichen niedergestreckt und starb. Das war 44 v. Chr.[8]

Kaiser Augustus wurde 27 v. Chr. zum römischen Kaiser ernannt und herrschte bis zu seinem Tod 14 n. Chr.; er war also Kaiser zur Zeit von Christi Geburt. Sein Vater Octavius hatte über seinen Sohn ein Orakel befragt. Er brachte ein Trankopfer dar und goss Wein auf den Altar; dabei schlug das Feuer bis an das Dach hinauf. Der Priester sagte Octavius, sein Sohn würde zu Größe gelangen; dieses Zeichen habe es nur ein einziges Mal gegeben, und damals habe Alexander der Große ein Opfer dargebracht.

Im Jahr 2 v. Chr. feierte Augustus sein silbernes Thronjubiläum und den 750. Jahrestag der Gründung Roms. Um das zu finanzieren, hatte er im Jahr zuvor im ganzen Reich eine Volkszählung angeordnet und eine Sondersteuer erhoben. In Judäa herrschte als Vasall König Herodes; der verlangte von den Nachkommen König Davids, nach Judäa zu gehen, sich in Bethlehem registrieren zu lassen und die Steuer zu bezahlen (als Belohnung für seine Loyalität erhielt er den Titel „König der Juden"). Von dieser Steuer lesen wir im Neuen Testament; sie war der Anlass, dass Maria und Josef nach Bethlehem kamen (Lukas 2,1-5).

Augustus wurde von seinen Zeitgenossen auch „Friedefürst" genannt; im Inneren des Römerreiches herrschte der „Römische Friede" – *Pax Romana*. Augustus führte auch den Titel „Gott des Volkes"; so war es nur folgerichtig, dass Augustus einen Tempel baute, nachdem ihm die Weltmacht geweissagt war. Augustus ging zum Orakel in Delphi und wollte wissen, wie lange sein Friedenstempel Bestand haben würde. Die Antwort: „Bis eine Jungfrau ein Kind gebiert und trotzdem Jungfrau bleibt."

---

8 Slemen.com, „Beware the Ides of March", http://www.slemen.com/caesar.html (Zugriff am 24.09.2014).

Dass eine Jungfrau ein Kind bekommt und danach immer noch Jungfrau ist, das ist ein Ding der Unmöglichkeit – und Augustus war sicher, dass sein Tempel für immer Bestand haben würde. So brachte er als Inschrift an: *Templum Pacis Aeternae* – „Tempel zum ewigen Frieden". Zur Zeit von Christi Geburt fiel dieser Tempel in sich zusammen, ohne erkennbare Ursache und ohne jede Vorwarnung.

Als Augustus den Palatin bestieg, lasen die Sterndeuter die Zeichen des Himmels. Auf dem Berg inmitten der sieben Hügel befragte er das Orakel: „Wird jemals ein Größerer als ich geboren?" In diesem Augenblick erglühte am Himmel ein Komet. Die Frau legte ihre Bücher hin und sagte zu Augustus:

Das ist ein Zeichen, das dir die Zukunft offenbart: Eine Welt geht unter und eine neue Welt steigt herauf.[9]

Das war eine Anspielung, dass das Zeitalter des Sternzeichens Widder nach 2150 Jahren zu Ende ging. Gemäß der jüdischen Überlieferung bekleidete Gott Adam und Eva nach dem Sündenfall mit Widderfellen; auch war es ein Widder, der anstelle von Isaak geopfert wurde (1. Mose 22). Zur Zeit des Augustus galt das Sternbild der Fische als Symbol für Israel, und damals wurde Jesus geboren. Das war das Orakel, das Augustus empfing:

Ein Kind wurde eben geboren, der König des nächsten Jahrtausends, der wahre Gott der Welt. Er ist von niedriger Geburt und aus unbekanntem Volk. Seine Göttlichkeit wird nicht erkannt; wenn er sich schließlich zu erkennen gibt, wird er verfolgt. Er wird Wunder tun; man wirft ihm vor, er sei mit bösen Geistern im Bunde, aber ich sehe ihn am Ende als Sieger über den Tod: Er steht auf von dem Grab, in das seine Mörder ihn legen. Er wird alle Völker einen.[10]

---

9   Justine Glass, They Foresaw the Future (New York: Putnam, 1969), 29.

10   Ebd.

Augustus berichtete das alles dem Senat, der es aufschrieb und zu den Akten legte. Kaiser Konstantin las es Jahrhunderte später – und gewährte dem Christentum wohlwollende Duldung.

Da sich Israel nach einem Mondkalender richtet, ist jedes „Zeichen" am Mond während eines jüdischen Festes ein wichtiges Omen für Israel. Die jüdischen Weisen halten einen Blutmond für kein gutes Zeichen für Israel; er zeigt an, dass irgend eine Art von Schwierigkeiten auf das Volk zukommt. Hier eine kurze Liste von Mondfinsternissen:

Mondfinsternis	Ereignis
10. Januar 4 v. Chr.	Kindermord von Bethlehem, Tod des Herodes
27. September 14 n. Chr.	„Augustus-Eklipse" genannt, ereignete sich kurz nach dem Tode des Augustus.[11]
3. April 33	möglicherweise die Zeit der Kreuzigung – Finsternis über dem Land
4. März 71	Jerusalem umgepflügt und mit Salz bestreut durch die Römer
22. Mai 1453	Konstantinopel fällt in die Hände der Muslime
1. März 1504	Kolumbus-Eklipse
31. Juli 1776	kurz nach der Unabhängigkeitserklärung der USA
4. Juli 1917	Erster Weltkrieg, Balfour-Deklaration (Palästina – Heimstätte für die Juden)

Bei den Menschen der Antike riefen Sonnenfinsternisse oft Aberglauben und Angst hervor. Die alten Chinesen glaubten, Sonnenfinsternisse seien Zeichen des Himmels und sagten die Geburt von Kaisern und Staatsmännern voraus. Am 27. Januar 632 war im arabischen Medina eine Sonnenfinsternis sichtbar. Mohammed, der Gründer des Islams, war aus Mekka vertrieben worden und lebte mit seinen Nachfolgern in Medina; er starb noch im selben Jahr.

---

11 Astronomy Today, „Augustus' Eclipse (14 CE)", http://www.astronomytoday.com/eclipses/ancient-part3.html (Zugriff am 09.10.2014).

DER MOND WIRD ZU BLUT

Eines der Wunderzeichen am Himmel vor der Trübsalszeit ist, dass die Sonne finster wird und der Mond zu Blut (Joel 3,4). Dies ist eine Metapher; laut jüdischen Gelehrten ist das als totale Mondfinsternis zu verstehen – der Mond ist dann sichtbar als ein rötlich-orangener Ball am Himmel. Nicht das Naturphänomen an sich ist bedeutsam; Mondfinsternisse hat es schon immer gegeben, aber der Zeitpunkt hat uns sehr wohl etwas zu sagen: Laut Joel wird es in jener Zeit, vor dem Tag des Herrn, sowohl eine Sonnenfinsternis als auch Mondfinsternisse geben („die Sonne soll verwandelt werden in Finsternis und der Mond in Blut"). Aus prophetischer Sicht fallen diese Finsternisse in bedeutsame Zeiten; sie sind Wunder des Weltalls, die zeigen, dass der Tag des Herrn naht.

Zur Zeit Moses und in den Tagen Jesu wurde die Zeit der sieben Feste jeden Monat anhand der Mondposition bestimmt. Wenn an jüdischen Festen der Mond rot ist, gilt das als ein Omen für Israel, die Juden oder Jerusalem.

Im 20. Jahrhundert gab es zweimal in der Nacht zu Pessach (Sederabend) eine Mondfinsternis, die in Israel sichtbar war: im jüdischen Jahr 5710 (1949-1950) und im Jahr 5728 (1967-1968). Diese Daten hatten für Israel prophetische Bedeutung: nicht lange vor 5710 war der Staat Israel gegründet worden, 5728 war es kurz nach der Befreiung und Wiedervereinigung Jerusalems.

Auch 2014 und 2015 gab es „Blutmonde"; sie fanden große Beachtung. Joel jedoch prophezeite, dass *beides* geschehen würde, eine Sonnenfinsternis *und* eine Mondfinsternis:

Die Sonne soll verwandelt werden in Finsternis und der Mond in Blut.

Joel 3,4

Im Schnitt gibt es auf der Erde jedes Jahr mindestens 2,4 Finsternisse. Durchschnittlich geschehen in 3 ½ Jahren etwa 5 Finsternisse; in 4 ½ Jahren können sich bis zu 6 Finsternisse ereignen; die Höchstzahl innerhalb eines Jahres ist 7. 1917 gab es sieben Finsternisse: vier Sonnenfinsternisse und drei Mondfinsternisse. Das war ein Jahr mit bedeutenden prophetischen Ereignissen.

Auch 1935 gab es sieben Finsternisse, davon fünf Sonnenfinsternisse. Das war die Zeit der Weltwirtschaftskrise sowie des Aufstiegs Hitlers und es war kurz vor Ausbruch des Zweiten Weltkriegs. Auch 1982 gab es sieben Finsternisse, davon vier Sonnenfinsternisse, und auch in diesem Jahr gab es mehrere große, bedeutende Ereignisse. In 3600 Jahren, von 1154 v. Chr. bis 2485 n. Chr., kam bzw. kommt es nur 14 Mal vor, dass in einem Jahr zwei Sonnen- und vier Mondfinsternisse stattfinden. Bis 1982 kam es in 3600 Jahren insgesamt 34 Mal vor, dass in einem Jahr vier Sonnen- und drei Mondfinsternisse stattfanden. Seit 1000 n. Chr. gab es sieben Jahre mit je fünf Mondfinsternissen: 1181, 1246, 1311, 1676, 1694, 1749 und 1879.[12]

Eine echte Rarität aber ist, wenn vier Mondfinsternisse hintereinander auf Pessach, das erste Fest Israels, und das Laubhüttenfest, Israels siebte und letzte jährliche Zusammenkunft, fallen. Eine solche Tetrade gab es in den Jahren 2014 und 2015:

- erster Pessach-Tag, 15. April 2014
- erster Tag des Laubhüttenfests, 8. Oktober 2014
- erster Pessach-Tag, 4. April 2014
- erster Tag des Laubhüttenfests, 28. September 2015

Bei diesen Festen gab es auch vier Sonnenfinsternisse: am 29. April und 23. Oktober 2014 sowie am 20. März und 13. September 2015.[13] Die Blutmonde, die auf diese Daten fallen,

---

12 J. Stokley, The Science Newsletter, 26, Nr. 716, 1934.

13 NASA Eclipse Website, „Eclipses of 2014", http://eclipse.gsfc.nasa.gov/eclipse.html (Zugriff am 25.09.2014).

sind sicher ein prophetisches Wunderzeichen für Israel; allerdings hat die Joel-Weissagung noch mehr zu sagen: Dass die Sonne finster wird, kann auf Sonnenfinsternisse hindeuten, die ebenfalls im Frühjahr und Herbst stattfinden. Die rabbinische Tradition kennt eine Differenzierung in der Bedeutung von Finsternissen:

- Sonnenfinsternisse sind ein schlechtes Vorzeichen für Götzendiener.
- Mondfinsternisse sind ein schlechtes Vorzeichen für Israel.
- Ein *roter* Mond bei einer Mondfinsternis bedeutet: *Schwert* kommt über die ganze Welt.
- Ein *schwarzer* Mond bei einer Mondfinsternis bedeutet: Die Pfeile des *Hungers* kommen über die ganze Welt.
- Eine Finsternis bei Sonnen*untergang* bedeutet, dass das Unglück *sich verzögert.*
- Eine Finsternis bei Sonnen*aufgang* bedeutet, dass das Unglück *bald eintrifft.*

Die Zeit wird zeigen, wofür diese neuerlichen Blutmonde an den Festen stehen und ob sie Vorboten aus dem Weltall sind. Jesus sagte deutlich, dass es Zeichen auch am Mond geben würde (Lukas 21,25). Wenn Zeichen an den Sternen, dem Mond und der Sonne *gleichzeitig* auftreten, dann sind das eindeutig und unübersehbar „Zeichen am Himmel".

DER ZWEITE ZEIGER AN GOTTES WELTENUHR: DAS SIEBENER-SYSTEM

Die Himmelslichter sind Zeiger an Gottes Weltenuhr. Lange bevor man gedruckte Kalender hatte, wurde die Zeit mithilfe von Sonne und Mond bestimmt. Darüber hinaus kannten die Israeliten drei Siebener-Einheiten, die in der Bibel festgelegt sind:

Zuerst war da die Woche – jeder siebte Tag ist ein *schabbat* – „Ruhe" oder „Aufhören" (2. Mose 20,10–11). Dieser siebte Tag ist unser heutiger Samstag. Bis heute beginnt für fromme Juden und für messianische Gläubige der Sabbat am Freitag bei Sonnenuntergang und geht bis zum Samstag nach Sonnenuntergang.

Zweitens kennen die Juden die Jahrwoche – *schmitta*, das Sabbatjahr, „Freilassung": Sieben Jahre sind eine Zeiteinheit für die Landwirtschaft: Im siebten Jahr soll das Land ruhen und ein ganzes Jahr nicht bebaut werden (3. Mose 25,2-4); dazu gehörte auch ein allgemeiner Schuldenschnitt. Weil Israel die *schmitta* nicht einhielt, führte Gott das Volk für siebzig Jahre ins Exil, damit das Land seine Sabbatruhe nachholen konnte (3. Mose 26,32-35).

Drittens gibt es das *jobel*, das sieben Jahrwochen abschloss – also nach 7 × 7 = 49 Jahren das 50. Jahr (3. Mose 25,8-10), beginnend mit dem 10. Tag des 7. Monats.

Viele bedeutende Ereignisse in der Heilsgeschichte und der Geschichte Israels folgen diesem Siebener-Muster:

- Jakob arbeitete sieben Jahre um seine Frau und bekam dann die falsche; dann arbeitete er weitere sieben Jahre für seinen Schwiegervater Laban, damit er Rahel, seine wahre Liebe, heiraten durfte (1. Mose 29,18-20).

- Sieben Jahre Hungersnot brachten Josefs Brüder nach Ägypten, wo sie in der weltweiten Krise Zuflucht fanden (1. Mose 41).

- Sieben Priester mit sieben Trompeten marschierten um Jericho herum, und am siebten Tag umrundeten sie die Stadt sieben Mal; danach stürzten die Mauern ein (Josua 6).

- In der Esther-Geschichte gibt es sieben Kämmerer (Esther 1,10), sieben Fürsten der Meder und Perser (1,14), und Esther hatte sieben Dienerinnen (2,9). Esther rettete die Juden in 127 Provinzen!

- Nach dem Opfer von sieben Stieren und sieben Widdern wendete der Herr das Geschick Hiobs und gab ihm doppelt so viel, wie er vorher besessen hatte (Hiob 42,8-10).
- David verkündete, dass er den Herrn sieben Mal am Tag lobte (Psalm 119,164)! Die Sieben hat also etwas mit Israels Siegen und mit Gunst bei Gott zu tun.

Die dritte Siebener-Ebene ist also das „Halljahr" am Ende von sieben Jahrwochen. Das hebräische *jovel* (daraus wurde „Jubeljahr") bedeutet „Widder"; zu Beginn dieses fünfzigsten Jahres wurde am Großen Versöhnungstag das Widderhorn geblasen und so das Jahr der Freilassung ausgerufen (3. Mose 25,9+10): Hier endeten alle Erbpachtverträge (Agrarland war unverkäuflich, es konnte nur bis zum *jobel* verpachtet werden); jeder Landbesitzer erhielt seinen Erbbesitz wieder zurück.

Diese Halljahre (und was in ihnen geschah) waren so wichtig, dass dafür eigens ein Buch geschrieben wurde, das „Buch der Jubiläen". Man nimmt an, dass es zwischen 135 und 105 v. Chr. von einem Pharisäer verfasst wurde. Hier der Beginn der Einführung:

Diese sind die Wörter der Einteilung der Tage nach dem Gesetz und Zeugnis, nach dem Geschehen der Jahre nach ihren Wochen in ihren Halljahren, in allen Jahren [seit Erschaffung] der Welt.[14]

Der Autor beginnt seine Zählung bei der Erschaffung der Welt bis zum Empfang der Gesetzestafeln am Sinai und ordnet Israels wichtige Ereignisse Fünfziger-Abschnitten zu; dabei versucht er nachzuweisen, dass Israels Geschichte in Fünfzig-Jahr-Schritten geschah. Das Buch ist voll von Überlieferungen; die Erzählungen der Bibel sind mitunter verändert und es finden sich Ergänzungen über Zeiten, zu denen die Thora schweigt. Von diesem „Buch der Jubiläen" wurden 1948-1952 in den Höhlen von Qumran, am Toten Meer im heutigen Israel, fünfzehn Fragmente gefunden.

---

14 George H. Schodde (Üs), The Book of Jubilees (Muskogee, OK: Artisan Publishers, 1888).

Der Schreiber beginnt seine Zählung bei der Erschaffung der Welt und schließt sie mit der Zeit, als Israel am Sinai die Gesetzestafeln empfing; er zählt insgesamt 2450 Jahre. Diese teilt er ein in 50 Einheiten zu je 49 Jahren, in *juvalim*, „Jubiläen". Wenn ich dieses Buch erwähne, dann soll das keine Leseempfehlung sein; ich möchte einfach zeigen, dass es ein ausgeklügeltes Schema gab, das den Glauben an die Bedeutung der Halljahre in der Geschichte Israels wachhielt. Der Autor spricht oft von „Siebenern", von Heptaden.

Der Halljahrs-Zyklus begann mit dem Einzug Israels in das Land der Verheißung, das war vermutlich 1436 v. Chr. Man hat versucht herauszufinden, wann genau wichtige Ereignisse stattgefunden haben. Hier einige Beispiele:[15]

- Das 17. Halljahr fiel in die Zeit, als Nebukadnezar, der König von Babel, in Juda einfiel (606-604 v. Chr.).
- Das 30. Halljahr fiel in die Zeit der Kreuzigung Jesu (33-34 n. Chr.).
- Das 42. und 43. Halljahr fiel in die Zeit der Eroberung Jerusalems durch die Muslime (622-672 n. Chr.).
- Das 68. Halljahr fiel in die Zeit, als der Zionismus Gestalt annahm (1896-1897).
- Das 69. Halljahr begann gleich nach dem Ende des Zweiten Weltkriegs (1945-1946).
- Das 70. Halljahr fiel in die Zeit der Friedensverträge von Oslo (1994-1995).

Bei Daniel finden wir einen prophetischen Zyklus, den Theologen „die 70. danielsche Jahrwoche" nennen. Daniel spricht von 70 × 7 Jahren (490 Jahren; siehe Daniel 9). Dieser Zeitabschnitt kann auch eingeteilt werden in 10 Halljahrs-Zyklen zu je 49 Jahren

---

15 Sacrednamebroadcaster.com, „Sabbatical and Possible Jubilee Years", http://sacred-namebroadcaster.com/pdf/sabbaticalchart.pdf (Zugriff am 06.11.2014).

(insgesamt 490 Jahre). Die Datierung so lange zurückliegender Ereignisse verlockt zu Spekulationen, es sei denn, diese Ereignisse wären in der Religions- oder der weltlichen Geschichtsschreibung genau angegeben.

Die Ereignisse unserer Zeit machen es leichter; so sagten 1898 die jüdischen Zionisten unter Theodor Herzl voraus, dass es in 50 Jahren im Land der Väter einen zionistischen Judenstaat geben würde; 50 Jahre später, 1948, wurde den Juden ein Land gegeben, das sie Israel nannten. 1917 unterschrieb der britische Außenminister Lord Balfour eine Erklärung, die den Juden eine „Heimstätte" in Palästina zusprach; 50 Jahre später, im Juni 1967 nach dem Sechstagekrieg, wurde Ostjerusalem von Israel annektiert (bis dahin war es unter jordanischer Herrschaft): Endlich waren Ost- und Westjerusalem zu einer Stadt vereint, das Alte und das Neue wurden zur Hauptstadt Israels.

VORANSCHREITENDE, AUFSTEIGENDE UND KREISFÖRMIGE ZEIT

Die Zeit ändert sich nie; Minuten, Stunden, Tage, Wochen, Monate und Jahre wiederholen sich unaufhörlich. Alle Menschen bewegen sich auf die Ewigkeit zu, und dort gibt es die Zeit bekanntlich nicht mehr – aber bis dahin schreitet sie unaufhaltsam voran, das können wir alle bezeugen. Wir wissen, dass unsere Körper nachlassen, aber für die Zeit scheint es ein unendliches Recycling zu geben.

Der Lauf der Zeit kann verglichen werden mit *Voranschreiten, Aufsteigen und Kreisen*. Betrachten wir zunächst die voranschreitende Zeit, die Zeit in der *Horizontalen*: Von unserer Geburt an gehen wir auf einem Zeitstrahl geradeaus, fließen von einem Ereignis zum nächsten, bis der Tod unsere Erdenzeit beschließt. In dieser horizontalen Linie gibt es für jeden Menschen einen

Anfang und ein Ende. Die Griechen nannten das *chronos*, das Leben, das eine Abfolge hat, die man datieren und im Zeitablauf einordnen kann.

Das zweite ist die *aufsteigende* Zeit, die Jakobsleiter. In Jakobs Traum stand die Leiter im „Haus Gottes", die Spitze war die „Pforte des Himmels" – und Engel, Boten des Himmels, stiegen auf und nieder (1. Mose 28,12-17). Diese *vertikale* Zeit findet im geistlichen Raum statt; gläubige Erdenbewohner können zu Zeiten mit Christus „in den himmlischen Regionen" sitzen (Epheser 2,6) und in Gottes Gegenwart Inspiration und Offenbarung empfangen. Die aufsteigende Zeit ersteht aus der voranschreitenden Zeit. So konnten die Propheten, die auf einer horizontalen Zeitleiste lebten, die Erde hinter sich lassen und in die Himmelswelt eintreten, sie hatten Visionen vom Himmel und von Künftigem. Das griechische Wort für diese Art Zeit ist *kairos* – ein günstiger Moment, ein von Gott geschenkter Augenblick. *Kairos*-Zeit, das sind spezielle „Stunden", Gelegenheiten, in denen wir bestimmte Aufgaben ausführen können.

Die dritte, für unsere Studien wichtigste Richtung der Zeit, ist *kreisend* – etwas wiederholt sich *zyklisch*, wir erkennen ein Muster. Vor Jahrtausenden wusste man mit diesem Kreisen der Zeit viel besser umzugehen als wir Menschen von heute. In alten Zeiten drehte die Zeit ihre Runden; alles wiederholte sich in vorbestimmten, von Gott festgelegten Stunden: wie die vier Jahreszeiten sich jedes Jahr wiederholten, die Sonne jedes Jahr ihren Lauf nahm, wie der Mond seine vier Phasen durchlief und wie die Juden ihre sieben Jahresfeste feierten.

In der Politik vergleichen wir Präsidenten mit ihren Vorgängern: Bill Clinton mit John F. Kennedy, Obama mit Lincoln usw. Es gab auch Familien, in denen Vater und Sohn Präsidenten waren, auch wenn dazwischen Jahre lagen: John Adams (2. Präsident) und sein Sohn John Quincy Adams (6. Präsident), George H. W. Bush (41. Präsident) und sein Sohn George W. Bush (43. Präsident).

Die Bibel nimmt auch geistliche Vergleiche vor, so nennt sie Christus den letzten Adam (1. Korinther 15,45) und stellt ihn dem ersten Adam gegenüber; sie vergleicht das Priestertum Melchisedeks (eines Priesterkönigs) mit dem Priestertum Christi (Hebräer 7,21): Einzelpersonen, deren Zukunft an die Vergangenheit anknüpft.

Wenn wir nun solche Serien anschauen und entdecken, wie in der Vergangenheit die Zukunft verborgen ist, gewinnen Sie vielleicht ein neues Verständnis davon, wie die Zukunft in vergangene Zeiten eingraviert sein kann. In den nächsten Kapiteln spreche ich vormals Geschehenes an, um Zyklen aufzuzeigen und mit kommenden Möglichkeiten zu vergleichen. Die Zeit wird zeigen, wie zuverlässig und genau diese prophetischen Serien sind.

3

WENN PROPHETISCHE ZEIT
SICH „ZUSPITZT"

Nehmen wir einen Stift und ein Blatt Papier. Fangen wir oben in der Mitte an und zeichnen einen Kreis – wir hören erst auf, wenn wir wieder am Ausgangspunkt sind. Der Kreis beginnt mit einem Punkt, dann ist es nur ein kleiner Strich, aber wenn wir 180 Grad geschafft haben, ist es schon der halbe Kreis. Von da an kommen wir dem Ausgangspunkt immer näher, bis der Kreis geschlossen ist.

So ist es auch mit der Erfüllung von Prophetie: Wenn sie einmal ausgesprochen ist, scheint es manchmal lange zu dauern, bis die Erfüllung eintrifft. Aber sobald wir die Hälfte zurückgelegt haben und uns wieder auf den Anfang zu bewegen, sobald der Kreis sich zu schließen beginnt, treten immer mehr Zeichen und Wunder zutage und die prophetische Zeit „spitzt sich zu".

Wenn ein prophetischer Kreis sich schließt, ist das ein Höhepunkt, eine Erfüllung der Zeiten. Davon sprach Paulus in Epheser 1,10:

... zur Ausführung in der Fülle der Zeiten: alles unter einem Haupt zusammenzufassen in dem Christus, sowohl was im Himmel als auch was auf Erden ist.

In der „Gute Nachricht Bibel" heißt es so:

... wie er nach seiner Absicht die Zeiten zur Erfüllung bringt: Alles im Himmel und auf der Erde wollte er zur Einheit zusammenführen unter Christus als dem Haupt.

Die Erfüllung einer biblischen Prophetie kann unterbrochen werden – zwischen einem Teil der Erfüllung und dem nächsten kann eine Unterbrechung stattfinden; das beste Beispiel ist die Prophetie von den 70 Jahrwochen in Daniel 9,24-26: Die Juden kehrten aus der babylonischen Gefangenschaft nach Jerusalem zurück, und von der Zeit, als sie laut Dekret die Stadt wieder aufbauen durften, bis zum Tod des Messias gibt es 483 Jahre lang keine Unterbrechung. Jesus starb zum Ende der 69. Jahrwoche (69 × 7 = 483 Jahre).

Die letzte Jahrwoche, die den 490-Jahres-Zyklus abschließt, steht noch aus – das sind die sieben Jahre der Trübsalszeit. Damit gibt es zwischen der 69. und der 70. Jahrwoche eine riesige Unterbrechung; sie währt nun schon über 1982 Jahre – so lange lehren die Gläubigen schon über den kommenden Antichristen und die Trübsalszeit und warnen davor. Die vielen Prophezeiungen über die Endzeit werden alle noch erfüllt, wenn die Lücke in dem Kreis kleiner wird und in der Erfüllung der Zeiten der Kreis sich endlich schließt.

Der Prophet Hesekiel sah in einer Vision das Tal der Totengebeine (Hesekiel 37). Die lebhafte Beschreibung seiner Vision macht es leicht zu glauben, das sei eine Ankündigung des Holocausts, oder besser: wie die Juden ihn überleben würden und zurückkehren in ihr Land und dort wieder zu einem Volk und zu einem mächtigen Heer werden. Nach dem Holocaust hatten die Völker Mitleid mit den Juden, und die UNO teilte Palästina, um den Juden einen eigenen Staat zu ermöglichen – den Staat Israel. Das war die Erfüllung von Jesaja 66,8: Der Prophet weissagte, dass eine Nation an einem Tag geboren würde.

Zur gleichen Zeit, ebenfalls 1948, begann in den USA eine große Heilungs-Erweckung; sie währte sieben Jahre lang bis 1955. Sie wurde auch als Teil des „Spätregens" angesehen, von dem in Joel 2,23 die Rede ist. Von 1939 bis 1948 gab es in aller Welt Kriege und andere Erschütterungen, die ganze Völker in nie gekannte Veränderungen stießen, das Gefüge der Weltmächte auseinanderrissen und den Weg bahnten für die größte Erfüllung biblischer Prophetie seit der Auferstehung Jesu Christi: die Auferstehung Israels als Volk mit einem eigenen Staat.

Erinnern wir uns an die „Fülle", die „Erfüllung" oder „Vollzahl", über die ich in Kapitel 2 geschrieben habe. Fünf konkrete Voraussagen zur Wiederkunft Christi sprechen von solch einer Fülle:

- Die erste ist die *Fülle des Evangeliums* – das Evangelium muss gepredigt werden in aller Welt (Matthäus 24,14). Inzwischen geschieht das durch das Internet, via Satellit und dank vieler anderer Möglichkeiten, die die Technik uns heute bietet.

- In Römer 11,25 steht, dass eine *„Vollzahl der Heiden"* eingehen muss – dass also die Fülle der Nichtjuden ins Reich Gottes eingeht, so viele, wie Gott hierzu bestimmt hat.

- Weiter gibt es die *„Erfüllung der Zeiten"* oder die Verwaltung der Gnade Gottes im Gemeindezeitalter, die ihren Höhepunkt (ihre Erfüllung) erreicht, bevor Jesus wiederkommt.

- Daniel sagt, irgendwann würden „die Frevler das Maß voll gemacht haben" – das ist die *Fülle der Verderbtheit*; dann tritt der Antichrist auf (Daniel 8,23).

- Auch Jerusalem ist ein wichtiger Faktor. Jesus sagte, die Stadt würde in den Händen der Heiden sein, bis die Zeit ihrer Herrschaft endet, wenn die *„Zeiten der Heiden erfüllt sind"* (Lukas 21,24).

Die Fülle der Zeiten – das kann man vergleichen mit einem Glas, das man mit Wasser füllt: Je näher die Zeit der Erfüllung kommt, je voller wird das Glas, und wenn es überläuft, wissen wir: Jetzt ist es wirklich voll.

Die erste Weissagung ging von Gott direkt an Adam, sie war tröstlich (1. Mose 3,15): Der Weibessame würde der Schlange den Kopf zertreten. Laut Josephus empfing Adam aber auch eine warnende Prophezeiung, die gab er an seinen Sohn Seth weiter: Die Erde würde zwei Zerstörungen anheimfallen – das erste Mal durch Wasser, das zweite Mal durch Feuer.[16] Von da an bis zu der Zeit, in der Gott Noah befahl, eine Arche zu bauen, vergingen 1556 Jahre. Ist eine Warnung einmal ausgegangen, dann ist auch eine Zeit festgesetzt, wann die Zerstörung eintrifft – und wenn dieser Zeitpunkt näherrückt, „spitzt die Zeit sich zu".

DER COUNTDOWN ZUR SINTFLUT

Von der ersten Warnung an Adam bis zum Archebau-Befehl an Noah	1556 Jahre	1. Mose 5+6
Zeit für den Menschen, umzukehren	120 Jahre	1. Mose 6,3
Zeit, die es brauchte, um die Arche zu bauen	100 Jahre	1. Mose 5,32 - 7,11
Nachdem die Arche fertig war	7 Tage	1. Mose 7,4
Die Tür der Arche wurde verschlossen	1 Tag	1. Mose 7,16

Hundert Jahre lang wusste keiner, an welchem Tag die Sintflut einsetzen würde; doch als es soweit war, wurde die Tür geschlossen und die Schleusen des Himmels und die Quellen der Tiefe wurden geöffnet.

Dieses „Zuspitzen" sehen wir auch beim Auszug aus Ägypten: In 1. Mose 15,13 sagt Gott, er würde die Nachkommen Abrahams aus einem fremden Land in das Land der Verheißung zurückbringen nach vier Generationen (400 Jahre). Die Erfüllung dieser 400 Jahre kann wie folgt aufgeteilt werden:

---

16 Christian Classics Ethereal Library, Josephus: Antiquities of the Jews, Buch I, http://www.ccel.org/ccel/josephus/works/files/ant-1.htm#EndNote_ANT_1.10a (Zugriff am 26.09.2014).

VON ABRAHAM (1. MOSE 15,13) BIS ZUM AUSZUG AUS ÄGYPTEN (2. MOSE 12)

Abraham bis zu Moses Flucht in die Wüste	360 Jahre	(Vier Generationen abzgl. Moses Zeit in Midian)
Mose hütet Schafe in der Wüste	40 Jahre	2. Mose 7,7; Apostelgeschichte 7,30.33
Gott sendet die zehn Plagen auf Ägypten	ca. 26 - 5C Tage	2. Mose 7-12
Der Auszug aus Ägypten	innerhalb von 24 Stunden	2. Mose 12

Die Umsiedlung nach Ägypten nahm ihren Anfang, als Jakob in der Hungersnot seine Söhne nach Ägypten schickte, um Getreide zu kaufen. Josef, den jüngsten Sohn, hatten seine Brüder verkauft, als er 17 war, und bis 30 war er ein Gefangener. Dann, immer noch in Ägypten, erhielt Josef seine Freiheit wieder und traf Vorbereitungen für eine siebenjährige Hungersnot. Zwei Jahre nach Beginn der Hungersnot kamen seine Brüder; Josef war inzwischen seit 22 Jahren in Ägypten. Josef gab sich seinen Brüdern zu erkennen und sie kehrten zu ihrem Vater zurück; nun holten sie die ganze Sippe nach Ägypten. 400 Jahre lebten sie in dem Land und vermehrten sich von 70 Seelen zu 600 000 Männern (2. Mose 1,5; 12,37); und nun schloss sich der Kreis:

Als diese um waren, an eben diesem Tage zog das ganze Heer des Herrn aus Ägyptenland. 2. Mose 12,41

An diesem Tag, auf den Tag genau, erfüllte sich Gottes Verheißung an Abraham.

Sowohl Jesaja als auch Jeremia sagten die babylonische Gefangenschaft voraus, und zwar viele Jahre bevor Nebukadnezar in das Land einfiel. Jeremia offenbarte, dass die Juden 70 Jahre lang in Gefangenschaft sein würden (Jeremia 25,11+12; 29,10). Etwa 180 Jahre zuvor warnte Jesaja den König Hiskia, eines Tages würden die Babylonier kommen und die goldenen Schätze nach Babylon holen (Jesaja 39,6+7). Fast 23 Jahre bevor das Heer der Babylonier eintraf, sprach Jeremia Gericht aus über Jerusalem und Juda (Jeremia 20,4). Als es dann soweit war, gab es drei Angriffe auf Juda; beim letzten Angriff fiel Jerusalem (601 v. Chr., 597 v. Chr. und 587 v. Chr.). Demnach vergingen von der ersten Invasion bis zur Zerstörung Jerusalems 14 Jahre.

Wenn Gottes Zeitpunkt näherrückt (die Fülle der Zeiten), kommt alles zusammen und löst das Geschehen aus, das Jahrzehnte zuvor angekündigt worden ist.

DIE VORAUSSETZUNGEN MÜSSEN GEGEBEN SEIN

Als junger Prediger fragte ich mich, warum Gott Jesus nicht schon viel früher auf die Erde gesandt hatte. Warum wartete er viertausend Jahre, bis er die Messias-Verheißungen erfüllte? Ein Teil der Antwort ist: Gott wartete, bis es soweit war, dass die Botschaft des Evangeliums in der ganzen bis dahin bekannten Welt verbreitet werden konnte – im Römischen Reich war das möglich geworden: Rom baute Straßen, die die großen Städte verbanden, es baute und kaufte Schiffe, die zwischen den großen Häfen pendelten, und im ganzen Weltreich gab es eine Sprache, die überall verstanden wurde: Griechisch. Folglich wurde das Neue Testament auf Griechisch verfasst, damit jeder es lesen konnte. Als diese Voraussetzungen für die Ausbreitung des Evangeliums zusammenkamen, war die Zeit da und Jesus wurde geboren:

Als aber die Zeit erfüllt war, sandte Gott seinen Sohn, geboren von einer Frau und unter das Gesetz getan, damit er die, welche unter dem Gesetz waren, loskaufte, damit wir die Sohnschaft empfingen. Galater 4,4+5

Von der ersten Messias-Verheißung vom Nachkommen der Frau (1. Mose 3,15) bis zur Kreuzigung Jesu lagen viertausend Jahre. In dieser Zeit sahen die Propheten Israels nur kleine Stückchen

vom Ganzen, aber als Jesus dann da war, passte alles zusammen.
Je näher die Zeit kam, dass Jesus erscheinen sollte, umso schneller
und zügiger ging alles vonstatten:

Bibelstelle	Prophetie	Zeit bis zur Erfüllung
1. Mose 3,15	Weibessame	4000 Jahre vor Jesu Geburt
1. Mose 49,10	Weissagung über Juda: das Zepter, der Schilo	1700 Jahre vor Jesu Geburt
Psalm 22	David prophezeit die Kreuzigung Jesu	1000 Jahre vor Jesu Geburt
Micha 5,1	Der Retter kommt aus Bethlehem	740 Jahre vor Jesu Geburt
Jesaja 53	Der leidende Gottesknecht	700 Jahre vor Jesu Geburt
Maleachi 3,20	Die Sonne der Gerechtigkeit geht auf	450 Jahre vor Jesu Geburt

Maleachi war der letzte Prophet des Alten Testaments; auf ihn
folgten etwa 400 Jahre „Schweigen"; bis Johannes der Täufer
auftrat, gab es in Israel keine größere prophetische Stimme mehr.
Doch als Jesus 30 Jahre alt wurde, setzte eine Beschleunigung in
den Vorbereitungen für Gottes Heilshandeln ein:

Von der Geburt Jesu bis zum Beginn seines öffentlichen Dienstes	30 Jahre (Lukas 3,23)
Die Dauer des öffentlichen Dienstes Jesu	3 ½ Jahre (drei Passafeste)
Vom Ende seines öffentlichen Dienstes bis zur Kreuzigung	7 Tage der Karwoche
Vom Tod Jesu bis zur Auferstehung	3 Tage und 3 Nächte (Markus 8,31)
Übernahme der Schlüssel der Hölle und des Todes	1 Minute (der Augenblick der Auferstehung)

Nach seiner Auferstehung wurde Jesus vierzig Tage lang
lebendig gesehen (Apostelgeschichte 1,3). Zum Abschluss befahl
er seinen Jüngern, sie sollten in Jerusalem bleiben, bis sie Kraft aus
der Höhe empfangen würden. Wir lesen:

Es geschah aber, als sich die Tage seiner Wiederaufnahme in den Himmel erfüllten und er sein Angesicht entschlossen nach Jerusalem richtete, um dorthin zu reisen ...
Lukas 9,51

Für Christi Himmelfahrt gab es einen Termin, und auch für das Kommen des Heiligen Geistes war ein Zeitpunkt festgesetzt: Die Jünger warteten zehn Tage, bis der Pfingsttag gekommen war. Dieser Tag musste „erfüllt sein", erst dann wehte der Heilige Geist durch Jerusalem wie ein mächtiger Sturmwind. Diese „Verheißung des Vaters" kam an einem Tag, in einer Stunde, und sie setzte sich von einer Sekunde auf die andere auf die Jünger wie Feuerzungen (Apostelgeschichte 2,1-4).

DIE SAMMLUNG ISRAELS

Im Jahr 70 n. Chr., nach der Zerstörung Jerusalems, wurden die Juden in alle Welt zerstreut. Zwischen der Tempelzerstörung und der Gründung des Staates Israel 1948 liegen 1878 Jahre. Als dieses alte Volk erst einmal von den Toten auferstanden war, begannen die Prophetien zur Wiederkunft Christi geradezu aus den Seiten der Bibel herauszuspringen. In Psalm 102,14-17 lesen wir, dass Jerusalem wieder aufgebaut sein muss, damit der Messias zurückkommen kann.

Von 1948 bis zur Wiedervereinigung Jerusalems 1967 vergingen 19 Jahre. Weitere 18 Jahre danach, 1985, kommen wir zu „Operation Moses" – in einer geheimen Luftbrücke wurden in nicht einmal sieben Wochen fast achttausend äthiopische Juden nach Israel geholt; und wenige Jahre später bekamen die Juden aus dem „Land des Nordens" (UdSSR und Osteuropa; Jeremia 16,15) die Möglichkeit, nach Israel zurückzukehren.

Es gibt zwei mächtige Auslöser, die gleichzeitig betätigt werden; sie führen die Völker zum letzten Akt von Gottes Endzeitdrama: Erstens muss das Evangelium gepredigt werden in allen Völkern als ein Zeugnis, und dann wird das Ende kommen (Matthäus 24,14). Damit zusammenfallen wird eine weltweite Ausgießung des Heiligen Geistes, die ebenfalls alle Völker berühren wird und die Söhne und Töchter in aller Welt prägt (Joel 3,1+2). Diese beiden Weissagungen sind wie Zwillinge – sie werden gleichzeitig erfüllt als Zeichen der letzten Tage und der Wiederkunft Christi.

Das eine ist die *Fülle des Evangeliums*, das andere ist die *Fülle des Heiligen Geistes.* Das Evangelium wurde zunächst in Jerusalem und Judäa gepredigt; von dort breitete es sich aus bis an die Enden der Erde (Apostelgeschichte 1,8). Wenn die Zeit erfüllt ist und der Kreis sich schließt, muss das Evangelium an seinen Ausgangspunkt zurückkehren: nach Israel und Jerusalem.

Dazu eine interessante Randbemerkung: Nicht weit vom Ölberg und der alten Davidsstadt gibt es zwei Gebäude, von denen aus das Evangelium die Völker erreicht, das sind die Studios von Daystar und von TBN (Trinity Broadcasting Network). Diese beiden Stationen mit Hauptsitz in den USA bieten der ganzen Welt 24 Stunden täglich Bibellehre, Lieder und Verkündigung des Evangeliums. Jesus Christus fuhr vom Ölberg aus zum Himmel, und zum Ölberg wird er wiederkommen; zur Zeit des Endes wird Jerusalem im Brennpunkt des Segens sein, aber auch im Brennpunkt der Konflikte (Sacharja 14,2).

DIE FÜLLE DER ZEIT DER USA

Im 17. Jahrhundert war das Osmanische Reich auf der Höhe seiner Macht; es herrschte auf drei Kontinenten und hatte 27 Provinzen, eine davon war Palästina. Das 18. Jahrhundert war die Zeit des britischen Weltreichs. Im 19. Jahrhundert stand Frankreich auf und reckte seine Arme über ganz Europa und sogar bis zu den Vereinigten Staaten. Das 20. Jahrhundert sah einen neuen „Bären": die Klauen der Sowjetunion und des Kommunismus zerfleischten die Völker Osteuropas sowie Teile von Asien und China. Und kein Zweifel: Der Ausgang des 20. Jahrhunderts gehörte Amerika. Jetzt sind wir im

21. Jahrhundert, und die Wirtschaftskraft, die Weltmacht und die Demokratie wandern langsam von Amerika in den Osten – nach Asien, nach China und Indonesien, Indien und Japan.

Nathaniel Morton, der Sekretär der Kolonie Plymouth,[17] sagte 1669 über die neuen Amerikaner, sie seien „der Same Abrahams, seines Knechtes, und die Kinder Jakobs, seines Auserwählten".[18] Abgesehen von Israel gab es außer Amerika kein anderes Land, das in so kurzer Zeit so große Gebiete erobert hat und in einer solch kurzen Zeitspanne so viel Macht über die ganze Welt erlangt hat. Kein anderes Land in der neueren Geschichte hat geistlich so gute, auf der Bibel beruhende Grundlagen gelegt und das Evangelium in aller Welt verkündigt wie Amerika.

Es sind unsere christlichen Werte, die uns dazu bewegen, Hungernde zu speisen und den geplagten Völkern der Dritten Welt Hilfe zu bringen. Es ist unsere christliche Barmherzigkeit, die uns Brunnen graben und Waisenhäuser bauen lässt und uns motiviert, den Armen zu dienen. Weil Gott denen besonders zugetan ist, die sich um Witwen und Waisen kümmern, lassen Christen es sich etwas kosten, Benachteiligten und Leidenden zu helfen. Sogar im Krieg sind unsere Soldaten bestrebt, Unbeteiligte zu schützen und alles zu tun, um die religiösen Heiligtümer zu bewahren in den Ländern, die sie einnehmen.

Amerika ist sehr gesegnet wegen seines Glaubens an die Bibel und an die christlichen Grundsätze des Neuen Testaments. Auch für Amerika wird die Fülle der Zeit kommen mit all den Aspekten, die vorhergehende Weltreiche erlebten, wenn sie ihre Fülle erreicht hatten.

Jedes Weltreich hat seine bestimmte Stunde; danach wird es durch ein anderes Weltreich oder einen neuen Zusammenschluss von Ländern ersetzt. Nur wenn man dies versteht, kann man über

---

17 American Christian Heritage (Blog), „First New England History",05.10.2011, http://acheritagegroup.org/blog/?p-692 (Zugriff am 26.09.2014).

18 Nathaniel Morton, William Bradford, Thomas Prince, Edward Winslow, New England's Memorial (Massachusetts: Congregational Board of Publication, 1669), 5. Online eingesehen auf Google Books.

die Zukunft Amerikas im Frieden sein, in dem Wissen, dass Gott alles im Griff hat und dass das Volk im Volke – die Gemeinde Jesu – der Ort ist, wo sich Macht und Stärke zeigen müssen (1. Petrus 2,9).

In einer prophetischen „Zeit der Zuspitzung" verkürzt sich der Raum, den die Prophetien brauchen, um sich zu erfüllen: viele Weissagungen erfüllen sich gleichzeitig. Zur „Zeit des Endes" (diesen Ausdruck finden wir in Daniel 8,17; 11,35.40; 12,4.9) werden Hunderte noch ausstehender Weissagungen der Bibel über Israel, den Antichristen, die Trübsalszeit und die Wiederkunft Christi in kurzer Zeit erfüllt werden – die Zeit des Menschen wird mit Gottes prophetischer Zeit verschmelzen. Paulus drückt es so aus:

Denn indem er das Wort vollendet und abkürzt, wird der Herr es auf der Erde ausführen. Römer 9,28 (ELB)

Für „abkürzen" steht im Griechischen das Wort *suntemno* – „etwas kürzen durch einen Schnitt", wie man zum Beispiel ein zu weites Gewand enger macht, indem man etwas vom Stoff abschneidet und die Teile neu zusammennäht: Nun hat man weniger Stoff, und der Abstand ist kleiner geworden, es passt weniger hinein. Dieses Wort zeigt, dass Gott die Zeit zusammenzieht und die Herrschaft des Menschen beendet – und dann bricht auf Erden das Reich Gottes an.

Von der Zerstörung Jerusalems bis zur Gründung des Staates Israel vergingen 1878 Jahre; 19 Jahre später wurde Jerusalem wiedervereinigt. Weil wir in der Endzeit sind, geschehen Dinge in wenigen Monaten, Wochen, ja Stunden, die normalerweise Jahrhunderte bräuchten: Wir befinden uns in Gottes „Zeit des sich Zuspitzens".

Um besser zu verstehen, in welcher Zeit wir leben, wollen wir nun die Weissagungen betrachten, die in den hebräischen Buchstaben und ihren Zahlenwerten verborgen sind.

4

BUCHSTABEN-CODES
UND ZAHLENWERTE

Frühsommer 1985, ein warmer Morgen und blauer Himmel über Jerusalem – ich weiß noch, dass ich vor dem Larom-Hotel stand. Mein Reiseführer gab mir die „Jerusalem Post" mit einer kleinen, aber offensichtlich nachrichtenwürdigen Geschichte: Jerusalemer Forscher hatten in der Thora „verschlüsselte Botschaften" entdeckt. Sie hatten den hebräischen Text der ersten fünf Bücher der Bibel mit dem Computer untersucht, zum Beispiel ließen sie in jedem Vers den jeweils ersten, dritten, fünften, siebten, zehnten und fünfzigsten Buchstaben anzeigen – all diese Zahlen haben in der Bibel besondere Bedeutung. Zu ihrem großen Erstaunen erschienen nicht nur Wortmuster, sondern innerhalb der Verse ergaben sich auch „Code-Wörter" und, so der Artikel, zum Beispiel die Bezeichnung von 31 Baumarten allein in der Erzählung vom Garten Eden.

Einige Jahre später schrieb Michael Drosnin sein viel beachtetes Buch „Der Bibelcode", in dem er die Methode des Dechiffrierens durch Intervallcodes erklärte. Er zeigte auch Beispiele, wie diese dritten, fünften, zehnten Buchstaben sinnvolle Wortkombinationen oder sogar ganze Sätze bildeten – und das mit einer erstaunlich hohen Wahrscheinlichkeit, Begriffe oder Aussagen zu finden, die zu dem Vers passen, aus dem sie stammen. Natürlich fehlte es nicht an Kritikern, aber es nährte auch das Feuer des Glaubens daran, dass die Bibel tatsächlich von Gott inspiriert ist.

Von den Rabbis habe ich zwei weitere Methoden gelernt, wie man „kodierte Information" entschlüsseln kann. Im Westen sind diese Techniken noch nicht so bekannt, aber sie sind recht faszinierend, geben sie doch direkte Hinweise auf das, was in dem Jahr der Weissagung geschah.

Ich muss vorausschicken, dass diese „Codes" nur im hebräischen Originaltext funktionieren. Viele wissen, dass Hebräisch eine heilige Sprache ist; Gott hat sie geschaffen und erwählt, um sein geschriebenes Wort mitzuteilen und zu seinem Volk und seinen Propheten zu sprechen. In seinem Damaskus-Erlebnis hörte Saulus Jesus auf Hebräisch sprechen (Apostelgeschichte 26,14); dabei war die Verkehrssprache seiner Zeit Griechisch, die Römer sprachen Latein und die Umgangssprache in Israel war Aramäisch. Im Neuen Testament wird deutlich, dass auch Jesus diese Sprache gebrauchte – hier und da zitiert Markus dies und übersetzt es für seine Leser (Markus 5,41; 15,34). Die gängigen Sprachen zur Zeit Jesu waren also Griechisch, Latein und Aramäisch, aber die Geheimnisse Gottes sind in der hebräischen Sprache und im hebräischen Urtext der Bibel verborgen.

Schon im Alphabet liegt ein heiliges Geheimnis: Seine 22 Buchstaben sind alles Konsonanten; im hebräischen Alphabet gibt es keine Vokale. Um 600 n. Chr. fügten die Masoreten Punkte und Strichlein hinzu; diese *nikkudim* über und unter den Buchstaben sollten helfen, die richtigen Vokale zu wählen und die Wörter richtig auszusprechen.

Im Eingangsvers der Bibel lesen wir: „Im Anfang schuf Gott Himmel und Erde" (1. Mose 1,1 LUT). Auf Hebräisch klingt das so: *„Bäreschit bara Älohim ät haschamajim väät ha'aräz."* Das vierte Wort in diesem Satz, *ät*, fehlt in der Übersetzung; in so manche Sprache ist es gänzlich unübersetzbar. Es besteht aus den Buchstaben *alef* und *tav* und kommt in der hebräischen Heiligen Schrift ständig vor; es macht das folgende Wort zum Akkusativobjekt.

Ursprünglich waren die hebräischen Buchstaben Bilderzeichen; das proto-kanaanäische Alphabet enthält 22 Symbole aus dem Alltag. *Alef* ist der erste Buchstabe und *tav* der letzte; das Symbol für *alef* ist ein Rinderkopf, das *tav* ist ein Kreuz (+). So sind der erste und der letzte Buchstabe des hebräischen Alphabets ein frühes Symbol für den Heilsplan – am Anfang waren ständig zu wiederholende Tieropfer, und das Opfer Jesu am Kreuz hat damit Schluss gemacht, denn es gilt ein für alle Mal. In Offenbarung 1,8 sagt Jesus: „Ich bin das A und das O." Das *alpha* ist der erste Buchstabe des griechischen Alphabets und das *omega* der letzte; Jesus sagt also über sich: „Ich bin der Ursprung und das Ziel aller Dinge" (NGÜ); auf Hebräisch hätte er gesagt: „Ich bin das *alef* und das *tav*."

Jüdische Mystiker sagen, das *ät* in 1. Mose 1,1 stehe für das ganze hebräische Alphabet: „Am Anfang schuf Gott das *alef-tav*", also die 22 Buchstaben des hebräischen Alphabets. Demnach gebrauchte Gott hebräische Wörter und Buchstaben, um sein Schöpfungswerk durchzuführen.

Ein anderes wichtiges Bild ist der einundzwanzigste, der vorletzte Buchstabe im hebräischen Alphabet, das *schin*. Die älteste Form entspricht dem lateinischen W, aber er lautet „s" oder „sch". In den Mosebüchern lesen wir, dass der Hohepriester das Volk segnen sollte; den Wortlaut des Segens finden wir in 4. Mose 6,24–26. Die jüdische Überlieferung lehrt, dass der Priester den Segen sprach und dabei dem Volk die Handflächen zeigte; die Daumen berührten einander und die vier Finger waren gespreizt. So formte er mit seinen Händen ein *schin* – das steht für Schaddai; dieser Name offenbart Gott als den Allmächtigen (1. Mose 17,1).[19]

Mose sagte dem Volk, Gott würde sie an einen Ort bringen, an dem er seinen Namen wohnen lässt, ihn hinsetzt (5. Mose 12,11.21; 14,23+24). Das war Jerusalem; hier entstanden auf den drei Hügeln Ofel, Zion und Morija die Davidstadt und der Tempel.[20] Aus der Vogelperspektive betrachtet, lassen diese drei Erhebungen ein *schin* erkennen.

---

19 Hebrew4Christians.com, „Birkat Kohanim—The Priestly Blessing", http://www.hebrew4christians.com/Blessings/Synagogue_Blessings/Priestly_Blessing/priestly_blessing.html (Zugriff am 26.09.2014).

20 Berg Ofel (2. Chronik 27,3), Berg Zion (Psalm 48,2) und Berg Morija (2. Chronik 3,1) – diese drei Hügel stoßen aneinander und bilden von Süd nach Nord die Berghänge, auf denen jetzt die Altstadt Jerusalems mit ihren Mauern steht. Der höchste Gipfel ist der Berg Morija, wo einst der erste und der zweite Tempel standen.

Wenn nun das *schin* für „Schaddai" steht, für den Namen Gottes (in 1. Mose 17,1 als „Allmächtiger" wiedergegeben), dann zeigt uns die Formation dieser drei Hügel in Jerusalem, wo Gott seinen Namen hingesetzt hat.

DAS SYSTEM DER BUCHSTABEN-ZAHLEN

Im Griechischen und im Hebräischen hat jeder Buchstabe des Alphabets einen eigenen Zahlenwert. Im Hebräischen hat der erste Buchstabe, das *alef*, den Wert 1, der zweite, das *bet*, den Wert 2; ab dem zehnten Buchstaben geht es in Zehner- und anschließend in Hunderterschritten weiter. Der letzte Buchstabe, das *tav*, hat den Zahlenwert 400.

Die jüdischen Weisen kannten 32 Möglichkeiten, die Thora auszulegen; die 29. heißt „Gematrie"; die Kommentare sagen, diese Methode der Zahlenwerte sei Israel am Sinai gegeben worden.[21] Das Wort „Gematrie" stammt aus dem Griechischen, es ist eine Ableitung des griechischen *geometria* – „Vermessung der Erde" oder „Erdenmaß" – und erinnert uns an den Mathematikunterricht. Beide Alphabete, das hebräische wie das griechische, verwenden Buchstaben als Zahlen, und umgekehrt können Zahlen wiederum Wörter bilden. Jeder Buchstabe hat einen Zahlenwert, jedes Wort bildet eine Summe; das kann auch auf Satzteile und ganze Sätze ausgeweitet werden, was mitunter zu erstaunlichen Ergebnissen führt.

Ein Beispiel dafür: Dem Namen „Jesus" liegt das hebräische *jeschua* zugrunde, die griechische Schreibweise ist *iesous*. Die Tabelle zeigt die Transliteration sowie die Zahlenwerte im Griechischen.

---

21 Matityahu Glazerson, Letters of Fire (Jerusalem: The Kest-Lebovits Jewish Heritage and Roots Library, 1984).

Lateinischer Buchstabe	Griechischer Buchstabe	Zahlenwert im Griechischen
I	iota	10
E	eta	8
S	sigma	200
O	omikron	70
U	upsilon	400
S	sigma	200
		Summe: 888

E. W. Bullinger (1837–1913) erforschte die Bedeutung der Zahl 8 in der Bibel; er stellte fest, dass die Acht im Leben von Abraham, Isaak und Jakob eine große Rolle spielte.[22] Bullinger wies auch darauf hin, dass es bei der Einrichtung des Tempels acht Klassen von Gegenständen gab, und dass die Acht darüber hinaus noch viele Aspekte hat:

- Am achten Tag nach der Geburt mussten die Israeliten ihre Söhne beschneiden (1 Mose 17,12); war der Sohn ein Erstgeborener, wurde er am achten Tag Gott geweiht (2. Mose 22,28+29).

- Noah war der achte von den acht Menschen, die in der Arche gerettet wurden durch die Sintflut hindurch (2. Petrus 2,5).

- Nach acht Tagen erschienen ihnen Mose und Elia, und Jesus wurde verherrlicht (Lukas 9,28-30).

- Am achten Tag sah Thomas den Auferstandenen, und er fand seinen Glauben wieder (Johannes 20,26).

---

22 E. W. Bullinger, Number in Scripture, Fourth Edition (London: Eyre & Spottiswoode (Bible Warehouse) Ltd., 1921), http://www.biblebelievers.org.au/number01.htm (Zugriff am 30.09.2014).

Die Acht ist also die Zahl des Neubeginns: Jesus Christus hat einen neuen Bund gestiftet (Hebräer 12,24), er hat uns neu gemacht (2. Korinther 5,17) und verspricht uns ein Zuhause im neuen Jerusalem (Offenbarung 21+22).

Das jüdische Neujahrsfest ist das Posaunenfest – am Vorabend bei Sonnenuntergang wird das Widderhorn geblasen und damit beginnt ein neues Jahr; im Jahr 2008 war das am 29. September. Nun ist Israel der amerikanischen Ostküste sieben Stunden voraus – und jetzt wird es interessant: An diesem Tag verlor der Dow Jones 777,7 Punkte – an einem einzigen Tag! Am selben Tag verlor der Index von Standard & Poor's (S&P 500) 8,8 Prozent, das war der siebtgrößte Verlust, den S&P jemals an einem einzigen Tag eingefahren hatte.[23] Die Unze Gold wurde mit 888 Dollar gehandelt.

777 – 8,8 – 888: Diese Zahlen haben in der Bibel allgemein eine Bedeutung und natürlich auch in den Prophetien der Bibel: Die Sieben ist die Zahl der Vollendung in Gottes Wirken, die Acht steht für Neubeginn. Wir haben gesehen, dass der griechische Zahlenwert von „Jesus" 888 beträgt; Gold wurde für 888 Dollar je Unze verkauft. Mir kam sofort in den Sinn, was Gott der wohlhabenden Gemeinde in Laodizea sagen ließ:

Denn du sprichst: Ich bin reich und habe Überfluss, und mir mangelt es an nichts! – und du erkennst nicht, daß du elend und erbärmlich bist, arm, blind und entblößt. Ich rate dir, von mir Gold zu kaufen, das im Feuer geläutert ist, damit du reich wirst, und weiße Kleider, damit du dich bekleidest und die Schande deiner Blöße nicht offenbar wird; und salbe deine Augen mit Augensalbe, damit du sehen kannst! Offenbarung 3,17+18

Gott warnte Amerika vor einem läuternden Feuer! Es kam über den Aktienmarkt am ersten Tag der zehn „Tage der Umkehr". Fromme Juden glauben, dass in dieser Zeit Gott zu Gericht sitzt – und je nachdem, ob und wie ernsthaft sein Volk umkehrt, wird er sein Urteil ergehen lassen oder aber es mildern.

---

23 Alexandra Twin, „Stocks Crushed", CNNMoney.com, 29.09.2008, http://money.cnn.com/2008/09/29/markets/markets_newyork/ (Zugriff am 09.10.2014).

Juden glauben, dass Gott in diesen zehn Tagen die Reaktion seines Volkes genau beobachtet: Kehrt es um von seinen Sünden? Oder bietet es Gott die Stirn und beharrt in seinem Ungehorsam? Wie auch immer es sich entscheidet, es wird die Folgen tragen; in diesen zehn Tagen, so die jüdische Überlieferung, beschließt Gott, was sein Volk in den kommenden zwölf Monaten erleben wird.

Im September 2008 zeigten die Amerikaner keine Reue, keine Umkehr, sie schlugen die Warnung in den Wind und demütigten sich nicht unter die mächtige Hand Gottes. Die Folgen:

Hypothekenkrise	Immobilien verloren ihren Wert und Millionen verloren ihr Eigenheim.
Bankenkrise	Bankenrettung durch die Regierung
Wall-Street-Krise	Zusammenbruch des Marktes nach Millionenverlusten im Investmentgeschäft
Automarkt	Große Autohersteller mussten vom Staat gerettet werden
Arbeitsmarkt	Höchste Arbeitslosigkeit seit Jahren
Rezession	Beginn der größten Rezession seit der Weltwirtschaftskrise

BIBLISCHE NAMEN MIT PROPHETISCHER BEDEUTUNG

Taucht mit einem Schlag eine ganze Reihe von Zahlen auf, die in der Bibel von besonderer Bedeutung sind, kann darin eine prophetische Botschaft verborgen sein. Solch ein „Blinklicht" finden wir in den Summen der hebräischen und griechischen Wörter „Herr", „Jesus" und „Christus".

Diese Bezeichnungen verwendet das Neue Testament für unseren Erlöser: Herr, Jesus, Christus (Apostelgeschichte 11,17). Genau diese Kombination finden wir in 81 Versen. Das griechische Wort für *Herr* bedeutet „Eigentümer", zum Beispiel den Eigentümer eines Sklaven. Der Name *Jesus* kommt von dem hebräischen *jeschua* – „Gott rettet" oder „Gott hilft". Der Titel *Christus* schließlich kommt vom griechischen *christos* und bedeutet „der Gesalbte", wie das hebräische *maschiach*. Dies ist der Titel des Messias der Juden, des Gesalbten, den sie am Ende der Tage erwarten. Die Zahlenwerte dieser Bezeichnungen und Namen in beiden Sprachen sind sicher kein Zufall:

	Herr	Jesus	Christus	Gesamtwert
Hebräisch	37	397	358	792
Griechisch	800	888	1480	3168

Die Summe des Zahlenwerts dieser drei Bezeichnungen ist 3168 im Griechischen und 792 im Hebräischen. Jesus war der fleischgewordene Gott – Gott wurde Mensch und stiftete einen neuen Bund, den Bund der Errettung. Die Vier steht in der Bibel für die Erde oder das Leben auf der Erde. Wird der hebräische Gesamt-Zahlenwert 792 mit 4 multipliziert, erhält man exakt den griechischen Gesamt-Zahlenwert 3168!

Interessant sind auch die Zahlenwerte der ursprünglichen zwölf Stämme Israels, also der zwölf Söhne Jakobs (das heißt, bevor Ephraim und Manasse an die Stelle Josefs traten):

Name des Stammes	Hebräischer Zahlenwert
Asser	501
Benjamin	152
Dan	55
Gad	8
Issaschar	830
Josef	156
Juda	30
Levi	46
Naftali	570
Ruben	259
Sebulon	95
Simeon	466
Summe:	3168

Diese zwölf Männer brachten die zwölf Stämme Israels hervor, und aus Israel sollte der Messias kommen. Jesus Christus ist der „Weibessame" von 1. Mose 3,15 und der Herrscher aus dem Stamm Juda (1. Mose 49,10). Ist es nicht interessant, dass der Zahlenwert dieser zwölf Stammväter mit dem griechischen Zahlenwert von „Herr Jesus Christus" übereinstimmt? In den Namen der zwölf Söhne Jakobs ist also der Messias Israels verschlüsselt!

Sowohl Jesus Christus als auch David wurden in Bethlehem im Stammesgebiet Juda geboren. Juda hat den Zahlenwert 30. David wurde König von Juda, als er 30 Jahre alt war (2. Samuel 5,4), und Jesus wurde mit 30 Jahren getauft; das war der Auftakt zu seinem öffentlichen Wirken (Lukas 3,23).

Jesus wurde in Bethlehem geboren, etwa 6 Meilen vom Tempelberg entfernt – 6 Meilen sind 31 680 Fuß. In Bethlehem wurden Lämmer geboren und aufgezogen, die zum täglichen Morgen- und Abendopfer am Tempel dienten, und man nimmt an, dass der Weizen für die Schaubrote und Speisopfer (von denen die Priester aßen) ebenfalls in Bethlehem angebaut wurde. Bethlehem, *beit lechem*, bedeutet „Brothaus". Jesus wurde in einem Stall in Bethlehem geboren, einer Unterkunft für Lämmer, und er war „das Brot, das aus dem Himmel herabgekommen ist" (Johannes 6,41). Die Entfernung vom Ort seiner Geburt zu der Stätte, wo er starb und zum Himmel fuhr – auch in dieser Entfernung ist die Dreifachbezeichnung des Neuen Testaments für den Sohn Gottes verschlüsselt: Herr Jesus Christus!

GOTTES ZAHLENWUNDER IN DER SCHÖPFUNG

Die ganze Welt trägt den Fingerabdruck des Herrn Jesus Christus: Unsere Atmosphäre, die den Sauerstoff enthält, den wir einatmen, ist vom Meeresspiegel an 60 Meilen hoch. 1 Meile hat 5280 Fuß; 60 Meilen á 5280 Fuß macht 316 800 Fuß. Das hebräische Zahlensystem kennt keine Null – und schon sind wir wieder bei dem griechischen Zahlenwert für „Herr Jesus Christus"! Das erinnert mich an das Wort in Apostelgeschichte 17,25 (GNB): „Er selbst gibt ihnen das Leben und alles, was sie zum Leben brauchen."

David schrieb: „Ich danke dir dafür, dass ich erstaunlich und wunderbar gemacht bin; wunderbar sind deine Werke, und meine Seele erkennt das wohl" (Psalm 139,4). Der Mensch ist zum Ebenbild Gottes geschaffen. Unser Körper trägt eine Botschaft, er kann uns sagen, wem wir gehören – im Körper des Menschen kann man Zahlen finden, die in der Bibel eine Bedeutung haben. Zum Beispiel:

- Unsere Blutgefäße sind 60 000 Meilen lang, also 316 800 000 Fuß, und wir wissen schon: 3168 ist der Zahlenwert von „Herr Jesus Christus" im Griechischen.

- Das Gehirn eines Erwachsenen wiegt durchschnittlich etwa 3,168 Pfund; das sagt mir, dass ein Gläubiger den Sinn Christi hat.

- Die Rabbis lehren, dass der Mensch 365 Sehnen hat, die alles zusammenhalten – Gott erhält unser Leben 365 Tage im Jahr.

- Der Fuß hat 26 Knochen. Der heilige Name Gottes, JHWH, besteht aus den hebräischen Buchstaben *jod, heh, waw* und *heh* – der Gesamt-Zahlenwert beträgt 26. Was sagt uns das? Wandle im Glauben mit Gott, wie es schon der gute alte Henoch tat.

- Unser Brustkorb hat 24 Rippen, auf jeder Seite 12. Im Himmel sind 24 Älteste, auf jeder Seite des Thrones Gottes 12. Sie stehen für die 12 Söhne Jakobs und die 12 Apostel des Lammes. Unsere Rippen stehen auch für Gottes gute Schöpfungsordnung, schützen sie doch die lebenswichtigen Organe Herz und Lunge.

- Unsere Arme und Beine bis zu den Finger- und Zehenspitzen bestehen aus jeweils 30 Knochen, insgesamt 120. Gott sagte zu Noah, dass er dem Menschen 120 Jahre Zeit gibt (1. Mose 6,3). Der Leib Christi begann mit 120 Gläubigen (Apostelgeschichte 1,15).

- Das Becken besteht aus 3 miteinander verwachsenen Knochen, auf denen der ganze Rumpf ruht. Die Drei ist die Zahl der Einheit.

- Unser Körper zeugt auch davon, dass Gott Zahlenfolgen liebt: Unser Fuß hat 26, die Hand 27 und der Schädel 28 Knochen.

- Ein normales Herz wiegt ein wenig mehr als 10 Unzen. Die 10 Gebote sollen wir halten von ganzem *Herzen*, nicht nur in unseren Gedanken.

GOTTES NAME, IN UNSER HERZ GESCHRIEBEN

„Das Leben des Fleisches ist im Blut" (3. Mose 17,11), und mit jedem Schlag pumpt das Herz etwa 70 ml Blut durch unseren Körper. So werden wir mit Sauerstoff versorgt und am Leben erhalten. Das Herz hat zwei Hälften mit je zwei Kammern, den rechten und linken Vorhof und die rechte und linke Herzkammer. Betrachtet man den Schnitt eines Herzens, zeigt das Profil den 21. Buchstaben des hebräischen Alphabets, ש, *schin* – dieser ganz besondere Buchstabe steht für den Namen Gottes. Er hat immer noch seine ursprüngliche Form, trotz der Jahrtausende, in denen sich das hebräische Alphabet entwickelt hat. Das *schin* steht auf der Außenseite jeder *mesusa*, der kleinen Kapsel, die in jüdischen Häusern an jedem Türrahmen rechts auf Augenhöhe angebracht ist und einen Bibelvers enthält – das *Schma Jisrael* (5. Mose 6,4). Das ש, *schin* ist der erste Buchstabe in dem Gottesnamen „Schaddai", und der ist gleichzeitig ein Akronym für „Wächter in den Toren Israels".

Die vier Herzkammern bilden also den Buchstaben, der für den Namen Gottes steht. Als wir gebildet wurden im Leib unserer Mutter, hat Gott seinen Namen in unser Herz geschrieben – und in der Thora befahl Gott seinem Volk, ihn zu „lieben mit deinem ganzen Herzen und mit deiner ganzen Seele und mit deiner ganzen Kraft. Und diese Worte, die ich dir heute gebiete, sollst du auf dem Herzen tragen" (5. Mose 6,5-7).

IN DER BIBEL NACH CODES SUCHEN

Dass in der Bibel vieles verschlüsselt ist, ist wahrlich nichts Neues. Schon vor der Geburt Christi sagte man den Essenern nach, sie könnten aus den Buchstaben die Zukunft lesen. Die Essener, eine autarke Männergemeinschaft, lebten von 50 v. Chr. bis 70 n. Chr. in Qumran am Toten Meer.

Die „Essener" ... hatten die Gabe der Prophetie. Sie ordneten den Buchstaben Zahlen zu. ... Sie tauschten bestimmte Buchstaben gegen ihr „Gegenstück" aus. ... Nicht nur konnten sie die Erfüllung heiliger Schriften detailliert vorhersagen, sondern auch die genaue Zeit der Erfüllung dieser Weissagung, und zwar mit verblüffender Akkuratesse. Wenn sie sich je irrten, dann jedenfalls nur selten.[24]

Aufgrund ihrer Methode, Zahlenwerte auszutauschen, und ihrer Auslegung bestimmter Stellen im Buch Henoch sagten die Essener voraus, dass Israel 70 Generationen nach der Wegführung in die babylonische Gefangenschaft wieder gesammelt würde – und das geschah tatsächlich: Die erste Eroberung durch Nebukadnezar erfolgte im Jahr 606 v. Chr., damit vergingen nach dem Standard-Kalender bis zur Gründung des Staates Israel 2554 Jahre; rechnet man für eine Generation 36 Jahre, kommt man auf 70 Generationen.[25]

---

24 Vendyl Jones, „What are the Hidden Torah Codes? Part I", http://howardrollin. com/judeochristiangap/Torah%20Codes%201.htm (Zugriff am 01.10.2014); The Researcher Magazine, November 1996.

25 Weiter oben habe ich eine Generation mit hundert Jahren angegeben; das gilt für die Menschheit vor der Sintflut. Nach der Flut sank die durchschnittliche Lebenserwartung des Menschen drastisch und damit auch die Dauer einer Generation.

Fromme Juden wussten um diese Frist der 70 Generationen bis zur Wiederherstellung Israels, so auch der Vater von Menachem Begin, des israelischen Ministerpräsidenten 1977–1983. Menachem war noch jung, als sein Vater ihm sagte, eines Tages würde er ein Führer sein in dem Judenstaat, den Gott aufrichten werde – der junge Menachem gehörte zu dieser 70. Generation![26]

Im 17. Jahrhundert lebte Sir Isaac Newton. Man kennt ihn als Wissenschaftler, viele seiner Theorien halten der heutigen Wissenschaft immer noch stand. Weniger bekannt ist, dass Newton überzeugter Christ war und seine Bibel gründlich erforschte. Für Newton war das Universum ein „großes Rätsel, das der Allmächtige uns zu entschlüsseln aufgegeben hat".

Es wird vermutet, dass Newton von den Bemühungen der Rabbis wusste, im Text der Bibel verschlüsselte Botschaften zu finden, und dass er auch selbst danach gesucht hat (einige Newton-Forscher bestreiten das allerdings).[27]

Thora-Rollen werden von Hand auf koscheres Pergament geschrieben; dabei müssen strenge Regeln eingehalten werden. In der Schriftrolle gibt es keine Verseinteilung, die Verse sind auch nicht nummeriert, aber jede Spalte hat 42 Zeilen; die Rolle besteht aus zusammengenähten Streifen von Tierhäuten. Im Altertum wurden die Texte in Absätze unterteilt; jeder Absatz begann mit einem *pe* und endete mit einem *samech*. Erst Stephen Langton, Erzbischof von Canterbury, teilte 1227 die Bibel in Kapitel ein; in der englischen Wycliff-Bibel von 1382 finden wir erstmals eine Verseinteilung. Rabbi Nathan schrieb 1448 die erste hebräische Bibel mit Kapitel- und Verseinteilung. Die Verseinteilung folgt der Veränderung der Gedanken, die Kapitel unterteilen den Text nach Geschichten und Themen.

---

26 Der Autor hörte diese Geschichte in den 1980er-Jahren in einem Vortrag des „Institute of Judaic Christian Research".

27 BibleCodeDigest.com, „Isaac Newton, Bible Code Pioneer?", http://www.biblecodedigest.com/page.php?PageID=74 (Zugriff am 01.10.2014).

Eine Auslegungsmethode der Rabbis geht davon aus, dass mitunter ein Vers in der Thora genau dem Kalenderjahr entspricht, in dem er sich erfüllt; dabei darf nicht vergessen werden, dass die jüdische Zeitrechnung nicht dem gregorianischen Kalender entspricht. So ist das gregorianische Jahr 2015 im jüdischen Kalender das Jahr 5776, und im jüdischen Kalender beginnt das neue Jahr im September oder Oktober.

Diese Vers-Jahr-Methode beruht auf der Gesamtzahl der Verse in den fünf Mosebüchern. In den gebräuchlichen englischen Bibeln sieht das so aus:

1. Mose (Genesis)	1533
2. Mose (Exodus)	1213
3. Mose (Leviticus)	859
4. Mose (Numeri)	1288
5. Mose (Deuteronomium)	959
Verse insgesamt	5852

Greifen wir nun ein Jahr nach dem jüdischen Kalender heraus und vergleichen wir den entsprechenden Thoravers damit, kann mitunter eine Übereinstimmung festgestellt werden – „in jenem Jahr hat sich diese Weissagung erfüllt". Interessant ist eine Gegenüberstellung hebräischer und „gregorianischer" Jahreszahlen:

Jüdischer Kalender	Gregorianischer Kalender	Entsprechender Vers
Jahr 5708	Jahr 1948	5. Mose 30,5 (Vers 5708)

Was nun steht in 5. Mose 30,5?

Und der Herr, dein Gott, wird dich in das Land zurückbringen, das deine Väter besessen haben, und du wirst es in Besitz nehmen, und er wird dir Gutes tun und dich mehren, mehr als deine Väter.

In diesem Vers verheißt Gott, Israel ins Land der Verheißung zurückzubringen, nachdem er es zuvor zerstreut hat. Diese Rückkehr ins Land erfolgte besonders stark nach dem Holocaust, nach Ende des Zweiten Weltkriegs. Am 14. Mai 1948 um Mitternacht lief das Mandat der Briten in Palästina aus und der Staat Israel wurde gegründet – nach fast 1878 Jahren der Zerstreuung unter alle Völker hatten die Juden wieder ein Heimatland, und es hieß Israel. Was im Jahr 5708 des jüdischen Kalenders geschah, wurde im Vers Nummer 5708 der Thora vorausgesagt!

Wenn wir nun das jüdische Jahr und den Thoravers zusammenhalten, sehen wir mehrere einzelne oder aufeinanderfolgende Verse, die Ereignisse vorhersagen, die Israel und die Juden betreffen; in jedem von ihnen ist ein Hinweis verborgen, und wir können ihn erschließen, indem wir Zeitangaben mit Versen koppeln.

Der nächste Vers wird dem jüdischen Jahr 5712 zugeordnet, nach dem gregorianischen Kalender war das 1952. Der Thoravers 5712 steht in 5. Mose 30,9:

Und der Herr, dein Gott, wird dir Überfluss geben in allem Werk deiner Hände, an der Frucht deines Leibes, an der Frucht deines Viehs, an der Frucht deines Landes zu deinem Besten; denn der Herr wird sich wiederum über dich freuen, zu deinem Besten, wie er sich über deine Väter gefreut hat.

Nachdem Israel wie versprochen im jüdischen Jahr 5708 in sein Land zurückkam, verspricht Gott vier Verse später, in Israel das Vieh und die Fruchtbarkeit des Landes zu vermehren. Anfang der 1950er-Jahre begann David Ben Gurion, den Negev zum Blühen zu bringen – er sollte aufblühen wie eine Lilie (Jesaja 35,1–7). Heute gibt es im Süden Israels, mitten in der Arava-Wüste, tausende Hektar Land, die von landwirtschaftlichen Genossenschaften zu einem Obst- und Gemüsegarten verwandelt wurden. Nördlich des Toten Meeres haben Dattelpalmen, Weingärten und anderer Obstbau die einst unfruchtbare Wüste mit einem Teppich der Fruchtbarkeit überzogen.

Lassen wir 1948 hinter uns, gehen wir 19 Jahre weiter in das jüdische Jahr 5727 bzw. 1967. Das jüdische Jahr beginnt im Herbst, beim Posaunenfest, auch *Rosch Haschana* genannt – „Haupt des Jahres"; deshalb können die Jahreszahlen beider Kalender um eine Ziffer schwanken. Hier folgen zwei Verse, die auf das Jahr 5726-5727 im jüdischen Kalender fallen; im gregorianischen Kalender war das 1966-1967. Die Thora-Verse 5726 und 5727 stehen in 5. Mose 31,3+4:

> Der Herr, dein Gott, er selbst wird vor dir hinübergehen; er selbst wird diese Völker vor dir her vertilgen, dass du sie aus ihrem Besitz vertreibst; Josua, er geht vor dir hinüber, wie es der Herr gesagt hat. Und der Herr wird mit ihnen handeln, wie er mit Sihon und Og, den Königen der Amoriter, und ihrem Land gehandelt hat, die er vertilgt hat.

Zur Zeit Moses war Sihon ein mächtiger König, er regierte im Ostjordanland, dem heutigen Jordanien, und Og herrschte über Basan, den Höhenzug im Norden Israels; heute grenzt er an Syrien und den Libanon. 1966 war das Westjordanland, „Transjordanien", jordanisches Gebiet, und die Golanhöhen, das alte Basan, war unter syrischer Herrschaft.

Ein Jahr später, im Sechstagekrieg von 1967, führte Israel einen Präventivschlag; in diesem schweren Angriff fielen Judäa und Samaria sowie der Golan an Israel. So wie das alte Israel die Könige Og und Sihon besiegte und ihr Land als Erbbesitz an sich nahm, so wurden 1967 diese beiden Regionen von der israelischen Armee erobert. So erfüllte sich 5. Mose 31,3–4 und Israel nahm das ihm verheißene Land ein. Im Jahr 5727 besiegte Israel die Armeen seiner Nachbarn und nahm das Land in Besitz, das Gott Abraham und Mose versprochen hatte.

Springen wir nochmals 19 Jahre weiter, dann kommen wir ins Jahr 5746 bzw. 1986. Der Thoravers 5746 steht in 5. Mose 31,23:

Und er befahl Josua, dem Sohn Nuns, und sprach: Sei stark und mutig! Denn du sollst die Kinder Israels in das Land bringen, das ich ihnen zugeschworen habe, und ich will mit dir sein!

Diese Weissagung spricht davon, dass Israel nach vierzig Jahren Wüstenwanderung in sein Land kommt. Auch nach der Staatsgründung 1948 lebten noch viele Juden in der Sowjetunion und in Osteuropa, die kommunistischen Regimes erlaubten ihnen nicht, ihr Land zu verlassen und in ihre wahre Heimat zurückzukehren. Diese Holocaust-Überlebenden waren wie die alten Israeliten, die in der dürren Wüste umherzogen; sie sehnten sich nach dem Tag, an dem sie ihren „Jordan" überqueren und sich im Land ihrer Väter niederlassen konnten. Nach vierzig Jahren in der Wüste führte Josua das Volk in sein geistliches Erbe, und gegen Ende der ersten vierzig Jahre des modernen Staates Israel verließen Juden in größerem Stil die Sowjetunion und flogen in das Land, das Gott ihnen versprochen hatte.

Bereits 1984 hatte die israelische Streitmacht in einer Luftbrücke heimlich äthiopische Juden aus dem hungergeplagten Sudan nach Israel geholt und bekam so achttausend neue Staatsbürger. Unter der Führung von Michail Gorbatschow öffneten die Länder der Sowjetunion ihre Grenzen und die Juden konnten gehen; von 1989 bis 2006 repatriierten etwa 1,6 Millionen Juden nach Israel. Bis dahin wurden Juden, wenn sie die Sowjetunion verlassen wollten, abgewiesen und als Verräter behandelt, sie verloren ihren Arbeitsplatz und wurden bedrängt und verfolgt bis hin zu langjährigen Freiheitsstrafen.[28]

Springen wir nun von 1989 weitere 19 Jahre nach vorn und betrachten den „Thoravers des Jahres", dann finden wir eine jähe Wende des Gedankengangs. Wir sind im gregorianischen Jahr 2008 und bei 5. Mose 32,15:

---

28 Wikipedia.org, „1990s Post-Soviet Aliyah", http://en.wikipedia.org/wiki/1990s_Post-Soviet_aliyah#cite_note-demoscope-1 (Zugriff am 01.10.2014).

Da wurde Jeschurun fett und schlug aus. Du bist fett, dick und feist geworden! Und er verwarf den Gott, der ihn geschaffen hat, und er verachtete den Fels seines Heils.

„Jeschurun" bedeutet „der Aufrechte" und steht für die, die gerecht wandeln vor Gottes Angesicht. Dieser Vers besagt, dass Gottes Volk sich gegen Gott auflehnt und gegen ihn kämpft, weil es „fett" geworden ist – ein Bild für Wohlstand und Erfolg. In 5. Mose 32,17 heißt es, dass sie den Dämonen opferten und sich andere Götter aufluden. Den Dämonen zu opfern, das ist nicht einfach irgendein Götzendienst; es kann auch bedeuten, dass man dem Moloch kleine Kinder als Opfer darbringt, indem man sie „durchs Feuer gehen" lässt (3. Mose 18,21; 20,2-4). Dieses böse Tun könnte man vergleichen mit der Abtreibung in unserer Zeit.

Seit 2008 hat sich in der Gemeinde Jesu einiges verändert. Da nun die extremen Liberalen auf jeder Regierungsebene das Sagen haben, haben viele ihre Meinung geändert; jetzt wählen sie die Ungerechtigkeit und ändern ihre Überzeugungen, was richtig ist und was nicht. In manchen Kreisen heißen Pfarrer und Pastoren Abtreibung öffentlich als Möglichkeit der Geburtenkontrolle gut; andere betreiben an ihren Gemeindegliedern finanzielle Vergewaltigung, indem sie Spenden und Opfer verlangen, die sie dann aber nicht fürs Reich Gottes einsetzen, sondern nach Lust und Laune selber verprassen. Jesus fragte sich, ob er wohl noch Glauben finden würde, wenn er auf die Erde zurückkommt (Lukas 18,8). So sagt der Herr auch in 5. Mose 32,20 (das entspricht dem Jahr 2013): „Sie sind ein verkehrtes Geschlecht, Kinder ohne Glauben" (KJV).

Nun mag man einwenden, in diesen Versen gehe es um Israel und man könne sie nicht einfach Amerika überstülpen. Genauso könnte man sagen: „Ich weiß, Amerika und das alte Israel haben sehr viel gemeinsam, aber das hat nichts zu sagen." Vielleicht scheint den Theologen im Westen diese Methode sinnlos, nicht aber den rabbinischen Auslegern; für sie wiederholt sich das Vergangene in der Zukunft und alte Weltreiche stehen in künftigen

Weltreiche wieder auf. Israel und Amerika haben eine geistliche Nabelschnur, durch die Segen fließt, wenn sie gehorsam sind. Genau diese Nabelschnur kann aber, wenn sie nicht gehorchen oder sich von Gott abwenden, „Flüche" transportieren – Gott zieht seinen Segen zurück.

5. Mose 32,22 entspricht dem Jahr 2015. Wenn wir nun die nächsten Verse anschauen, die den Jahren 2015-2023 entsprechen, wird das Volk gemahnt, es soll „an sein Ende denken" (Vers 29); das erinnert an die Warnung zu dem „Ende der Tage" in 5. Mose 31,29. Wenn in der Bibel der Ausdruck „Ende der Tage" erscheint, spricht das von der Wiederkunft des Messias.

Im Weiteren warnt Gott davor, dass fremde Völker aufstehen gegen Gottes auserwähltes Volk (5. Mose 32,21). Gott sendet ein Feuer, das den Ertrag verzehrt; das können Naturkatastrophen sein oder ganz einfach ein Flächenbrand (Vers 22). Die Thora kündigt an, dass Pfeile gesendet werden – ein Bild für Krieg und Kämpfe (eine Vorhersage von Bürgerkrieg oder Krieg um 2016-2017). Etwas wird die Lebensmittelvorräte beeinträchtigen; „sengende Hitze" könnte von einer Dürre oder Hungersnot sprechen (Vers 24, KJV).

Gott warnt vor Terror im In- und Ausland (Vers 25), und das bringt uns zum Jahr 2018–2019 (unter Berücksichtigung der Tatsache, dass das jüdische Jahr im Herbst beginnt): Wir lesen, dass das Volk nicht zu Herzen nimmt, dass all diese Katastrophen ein Gericht Gottes sind, und in Vers 29 sagt Gott, sie sollten „an ihr Ende denken"; dieser Vers entspricht unserem Jahr 2022.

Wie bisher treffen viele dieser Szenarien und Warnungen auf das Volk Israel zu. Allerdings spiegelt Amerika in vielem Israel wider – in seinen Gründungsurkunden, seinen religiösen Überzeugungen und vielen anderen Mustern; deshalb kann es sehr wohl auch eine Parallele für Amerika geben. Wir haben gesehen, dass die Gedanken von Segnungen zu Warnungen und der Ankündigung großer Nöte, einschließlich Flächenbrände, Hunger, Schwert und Terror jenseits und innerhalb seiner Grenzen wechseln.

HUNDERTZWANZIG JAHRE

Das 5. Buch Mose und damit die Thora enden mit dem Tod Moses und mit diesen Worten:

Und Mose war 120 Jahre alt, als er starb; seine Augen waren nicht schwach geworden, und seine Kraft war nicht gewichen. 5. Mose 34,7

Es gibt Zahlen in der Bibel, die eine Bedeutung haben. Die Drei steht immer für Einheit; sechs ist die Zahl des Menschen und sieben ist „Vervollständigung, Vollkommenheit". 40 steht für Versuchung oder Prüfung.

Auch die Zahl 120 finden wir in mehreren Erzählungen der Bibel; zuerst kommt sie vor in Gottes Ankündigung, dem Menschen 120 Jahre Zeit zu geben, bevor die Sintflut die Erde schlug (1. Mose 6,3). Moses Leben endete nach 120 Jahren (5. Mose 34,7). 120 Priester bliesen die Trompeten bei der Tempelweihe (2. Chronik 5,12). Als an Pfingsten die Gemeinde entstand, begann es in einer Gebetsversammlung im Obersaal, wo 120 Gläubige versammelt waren (Apostelgeschichte 1,15). Nachdem Mose mit 120 Jahren gestorben war, führte Josua – auf Hebräisch lautete sein Name Jehoschua oder Jeschua – das Volk aus der Wüste in das verheißene Land.

In dieser Zahl 120 stecken viele Kombinationsmöglichkeiten, viele Schichten. Zum Beispiel: Mose lebte 40 Jahre in Ägypten, dann war er 40 Jahre in der Wüste und hütete Schafe; schließlich, nach dem Auszug Israels aus Ägypten, wurde er zum Hirten des Volkes, und zwar nochmals 40 Jahre lang – insgesamt 120 Jahre.

Wenn wir 120 mit anderen Zahlen multiplizieren, die in der Bibel eine Bedeutung haben, finden wir weitere mögliche Muster. Gott hatte Israel in jedem 50. Jahr ein Erlassjahr verordnet (3. Mose 25). 120 Erlassjahre (120 × 50) ergibt 6000. Es ist interessant zu sehen, dass von der Erschaffung Adams an bis heute etwa 6000 Jahre vergangen sind. Mose starb mit 120; nach ihm führte Josua, dessen hebräischer Name Jeschua lautet, die „Gemeinde

in der Wüste" (Apostelgeschichte 7,38) in das ihr verheißene
Land. Zu einem bestimmten Zeitpunkt, der noch vor uns liegt,
wird König Jesus (Offenbarung 19,16), dessen hebräischer Name
ebenso Jeschua lautet, die Heiligen in ihr verheißenes Land
führen, und dann werden wir mit ihm zusammen in seinem Reich
1000 Jahre lang regieren (Offenbarung 20,4).

Alle diese Parallelen finden wir im 5. Buch Mose; hier werden
auch die vielen Segnungen aufgezählt, die dem Gehorsam gegen
Gottes Gebote folgen, und ebenso die Flüche, die denen gelten,
die sich willentlich von den Wegen und Geboten des Herrn
abwenden. In meinen früheren Büchern habe ich erklärt, wie die
Segnungen, die Israel für seinen Gehorsam zugesprochen sind,
auf jedes Volk kommen, das seine Gesetze nach Gottes Sozial-,
Moral- und Rechtsvorschriften ausrichtet. Allerdings ziehen diese
Völker genauso Gottes Missfallen auf sich, wenn sie hochmütig
werden wie das alte Israel – dann müssen sie mit ansehen, wie sich
Gottes Segen über dem Volk und den Einzelpersonen auflöst wie
Nebel in der Sonne.

JAHRESZAHLEN ZU BUCHSTABEN

Eine andere Methode rabbinischer Auslegung habe ich von
einem bekannten Rabbi gelernt: Er nahm das gregorianische Jahr
und das entsprechende Jahr im jüdischen Kalender und schaute
dann, welches hebräische Wort sich aus diesen Ziffern ergab. Diese
Methode wurde gelehrt und angewendet von dem Lubawitzer
Rabbi Menachem Schneerson in Brooklyn (New York). Dieser
bekannte Thora-Gelehrte war auch bewandert in Mathematik
und Naturwissenschaften; er hatte hunderttausende Anhänger
und Schüler. Schneerson nahm die jüdischen Jahreszahlen und
schaute sich diese Buchstabenkombinationen genau an, ob sie
vielleicht eine Botschaft enthielten, möglicherweise auch als
Akrostichon.

Beginnen wir mit den gregorianischen Jahren 1909-1910: Im Herbst 1909 begann das jüdische Jahr 5760; im hebräischen Alphabet bedeutet diese Jahreszahl *hat'rea* – dieses Wort kommt von dem Wort *terua*, dem Hörnerblasen, und bedeutet, Alarm zu blasen. Dieses Wort zeigte, dass sich in nächster Zukunft Schwierigkeiten zusammenbrauten, am Horizont tauchten Warnzeichen auf. Einige Jahre später begann der Erste Weltkrieg – schwere Zeiten für die ganze Welt.

Man beachte: In dieser Zeit, im Februar 1910, lungerte ein junger Mann in Wien in einem düsteren Männerwohnheim herum – Adolf Hitler entdeckte seinen dämonischen Geschmack am Antisemitismus: „Das danke ich *der damaligen Zeit*, daß ich hart geworden bin und hart sein kann", stellt Hitler in „Mein Kampf" fest. Er vergrub sich in antisemitischem Schrifttum, und wenn er auf der Straße Juden sah, war sein Fazit: „Je mehr ich sah, um so schärfer sonderten sie sich für das Auge von den anderen Menschen ab." Hitler bestätigt in seinem Buch: „Es war für mich die Zeit der größten Umwälzung gekommen, die ich im Inneren jemals durchzumachen hatte. Ich war vom schwächlichen Weltbürger zum fanatischen Antisemiten geworden."[29]

1914 begann der Erste Weltkrieg, das war das jüdische Jahr 5764; im hebräischen Alphabet liest man hier das Wort für „Zittern". Der Krieg brach aus am 1. August 1914; im jüdischen Kalender war das der 9. Av – der Erste Weltkrieg begann also am düstersten Tag des jüdischen Jahres.

Springen wir zu den Jahren 1938 und 1939, so kommen wir in das jüdische Jahr 5698. Im hebräischen Alphabet lesen wir nun das Wort „Mord". Muss man das noch erklären? In diesen Jahren begann der Holocaust – sieben Jahre des wohl größten Massenmords der Menschheitsgeschichte.

---

29 Adolf Hitler, Mein Kampf, http://www.hitler.org/writings/Mein_Kampf/mkv1ch02. html (Zugriff am 01.10.2014). Deutscher Text zitiert nach https://archive.org/ stream/Mein-Kampf2/HitlerAdolf-MeinKampf-Band1Und2855.Auflage1943818S._ djvu.txt (Zugriff am 27.05.2016).

Schneerson stellte auch fest, dass 1947-1948 (5708) als Akrostichon „Zeit der Geburtswehen" bedeutet. Die Geburtswehen des Holocausts brachten 1948 den Judenstaat Israel hervor. Den Begriff „Geburtswehen" kennt man im Judentum und im Christentum. Jesus nennt die ersten Zeichen seiner Wiederkunft den „Anfang der Wehen" (Matthäus 24,8). Hier steht tatsächlich das Wort für „Geburtswehen"! Jüdische Rabbis nennen wiederkehrende Zeichen „Geburtswehen des Messias". Jesaja sah diese Geburtswehen, die zur Sammlung Israels und zur Staatsgründung führten:

Ehe sie Wehen empfand, hat sie geboren; bevor die Kindesnot sie ankam, wurde sie von einem Knaben entbunden! Wer hat je so etwas gehört? Wer hat etwas derartiges gesehen? Wurde je ein Land an einem Tag zur Welt gebracht? Ist je ein Volk auf einmal geboren worden? Denn Zion hat Wehen bekommen und zugleich ihre Kinder geboren. Jesaja 66,7+8

Ein anderes auffälliges Jahr ist 1973, im jüdischen Kalender 5734 – *scheled*, „Skelett". Ein Skelett lässt uns an den Tod denken. Auch das kann man als Akrostichon lesen: „Zeit des Skeletts". 1973 legalisierte der oberste Gerichtshof der USA die Abtreibung, was inzwischen in unserem Land über 55 Millionen Babys das Leben gekostet hat.[30] Im Oktober jenes Jahres wurde Israel an seinem großen Fastentag von Syrien und Ägypten ohne Kriegserklärung angegriffen.

Ich weiß noch, dass eben jener Rabbi aus New York für 1989-1990 (das jüdische Jahr 5750) ankündigte, dieses Jahr bedeute als Akrostichon „Zeit der Wunder". In der Rückschau war das wirklich der Beginn eines erstaunlichen Wunders: Die Juden aus der Sowjetunion durften zum ersten Mal in großer Zahl nach Israel zurückkehren; das war eine Erfüllung vieler alttestamentlicher Prophetien (Hesekiel 20,34; 36,24; 37,12).

---

30 National Right to Life, „Abortion Statistics", http://www.nrlc.org/uploads/factsheets/FS01AbortionintheUS.pdf (Zugriff am 01.10.2014).

In den Jahren 1997–1998 zählten die Juden das Jahr 5758 – ein bedeutendes Jahr: die beiden letzten hebräischen Buchstaben sind *chet*, 8, und *nun*, 50, insgesamt 58. Diese beiden Buchstaben, *nun* und *chet*, bilden den hebräischen Namen *Noach* – wir kennen ihn als Noah. 1997 und 1998 konnte man also als „die Zeit Noahs" verstehen.

1997-1998 erschien ein interessantes Wunderzeichen im Weltall: Monatelang war ein heller Komet sichtbar, der Hale-Bopp. Laut der jüdischen Tradition sah Noah, während er die Arche baute, einen großen Kometen vorüberziehen. Es heißt, Hale-Bopp sei derselbe Komet, der vor der Sintflut von der Erde aus sichtbar war! Das Jahr, der Name Noah und der Komet – all diese Wunderzeichen erinnern mich an die Worte Jesu: „Wie es aber in den Tagen Noahs war, so wird es auch bei der Wiederkunft des Menschensohnes sein" (Matthäus 24,37).

Mir ist bewusst, dass diese Art der Auslegung umstritten ist, besonders unter den Gelehrten im Westen; sie wird nur in gewissen rabbinischen Schulen gelehrt, die das Geheimnis, die Mystik in der Auslegung betonen. Für mich beweist das aber nur, dass jedes Wort, jeder Ausdruck in der Bibel, jedes „Strichlein und Tüttel" inspiriert ist, Gott hat alles wohlbedacht an seinen Platz gesetzt (Matthäus 5,18; 2. Timotheus 3,16). Es sollte uns auch an die Worte erinnern, die zu Daniel gesagt wurden:

Du aber, Daniel, verschließe diese Worte und versiegle das Buch bis zur Zeit des Endes! Viele werden darin forschen, und die Erkenntnis wird zunehmen.

Daniel 12,4

DER 19-JAHRES-RHYTHMUS

Viele dieser Voraussagen der Thora, bei denen die Versnummern und die Jahreszahlen mit der Geschichte Israels zusammenpassen, treten in einem 19-Jahres-Rhythmus auf. Die größte Erfüllung von Prophetie in der modernen Geschichte war die Staatsgründung

Israels 1948; schließlich konnte keine Prophetie hinsichtlich der Endzeit oder der Wiederkehr Jesu erfüllt werden, solange die Juden kein eigenes Land hatten. Wenn wir von diesem Jahr 1948 als Fixpunkt in 19-Jahres-Schritten vor- und zurückgehen, finden wir Ereignisse, die auf die Juden einwirkten, manchmal auch auf Amerika. Eine vollständige Liste würde Seiten füllen; ich habe nur einige wenige ausgewählt.

ISRAELS 19-JAHRES-RHYTHMUS VON 1948 AN RÜCKWÄRTS

1948	Nach 18 Jahrhunderten wurde Israel wieder zum autonomen Staat.
1929	Beginn der Weltwirtschaftskrise
1910	Rückkehr des Halleyschen Kometen – das geschah immer wieder vier Jahre vor einem Krieg.
1891	Der Internationale Sozialistenkongress berät in Brüssel über die „Judenfrage".
1872	Russische Zionisten gründen jüdische Siedlungen in Palästina.

Gehen wir von 1948 in 19-Jahres-Schritten noch weiter zurück, stoßen wir auch auf die Jahre 1530, 1606 und 1492. 1530 war Jerusalem schon unter osmanischer Herrschaft; man hatte vor, die Mauern der Altstadt wieder aufzubauen, was eine Erfüllung von Jesaja 60,10 war: „Fremdlinge werden deine Mauern bauen." Hier steht im Hebräischen für „Fremde" nicht „Heiden", sondern „Ausländer". 1606 verließen einige Engländer ihre Heimat, am 26. April 1607 betraten sie amerikanisches Festland und am 14. Mai gründeten sie die Kolonie Jamestown, das war unsere erste Kolonie. 1492 fanden gleich zwei große Ereignisse statt: Die Juden wurden aus Spanien vertrieben und Kolumbus entdeckte einen neuen Kontinent – Amerika. Alle diese bedeutenden Ereignisse sind durch 19-Jahres-Schritte miteinander verbunden.

Schauen wir nun, was wir finden, wenn wir von 1948 an in 19-Jahres-Schritten vorangehen. Aus prophetischer Sicht sind das sehr bedeutende Jahre.

ISRAELS 19-JAHRES-RHYTHMUS SEIT 1948

1948	Nach 18 Jahrhunderten wurde Israel wieder zum autonomen Staat.
1967	Nach dem Sechstagekrieg wurde Jerusalem wiedervereinigt und zur Hauptstadt Israels.
1986	Beginn der Rückkehr der Juden aus der Sowjetunion.
2005	Juden im Gazastreifen werden zwangsumgesiedelt; Hurrikan Katrina verwüstet New Orleans.
2024	Dieses Datum steht noch aus.

Aus der Bibel wissen wir, dass Israel zur letzten Zeit starke Geburtswehen haben und schwere Zeiten erleben wird; dafür sorgen nicht zuletzt seine muslimischen Nachbarn, von denen viele Nachkommen Ismaels sind, des Sohnes, den Abraham von Hagar hatte (1. Mose 16,15). Im Hebräischen besteht der Name Ismael aus den Wörtern *jischma* – „hören" und *el* – El ist ein Name Gottes. Den Namen „Jischmael" empfing Hagar, als sie in der Wüste zu Gott um Hilfe schrie, und Gott hörte sie und rettete sie und das Kind, das sie unter ihrem Herzen trug. Im Midrasch („Lehre", jüdischer Bibelkommentar) heißt es, dass am Ende der Zeit die Araber Israel große Schwierigkeiten machen werden; die Juden werden zu Gott schreien und er wird sie erhören – *jischma-el*.[31]

KOMMENDE ZUSPITZUNG

Die gesamten Prophetien in den 66 Büchern der Bibel gelten einer von vier Gruppen, manchmal auch mehreren oder sogar allen vieren. Die Bibelstellen dazu sind zu zahlreich, als dass ich sie vollständig anführen könnte; ich halte die Liste einfach und kurz:

- Prophetien an *Israel*
- Prophetien an die *Heidenvölker*

---

31 Glazerson, Letters of Fire, 233–234.

- Prophetien an die *Gemeinde Jesu* und *die an Jesus Gläubigen*
- Prophetien an *Einzelpersonen*, darunter auch *Politiker*

Prophetien sprechen nicht nur von kommenden Ereignissen; sie können auch Anweisung geben, es können konkrete Warnungen sein oder Offenbarungen über „Zeichen" bzw. „Auslöser". Wenn diese Zeichen eintreten, wird der Vorhang zurückgezogen und die angekündigten Ereignisse erscheinen auf der Weltbühne. Wenn die Bibel konkrete Zeichen nennt, sind sie eingebettet in Weissagungen für bestimmte Völker, Einzelpersonen oder Sternstunden/Augenblicke der Weltgeschichte. Es gibt sechs Arten von Zeichen:

- Zeichen für das Volk Israel, die Juden und Jerusalem – ihr Gestern, Heute und Morgen

- Zeichen für die Entwicklungen in den Heidenvölkern und ihre Beziehung zu Israel, den Juden und Jerusalem

- Zeichen des ersten Kommens des Messias – alle durch Jesus erfüllt

- Zeichen der Wiederkunft des Messias – sie werden jetzt erfüllt und in der Zukunft.

- Zeichen und Warnungen, die der Gemeinde Jesu und den Gläubigen gegeben wurden; sie kündigen die Wiederkunft Christi an und wir sollen darauf achten.

- Zeichen, die Einzelpersonen gegeben werden, damit sie Gottes Willen erkennen können, seine Führung und Allmacht.

Wenn die bestimmte Zeit und Stunde kommt, dass eine Prophetie erfüllt wird, wird es schnell und exakt geschehen. Wer in der Schrift forscht, wird eine solche Erfüllung deutlich erkennen können. Hier sind zwei große Ereignisse, die sich zurzeit erfüllen; sie sollten jeden hellhörig machen, der sich mit den Prophetien der Bibel befasst.

1. Der Fall Ägyptens und Libyens

Als sich der „Arabische Frühling" im Nahen Osten und Nordafrika ausbreitete und Präsident Mubarak verhaftet wurde, sagte ich, wenn wir wirklich in dem Zyklus der letzten Tage seien, dann würde als Nächstes Libyen fallen und in beiden Ländern würde um die Herrschaft gekämpft werden, um die Macht in Regierung, Militär und Wirtschaft. Diese Prognose habe ich auf Daniel gegründet, wo der kommende Antichrist sowohl in Ägypten als auch in Libyen die Macht ergreift – unter den früheren Präsidenten Mubarak in Ägypten und Gaddafi in Libyen wäre das schlichtweg undenkbar gewesen. Daniel kündigte an:

> **Er wird auch seine Hand nach den Ländern ausstrecken, und das Land Ägypten wird nicht entfliehen; sondern er wird sich der Gold- und Silberschätze und aller Kostbarkeiten Ägyptens bemächtigen; auch werden Lubier und Kuschiten zu seinem Gefolge gehören.**
>
> Daniel 11,42+43

Daniel und Johannes sahen in den Jahren vor der Wiederkunft des Messias zehn Könige aufsteigen, die über zehn Königreiche herrschen (Daniel 7,24; Offenbarung 17,12). Wenn der Antichrist an die Macht kommt, wird er drei dieser zehn „Hörner" ausreißen, das heißt in diesen Ländern die Macht übernehmen. Laut Daniel und einigen alten Kirchenvätern werden das die drei Länder Ägypten, Libyen und Äthiopien sein, alle im Norden und Osten Afrikas.

Im Moment ist Ägypten unter einer Militärregierung und in Libyen kämpfen drei große Stämme um die Macht. Äthiopien war einmal ein christliches Land, aber in letzter Zeit war der Islam auf dem Vormarsch und Islamisten versuchen, in das Land einzufallen. Dass Ägypten und Libyen innerhalb weniger Monate so erschüttert wurden, war eindeutig eine Vorbereitung für das Kommende.

2. DER AUFSTIEG DER PERSER

Nachfolger der „Perser" der Bibel ist der heutige Iran. Es gab Zeiten, da sah der Westen den Iran lediglich als Hinterwäldler und Erdölproduzent. Die Iraner sind überwiegend Schiiten, und ihre geistlichen Oberhäupter haben starke islamische Traditionen über die Zeichen des Jüngsten Tages und das Auftreten des Mahdis. Sie glauben, dass der Mahdi der endgültige Herrscher der Muslime ist; er soll aus dem Iran oder dem Irak kommen und die muslimischen Völker einen und in einen weltweiten Feldzug führen, in dem große Menschenmengen gezwungen werden, zum Islam zu konvertieren. In der Überlieferung der Schiiten müssen „das Kreuz" (die Christen) und „das Schwein" (die Juden) entweder zum Islam konvertieren oder umgebracht werden.

Seit einigen Jahren haben die Perser Uran erworben und angereichert, um Atomstrom zu gewinnen, aber sie versuchen auch heimlich, Atomsprengköpfe zu bauen. Meine Quellen in Israel sagen, dass der Iran höchstwahrscheinlich bereits mehrere Kernwaffen hat und dabei sei, ein Raketenabschuss-System zu bauen, mit dem er Israel, Europa und möglicherweise auch die USA erreichen kann. Man hat nordkoreanische Schiffe mit Material abgefangen, das den Persern bei ihren Atomplänen helfen sollte.

Warum sind die militärische Stärke und der Aufstieg des Irans so wichtig? Unter seinem alten Namen Persien wird der Iran in der Bibel ausdrücklich genannt als einer der Anführer in dem noch ausstehenden Krieg von Gog und Magog, von dem wir in Hesekiel 38 lesen:

> Und ich will dich herumlenken und will dir Haken in deine Kinnbacken legen; ich will dich und deine ganze Kriegsmacht herausführen, Rosse und Reiter, alle prächtig gekleidet, eine große Menge, die alle Ganzschilde, Kleinschilde und Schwerter tragen: Perser, Kuschiten und Put mit ihnen, alle mit Kleinschild und Helm, Gomer samt allen seinen Truppen, das Haus Togarma vom äußersten Norden, auch mit allen seinen Truppen, viele Völker mit dir.
>
> Hesekiel 38,4-6

Dass dieser Konflikt stattfinden wird, glauben alle drei monotheistischen Weltreligionen – das Christentum, der Islam und das Judentum; und alle drei wissen von „Gog und Magog". Wie dieser Krieg ausgeht, dazu allerdings hat jede Religion ihre eigenen Ansichten.

DIE „CODES" IN DEM KRIEG VON GOG UND MAGOG

Schon oft wurde ich von Leuten, die sich in der Prophetie der Bibel auskennen, gefragt, wann ich den Krieg von Gog einordne – vor, während oder nach der Entrückung. Das ist eine schwierige Frage, aber die Bibel gibt uns drei wichtige Hinweise zu den Gegebenheiten und dem Zeitpunkt dieses Krieges:

- Der Prophet sah den Krieg „zur letzten Zeit" (Hesekiel 38,16); dieser Ausdruck erscheint immer in Verbindung mit den Zeiten und Stunden vor der Wiederkunft des Messias. Im Neuen Testament wird dieser Ausdruck auch wiedergegeben mit „den letzten Tagen" (Apostelgeschichte 2,17; 2. Timotheus 3,1; 2. Petrus 3,3; Jakobus 5,3); diese Phrasen sind austauschbar und bezeichnen Ereignisse vor der Wiederkunft Christi.

- Der zweite Anhaltspunkt für die zeitliche Einordnung ist, dass Israel sicher in seinem Land wohnen wird (Hesekiel 38,14). Vor der Staatsgründung Israels 1948 war das unmöglich, aber heute hat Israel dank moderner Technik und einer starken Armee sichere Grenzen, das Leben in Israel ist ziemlich normal.

- Ein dritter und interessanter Hinweis zu dem Leben in Israel beim Ausbruch dieses Krieges ist, dass Israel in Städten wohnt, „alle ohne Mauern; sie haben weder Riegel noch Tore" (Hesekiel 38,11).

Zur Zeit des Alten Testaments wurden Städte auf Hügeln erbaut, sie waren von Mauern umgeben und diese Mauern hatten Tore; das war die einzige Möglichkeit, sich vor fremden Armeen zu schützen oder vor Feinden, die rauben und plündern wollten. Bei Ausgrabungen in Israel, zum Beispiel in Megiddo, hat man mächtige Steinmauern gefunden, die einst die Stadt umgaben, und man kann noch sehen, wo die riesigen Torflügel eingehängt waren – am Tag geöffnet und nachts geschlossen, und auf den Steintürmen standen Wächter und hielten die Augen offen. Heute lebt Israel in sicheren Städten ohne Mauern. Außerdem beginnt dieser Krieg erst, nachdem Israel aus aller Welt gesammelt worden ist (Hesekiel 38,12) und „Vieh und Güter" hat (Hesekiel 38,12); für „Güter" steht hier ein hebräisches Wort, das Wohlstand, Reichtum und Erwerbungen bedeutet.

In dem Vers über das Vieh und das Gebiet von Basan finden wir noch einen weiteren Hinweis darauf, dass diese Schlacht noch nicht stattgefunden hat, sondern noch bevorsteht. Das Gebiet von Basan nennt man heute den Golan; diese Region beginnt am Ostufer des Sees Genezareth und erstreckt sich bis ans Hochgebirge, es grenzt an Libanon und Syrien. Wenn man über die Golanhöhen fährt, sieht man rechts und links der Hauptstraße Hunderte von Rindern, die scherzhaft-liebevoll „Kühe von Basan" genannt werden.

Warum ist das so wichtig? Vor dem Sechstagekrieg 1967 war der Golan syrisches Gebiet mit vielen Geschützstellungen und Bunkern. Damit die islamische Koalition, von der Hesekiel spricht, die „Berge Israels" bedecken kann, muss diese Schlacht nach 1967 stattfinden – sonst hätten diese muslimischen Länder ja gegen Syrien gekämpft und nicht gegen Israel! Im Sechstagekrieg 1967 und im Jom-Kippur-Krieg 1973 nahm Israel Basan ein und baute viele unterirdische Bunker, Kommandozentralen und Lausch-Stationen, um das Land vor Invasionen aus dem Norden zu schützen.

Sollten die Perser und andere Angreifer aus dem Norden anrücken und gegen Israel kämpfen wollen, kämen sie über Basan, denn diese Region grenzt an zwei Länder, die es beide nicht leicht haben: Libanon und Syrien. Hesekiel nennt noch eine andere Gegend, in der dann viele Soldaten ihr Leben lassen müssen: Das „Tal Abarim (‚Tal der Durchreisenden') östlich vom Toten Meer" (Hesekiel 39,11 HFA). Dieses Gebiet liegt östlich des Jordans; wenn man von Jericho aus zu den Bergen Jordaniens schaut, kann man es sehen. Zur Zeit Hesekiels war es ein Tal im Gebirge Abarim (4. Mose 27,12; 5. Mose 32,49). Dieses Gebirge erstieg Mose, um das verheißene Land anzuschauen. Die Heere Gogs werden am Fuß des Nebo fallen (4. Mose 33,47) – in genau dem Tal, in dem Gott den Mose begrub.

Auf meiner ersten Reise durchs Heilige Land, das war 1985, stand ich auf dem Nebo in Jordanien und schaute hinüber nach Israel, genau wie Mose dreieinhalb Jahrtausende vor mir. Um Jericho herum war es grün; die Stadt hat eine Quelle, von der die Plantagen bewässert werden können. Auf einer späteren Reise fuhren wir das Jordantal entlang; auf der jordanischen Seite zogen sich die Felder kilometerlang hin, und es hieß, dies sei der Brotkorb Jordaniens.

Sofort fiel mir die Stelle in Hesekiel ein, wo Gott sagt, dass er die Perser hierherbringt und alle Völker, die sich mit ihnen verbündet haben, und dass er ihnen „Haken in [die] Kinnbacken" schlägt (Hesekiel 38,4). Diese Metapher könnte bedeuten, dass Gott Lebensmittelknappheit gebraucht, um die Angreifer hierher zu ziehen.

Dieser Haken im Kiefer, also eine Hungersnot in Persien (Iran), könnte drei Ursachen haben. 2008 zerstörte der Schwarzrost, ein Weizenpilz, im Iran einen Teil der Weizenernte, die in diesem Teil der Welt eine wichtige Nährstoffquelle ist. Der Iran ist erdbebengefährdet, immer wieder schwanken/wackeln die billigen Häuser und Gebäude und fordern Todesopfer. Was ist, wenn dabei (oder durch einen Luftangriff) ein Atomkraftwerk beschädigt wird und Radioaktivität nach außen dringt? Das würde die Äcker auf Jahre hinaus verseuchen und unbrauchbar machen und eine ernsthafte Lebensmittelknappheit verursachen, vielleicht sogar eine kleine Hungersnot.

Israels Landwirtschaft ist leistungsfähig; nicht nur kann sie die eigene Bevölkerung ernähren, Israel exportiert auch tonnenweise Paprika, Orangen und Rosen. Zwischen dem Ostufer des Jordans und den Bergen Jordaniens wachsen in dem langen Jordantal unglaubliche Mengen von Eßbarem. Kilometerweit erstrecken sich die folien- und vliesbespannten Äcker; die Produktion hat sich in den letzten siebzig Jahren versiebenfacht. Jericho ist mit seinen 25 000 Einwohnern eine beachtliche Stadt; seit es der Palästinenischen Autonomiebehörde unterstellt ist, ist es wohl denkbar, dass zehntausende Palästinenser sich den fremden Heeren anschließen könnten – die meisten von ihnen sind ja Muslime, und auch die anderen genannten Verbündeten sind heute muslimische Länder.

DER „SIEBEN-JAHRES-CODE"

Einen der wichtigsten Bibelverse, die vielleicht einen Code enthalten, finden wir bei Hesekiel; er könnte uns zeigen, wie diese Schlacht in einen Friedensvertrag mündet. Der künftige Antichrist wird ihn in die Wege leiten, wenn der Krieg zu Ende ist, und es wird sieben Jahre dauern, bis die vielen Waffen verbrannt sind:

Und die Bewohner der Städte Israels werden herauskommen und ein Feuer anzünden und die Waffen verbrennen, Kleinschilde und Großschilde, Bogen und Pfeile, Keulen und Speere, und werden sieben Jahre lang damit heizen. Man wird kein Holz mehr vom Feld holen und keines in den Wäldern hauen; sondern man wird die Waffen als Brennstoff benützen. Hesekiel 39,9+10

Die siebenjährige Waffenverbrennung hat eine dreifache Bedeutung: In Daniel 9,27 lesen wir, dass der Antichrist mit Israel für sieben Jahre einen Bund schließt; dieser Friedensvertrag ist zwar trügerisch (Daniel 8,25; 1. Thessalonicher 5,3), aber er verhindert weitere Kriege, und Israel wird geteilt (Daniel 11,39).

Das ist ja der Kern des Konflikts zwischen Israel und den Palästinensern: Wem gehört das Land wirklich, wer hat das Recht, es seine Heimat zu nennen – die Juden oder die Palästinenser? Mit der Unterzeichnung dieses Abkommens beginnt die Sieben-Jahres-Stoppuhr des Zornes Gottes zu ticken, die siebenjährige „große Trübsal" beginnt, von der schon die Propheten des Alten Testaments sprachen (Nahum 1,2; Jesaja 63,4), im Neuen Testament Jesus (Matthäus 24,21.29) und der Apostel Johannes (Offenbarung 7,14).

Gott selbst wird einschreiten und das ist das Ende dieses Krieges. Von den feindlichen Heeren wird nur ein Sechstel übrig bleiben und die islamischen Völker sind nun zu einem Kompromiss bereit, sie unterzeichnen einen Friedensvertrag mit Israel. Die Waffen werden „verbrannt" – zur Zeit Hesekiels gab es noch keine ABC-Waffen; was der Prophet sah, beschrieb er in den Worten, die er dafür fand und die seine Leser verstehen konnten.

Jedoch betont er, dass kein Holz benötigt wird, um sie zu verbrennen; in jener Zeit wurden nach der Plünderung die Städte angezündet und mit ihnen viele Waffen – die Speergriffe, die Pfeile und Bogen, jedenfalls soweit sie nicht zur Beute taugten. Heute geht das nicht so schnell, es dauert seine Zeit, Panzer, Geschosse und moderne Geräte zu entschärfen und zu entsorgen. Außerdem: Sollte Israel abrüsten müssen, würde es Jahre dauern, gewisses „Material" zu entsorgen und der Strahlenbelastung Herr zu werden.

Die Betonung liegt auf „sieben Jahre" (Hesekiel 39,9). Wenn die Wiederkunft Christi, bei der er seine Überwinder-Gemeinde holt, am Ende der siebenjährigen Trübsalszeit stattfindet, und wenn in Daniel 9,27 von einem siebenjähriges Bündnis zwischen Israel und dem Antichristen die Rede ist, dann stellt sich die Frage: Sind diese beiden Siebener in diesen beiden Prophetien dasselbe Ereignis, das zwei Propheten zu unterschiedlichen Zeiten gesehen haben? Wird der Bund mit dem Antichrist nach diesem Krieg geschlossen, und gehört zu diesem Vertrag die Forderung nach Zerstörung aller Waffen aus diesem Krieg, damit sie nicht für weitere Kriege genutzt werden können? Daniel 9,27 sagt, dass der Antichrist den Vertrag 42 Monate lang einhält und ihn in der Mitte der sieben Jahre bricht. Aufgrund der Offenbarung an Johannes wird der Antichrist dann gegen Jerusalem ziehen (Offenbarung 13).

DER AUSDRUCK „ES IST GETAN"

Hunderte Male hatte ich das mit Gog und Magog schon gelesen, aber etwas Wichtiges immer übersehen; einer unserer Unterstützer, Tim Castellaw, fragte mich eines Tages: „Hast du das schon bemerkt?" Er las mir vor:

Siehe, es ist gekommen, und es ist geschehen, spricht Gott, der Herr; das ist der Tag, von dem ich geredet habe. Hesekiel 39,8 (KJV)

In diesem Abschnitt hat Gott die absolute Niederlage der Armeen von Gog auf den Bergen Israels vorausgesagt. Sie fallen auf den Bergen (Hesekiel 39,4) – das ist das Basan-Gebiet – und auf dem freien Feld (V. 5). Es ist auch das schon erwähnte Tal östlich des Jordans gegenüber von Jericho. Gott sendet ein Feuer gegen Magog und gegen die, die auf den Inseln wohnen; das zeigt, dass in diesem Krieg auch Gegenden außerhalb Israels leiden werden (V. 6). Gott verkündet, dass er seinen Namen bekannt machen wird und dass die Heiden erkennen, dass er Gott ist (V. 6+7). An diesem Punkt sagt Gott: „Es ist geschehen", und bestätigt, dies sei der Tag, den er angekündigt habe (V. 8).

Es ist interessant: In diesem Krieg ist von sieben Jahren die Rede, und die Wiederkunft Christi, bei der er die Gemeinde Jesu zu sich holt (1. Thessalonicher 4,16–17; Epheser 1,9+10), könnte vor den sieben Jahren der Trübsalszeit geschehen. Gehören diese beiden „sieben Jahre" zusammen? Könnte das „Es ist geschehen" bei der Vernichtung der Feinde Israels zu einem anderen Sieben-Jahres-Zeitraum gehören? Vielleicht fällt die Wiederkunft Christi mit dieser Schlacht zusammen – das könnte ein Grund sein, warum Gott hier sagt: „Das ist der Tag, von dem ich geredet habe."

Zum Abschluss seines Erlösungswerks am Kreuz rief Jesus: „Es ist vollbracht!" (Johannes 19,30). Bibelausleger sagen, dass Jesus damit ausdrückte: Er hatte den Willen seines Vaters im Himmel erfüllt, er erfüllte, was die Propheten geweissagt hatten, erfüllte die Forderungen des gerechten Gerichts und besiegelte durch seinen Tod einen neuen Bund. Diese drei Wörter „Es ist vollbracht" schlossen das Kapitel des Gesetzes und der Propheten und öffneten ein neues Kapitel, das des neuen Bundes und des Reiches Gottes.

Dieses „Es ist geschehen" findet sich zwei Mal auch in der Offenbarung an Johannes. In der ersten Stelle lesen wir, dass der Euphrat vertrocknet; so entsteht ein Weg für die Könige aus dem Osten, die mit ihren Heeren zum Tal Megiddo ziehen, wo die Schlacht stattfinden wird (Offenbarung 16,12.16). Das Tal Megiddo ist eine 350 Quadratkilometer große Ebene in der Mitte Israels. Johannes sah die Heere der Welt gegen Israel marschieren und hörte einen Engel aus dem Tempel im Himmel rufen: „Es ist geschehen!" (V. 17).

Man beachte auch, dass der letzte Schrei Jesu am Kreuz, „Es ist vollbracht!", ein Erdbeben auslöste (Matthäus 27,51); und laut der Offenbarung geschieht nach diesem Ruf des Engels das größte Erdbeben der Weltgeschichte (Offenbarung 16,17+18). Im Krieg von Gog und Magog sendet Gott ein schweres Erdbeben, so dass alle Geschöpfe zittern und „die Berge … einstürzen, die Felswände fallen und alle Mauern zu Boden sinken" (Hesekiel 38,20).

Das zweite Mal finden wir das „Es ist geschehen" in der Offenbarung, wenn Jesus seine Anmerkungen über den neuen Himmel und die neue Erde abgeschlossen hat (Offenbarung 21,6). Ich will die hesekielsche Formulierung „Es ist geschehen" nach der Niederlage der Heere Gogs nicht überbewerten; aber ich könnte mir schon vorstellen, dass dies ein sehr passender Zeitpunkt wäre für die plötzliche und unangekündigte Wiederkunft Christi, um seinen Leib, die Gemeinde Jesu, zu sammeln. Die Augen der Welt wären auf diesen Krieg geheftet, und auch der schwere Hagelschlag, das Erdbeben und andere Erschütterungen könnten die Welt so in Beschlag nehmen, dass es keiner groß merkt, wenn viele Menschen plötzlich fehlen.

ZURÜCK ZUR ZUSPITZUNG

Die Propheten der Bibel zählen oft mehrere ungewöhnliche Umstände auf, die gleichzeitig auftreten, um auf bestimmte Ereignisse hinzuweisen; *wann* die gewaltige Vorhersage eintrifft, wird hingegen selten angegeben. Jeremia wusste, dass Israel 70 Jahre lang in Babylon sein würde (Jeremia 25,11), und Jesus kündigte die Zerstörung Jerusalems innerhalb einer Generation an (Matthäus 23,36; Markus 13,30). Der Leib Christi kann diese Zeiten erkennen, und wenn Ereignisse aufeinandertreffen, wird die Zeit gedrängt und kurz; dann wissen wir, dass wir jetzt wirklich am Ende der Zeit sind:

Und wenn jene Tage nicht verkürzt würden, so würde kein Fleisch gerettet werden; aber um der Auserwählten willen sollen jene Tage verkürzt werden.
Matthäus 24,22

Am 6. August 1945 warf Amerika eine Geheimwaffe auf Japan, eine Atombombe; damit wurden die USA zur einzigen Supermacht in der Welt und alle Staaten hatten großen Respekt. Kurze Zeit darauf begannen die Sowjets ein Programm zur

Entwicklung atomarer Waffen. Machen wir einen großen Schritt nach vorn: Wie sieht es heute damit aus? Sogar Länder wie Indien, Pakistan und Nordkorea haben Atombomben; islamische Länder wie der Irak, Iran und Syrien verfügen über Giftgas und biologische Waffen. Es ist nur eine Frage der Zeit, wann der Geist aus der Flasche schlüpft und die Welt durchs Höllentor geht; und von dort gibt es keine Rückkehr. Würde Jesus nicht eingreifen und zur Erde zurückkommen, würden die Tage nicht verkürzt – oder abgeschnitten –, kein Fleisch würde errettet werden. Hier haben wir wieder ein Beispiel von „Zuspitzung".

Die Theologie des Westens bevorzugt eine traditionellere, systematischere Art der Schriftauslegung. Aus rabbinischer Sicht aber gibt es Schichten des Verständnisses und andere Dimensionen mit Mustern, Zyklen, Zahlen und Buchstaben, die – wie gerade aufgezeigt – prophetische Wahrheiten der Gegenwart und Zukunft offenbaren.

5

Visionen und Träume
über die Zukunft Amerikas

Die von Gott eingehauchte Schrift zeigt, dass am Ende der Zeit Visionen und Träume zunehmen; Boten werden die Söhne und Töchter, die Knechte und Mägde sein (Apostelgeschichte 2,17+18). Mein Vater Fred Stone betete viel, und oft hatte er anschließend einen Warntraum und manchmal lebhafte Visionen, in denen er sah, was über Amerika kommen würde. Eines Tages sah er, dass Terroristen einen Angriff auf unsere Hauptstadt Washington planten.

Kurz nach dem 11. September 2001 waren mein Vater und ich in einem Hotel auf „Floridas Pfannenstiel" (dem Nordwesten Floridas); wir hatten dort einen Dienst. Am Morgen war er bedrückt und nervös, denn in der Nacht hatte er einen beunruhigenden Traum gehabt: Er sah ein Regierungsgebäude in Washington und in der Nähe einen Lastzug; plötzlich gab es eine schwere Explosion – Terroristen hatten die Wände des Lastzugs mit Plastik-Sprengstoff gefüllt. Mein Vater sah auch, wo der Lastzug präpariert worden war: in einer Scheune auf einem Bauernhof in Maryland (dieser Bundesstaat grenzt an Washington). Mein Vater sah im Traum, wie der Lkw ausgenommen wurde, dann wurde der ganze Lastzug neu ausgekleidet und der Zwischenraum mit Sprengstoff gefüllt. Die Explosion, die er in dem Traum sah, war verheerend und löste im ganzen Land eine zweite Panikwelle aus.

Zum Glück konnte ich ein hohes Regierungsmitglied erreichen und ihm diese Information übermitteln. Die Behörden reagierten sofort auf die Information in dem Traum, denn sie hatten schon Hinweise darauf, dass Washington nochmals Ziel eines Anschlags werden sollte, aber ihnen fehlte die Bestätigung, da die Details sehr unklar waren. Der Traum meines Vaters gab ihnen die fehlenden Einzelheiten – was mein Vater ihnen lieferte, bewerteten sie als „Tipp", als „Insider-Information".

Manchen ist es nicht geheuer, dass Gott durch eine Vision oder einen Traum sprechen soll; Theologen ordnen das gern vergangenen Zeiten zu, die sie „biblische Zeiten" nennen. Für die, die glauben, dass Gott heute noch so wirkt wie zur Zeit des Neuen Testaments, kann ein geistgewirkter Traum durchaus eine Warnung oder eine spezifische Anweisung sein, für einen Gläubigen oder ein ganzes Volk. Durch solche geistlichen Erlebnisse erhielten Beter schon immer wertvolle Erkenntnis, Information und Warnung.

Ich selbst hatte zwei Visionen, die sich bis in die Einzelheiten erfüllt haben. Die erste Vision hatte ich im Juni 1996: Ich sah den oberen Teil der Zwillingstürme in Schwarz verschleiert und dazu fünf graue Wirbelstürme, fast so hoch wie die Gebäude, und aus einem der großen Türme schlug Feuer. Gut fünf Jahre später war es klar: Der schwarze Rauch kam von dem Flugzeug; er strömte aus dem Loch im Gebäude und waberte nach oben bis zur Spitze. Die grauen Rauchtrichter kamen dazu, als die Gebäude einstürzten. Die fünf grauen, sich schnell drehenden Wolken standen auch für die fünf anderen Gebäude Drei bis Sieben, die ebenfalls unbenutzbar wurden, als die grauen Wolken des Staubwirbels in sie eindrangen. Vor dem Terrorangriff sprach ich etwa vier Jahre lang offen über diese Vision.

Die zweite Vision hatte ich Jahre später: Ich stand an der Küste von Louisiana und sah fünf verschiedene Stürme. Sie waren wie schwarze Tornados und beschädigten vier Arten von Zielen: Restaurants, Einkaufszentren, kleine Läden und Lastwagen, die Waren auslieferten. Der fünfte dunkle Trichter hatte nur ein Ziel, er breitete sich bei einem Bohrturm auf dem Wasser aus. Ich sah einen schwarzen Wirbelwind von Öl, der aufs Wasser sprudelte und auf eine Ölplattform schlug und sie zerstörte. Ich wusste, dass es ein schlimmes Unglück mit Erdöl geben würde, und es würde Louisiana treffen.

Ein halbes Jahr nach diesem Nachtgesicht rief ich einen Pastor in Baton Rouge an und teilte ihm die beunruhigende Vision mit: Vor der Küste von Louisiana würde etwas geschehen, das die Wirtschaft dieses Bundesstaates schädigen würde. – Über ein Jahr später explodierte die Bohrinsel von BP und das Rohr unter Wasser brach. Als die Unterwasserkamera zeigte, wo genau das Öl austrat, sah es genauso aus wie in meiner Vision – ein kleiner Wirbelwind von Öl! Das Öl-Leck traf die Lastzüge, die einst Meeresfrüchte auslieferten, es schadete dem Tourismus und dem Einzelhandel sowie der Fischerei, denn in manchen Gegenden wurden Restaurants geschlossen: ein großer Schaden für die Wirtschaft.

Gott sei Dank hatte ich in dieser Vision die Anweisung erhalten, zu beten; zwei Monate nach dem Unglück teilte ich diese Vision in Baton Rouge mit. In jener Nacht beteten über zweieinhalbtausend Menschen um eine Lösung, und nach wenigen Wochen konnte das Leck geschlossen werden. Das Öl fügte der Küste, den Städten und dem gesamten Bundesstaat eine Zeit lang verheerenden Schaden zu.

STÄDTE BRENNEN SEHEN

Durch die Offenbarung des Heiligen Geistes weiß ich schon seit einigen Jahren, dass irgendwann einmal etwas in Amerika einen Aufruhr auslösen wird. In einigen Innenstädten werden Massenunruhen ausbrechen und es wird schwere Brände geben. Das habe ich in Pigeon Forge (Tennessee) in einem Nachtgesicht deutlich gesehen, dies war auf einer unserer großen Partnerkonferenzen vor einigen Jahren.

In der Vision stand ich an einem großen Fluss. Es war Nacht, und rechts und links vor mir sah ich amerikanische Städte. Ich spürte die Spannung und ich sah, dass Feuer ausbrachen; ich konnte Feuer sehen im Herzen von etwa zehn Städten. Es brannte nicht die ganze Stadt, aber Teile davon standen eindeutig in Flammen. Als ich aufwachte, fragte ich mich, was solche Gewalttätigkeit auslösen könnte, und schrieb mir auf:

- Wenn die Sozialhilfe gekürzt oder Essensgutscheine nicht mehr ausgegeben würden, könnte dies die Folge sein.

- Wenn in einer Krise die Regierung monatelang handlungsunfähig wäre, könnte dies die Folge sein.

- Nach der Explosion einer elektromagnetischen Bombe oder wenn tagelang der Strom ausfallen würde, könnte dies die Folge sein.

- Wenn die Treibstoffversorgung oder der Güterverkehr unterbrochen und deshalb die Nahrungsmittel knapp würden, könnte dies die Folge sein.

- Wenn, Gott behüte, der Präsident ermordet würde, könnte dies die Folge sein.

Dieses Nachtgesicht war sehr beunruhigend, aber ich erfuhr, dass auch ein bekannter Gottesmann, der inzwischen im Himmel ist – David Wilkerson – eine Reihe solcher Warnungen empfangen hatte; er sah Städte brennen, besonders New York. Ich machte mich kundig und stellte fest, dass Wilkerson Amerika schon seit 1985 gewarnt hatte. In seinem Buch „Set the Trumpet to Thy Mouth" („Lass die Posaune erschallen") schreibt er:

Amerika wird vom Feuer verzehrt werden! Plötzliche Vernichtung kommt und nur wenige werden entrinnen. Unerwartet, in einer Stunde, wird ein Wasserstoff-Holocaust Amerika verwüsten – und diese Nation ist nicht mehr.[32]

---

32 David Wilkerson, Set the Trumpet to Thy Mouth (New Kensington, PA: Whitaker House, 1985), 11. (Übersetzt aus dem englischen Original. Dieses Buch ist auch auf Deutsch erschienen: Lass die Posaune erschallen, Verlag C. M. Fliß, 1987, vergriffen).

Später schrieb er: „Ein Angriff der Russen und der große Holocaust folgen einem Zusammenbruch der Wirtschaft Amerikas ... Der Feind greift uns an, wenn wir schwach und hilflos sind ... Amerika wird nicht Buße tun ..."[33]

Am 7. September 1992 schrieb Wilkerson, dass er in New York tausend Brände sah; hier seine Auslegung dieses schrecklichen Ereignisses:

Ich hatte mehrfach eine Vision von über tausend Bränden gleichzeitig in New York. Ich bin überzeugt, dass bald Rassenunruhen ausbrechen! New York ist ein Pulverfass – bereit zu explodieren ... Sozialhilfe-Kürzungen werden der Funke sein, der die Zündschnur in Brand setzt ... Hunderttausend zornige Männer werden die Straßen füllen, wütend, weil sie keine Leistungen mehr erhalten ... Die Feuer wüten überall ...[34]

Im März 2009 gab Wilkerson eine letzte Warnung:

Eine Katastrophe erschüttert die ganze Erde. Es wird sehr beängstigend sein, wir alle werden zittern – auch die Frömmsten unter uns ... In ganz Amerika gibt es in den Großstädten Aufruhr und loderndes Feuer, wie wir es in Watts (Los Angeles) vor Jahren gesehen haben. In Städten in aller Welt gibt es Aufruhr und Feuer ... Es gibt Plünderungen ...[35]

Ein guter Freund von Wilkerson hat mir gesagt, diese letzte Warnung sei nicht nur eine Vision oder ein Traum gewesen; Wilkerson habe ihm anvertraut, diese Botschaft, diese Warnung habe ihm ein Engel überbracht.

---

33 Ebd., 29.

34 David Wilkerson, „Be Alert! David Wilkerson's "latest" prophecy", Sermonindex. com, http://www.sermonindex.net/modules/newbb/viewtopic.php?topic_id=27878&forum=36&40 (Zugriff am 01.10.2014)

35 David Wilkerson Today (Blog), „An Urgent Message", 7. März 2009, http://davidwilkersontoday.blogspot.com/2009/03/urgent-message.html (Zugriff am 01.10.2014).

Man mag meinen, Wilkerson hätte danebengelegen, denn seine Ankündigung ist immer noch nicht eingetroffen. Allerdings treffen die wenigsten Warnungen umgehend ein: Wenn sich am Horizont eine große Krise zusammenbraut, gibt Gott den Menschen Zeit zur Umkehr, damit sie sich ihm zuwenden. So prophezeite Jesus die Zerstörung Jerusalems und des Tempels (Matthäus 23+24), aber es traf erst 40 Jahre später ein (30 n. Chr. bis 70 n. Chr.). Jeremia warnte seine Zeitgenossen, die Babylonier würden kommen und Jerusalem würde verwüstet. Dreiundzwanzig Jahre lang warnte er, bis die Babylonier schließlich ein Heer schickten, das Jerusalem einnahm.

Oder Elia: Er kündigte Isebel an, die Hunde würden ihr Fleisch fressen. Der Prophet verschwand von der Weltbühne, und Isebel dachte, Gott hätte die Weissagung vergessen. An Elias Stelle trat Elisa, und Jahre später sorgte ein anderer Gottesmann, Jehu, für die Erfüllung dieser Vorhersage: Er befahl, die böse Königin über die Mauer zu stürzen, wo wilde Hunde schließlich Elias Prophetie erfüllten (1. Könige 21,23; 2. Könige 9,33-37).

Zwischen einer Vorhersage, auch wenn es eine Prophetie der Bibel ist, und ihrer Erfüllung kann viel Zeit vergehen, besonders wenn die Erfüllung nicht innerhalb einer bestimmten Frist angekündigt ist.

Zurück zu meiner Vision von den Zwillingstürmen in Schwarz: Erst fünf Jahre später traf die Vision ein. Auch die Vision vom Ölleck bekam ich einige Jahre, bevor es geschah. Ein möglicher Grund für Verzögerung ist, dass die Warnung so viele wie möglich erreichen sollte, damit die Menschen beten und sich vorbereiten können. Warnungen geben den Gläubigen Zeit zur Fürbitte, was mitunter Leben retten und manchmal sogar das Ereignis auf ferne Zeit hinausschieben kann.

In der Apostelgeschichte sehen wir, dass man sich auf angekündigte Ereignisse vorbereiten kann: Gläubige verkauften ihr Eigentum und verteilten das Geld an die Armen in der Gemeinde. Warum sonst sollten Ananias (Apostelgeschichte 5,1–10) und Barnabas (Apostelgeschichte 4,36+37) in oder um Jerusalem herum Immobilien verkaufen und den Erlös unter die Witwen und Armen verteilen lassen, wo sie doch sicher auch Familien hatten?

Die Antwort finden wir vielleicht in den Aussagen Jesu in Matthäus 23 und 24; hier offenbarte Jesus, dass der Jerusalemer Tempel zerstört würde und kein Stein auf dem anderen bliebe, und Jerusalem würde verwüstet. Er warnte die Gläubigen, sie sollten aus der Stadt fliehen und nicht zu ihren Häusern zurückgehen (Matthäus 24,16-18). Aufgrund dieser deutlichen Warnung begannen die Gläubigen, ihre Immobilien zu verkaufen in dem Wissen, dass in der nächsten Generation (Matthäus 23,36) das alles keinen Wert mehr haben würde.

Gott gab ihnen reichlich Zeit – etwa 40 Jahre –, ihren Besitz zu verkaufen und die Stadt zu verlassen, bevor Jerusalem zerstört wurde. Die Christen nahmen sich die Warnungen Jesu zu Herzen, sie verließen Jerusalem und gingen auf die andere Seite des Jordans; dort lebten sie in Pella. Die meisten Warnträume oder -visionen werden gegeben, damit die Gläubigen Zeit bekommen zu planen, sich vorzubereiten und weise Entscheidungen zu treffen, bevor es zu spät ist.

Der letzte Traum meines Vaters

Sein ganzes Leben lang, seit er 17 war bis zu seinem Tod mit 78 Jahren, hatte mein Vater Fred die Gabe der Visionen und Träume – er sah Ereignisse, bevor sie eintraten. In einem Interview fragte Sid Roth mich, ob der Herr meinem Vater vor seinem Tod noch irgendetwas über die Zukunft offenbart habe. Sofort fiel mir einer seiner letzten Träume ein, und ich glaube, dass das eine Warnung vor einer Lebensmittelknappheit ist.

Solange ich denken kann, war mein Vater begeisterter Hobbygärtner; hinter dem Haus zog er Tomaten, Paprika, Zwiebeln und anderes Gemüse. In jener Nacht sah er im Traum drei Plastikbestecke, Gabeln und Messer. Das eine Besteck war tief in der Erde vergraben, die anderen beiden lagen obenauf. Er hatte sofort das Gefühl, dass er die Bedeutung verstanden hatte:

Das dreifache Besteck stand für die drei Hauptmahlzeiten Frühstück, Mittagessen und Abendessen. Dass ein Drittel vergraben war, zeigt eine Hungersnot, eine Naturkatastrophe oder eine andere unvorhergesehene Herausforderung, die ein Drittel der Nahrungsvorräte beträfe und es wären nur noch zwei Drittel da. Das war alles, er bekam keine Zeitangabe und auch keine weitere Erkenntnis darüber. Amerika ist der Brotkorb der Welt – was könnte hier bewirken, dass das Essen knapp wird?

Eine Möglichkeit wäre das Verschwinden von Hunderten Millionen Bienen, die für die Bestäubung sorgen. In Amerika und anderen Teilen der Welt sind 30-90 % der Arbeitsbienen dem Bienensterben zum Opfer gefallen.[36] Das macht der Landwirtschaft und der Lebensmittelindustrie wirklich Sorgen, denn ohne Bienen bleibt ein Drittel der Nahrungspflanzen unbefruchtet. Das Bienensterben kann viele Gründe haben, vielleicht sind es Pestizide oder Parasiten, vielleicht Stress, manche meinen auch, dass es die Funkbelastung sein könnte.

Im Alten wie im Neuen Testament lesen wir von Hungersnöten; in Apostelgeschichte 11 steht, dass ein Prophet namens Agabus eine weltweite Hungersnot ankündigte, was den Gläubigen Zeit gab, für die Gemeinden in Judäa Hilfsgelder zu sammeln (Apostelgeschichte 11,28+29). Oft muss Zeit vergehen, bis wir die Erfüllung einer Prophetie erleben; dann ist uns ihre Bedeutung klar.

Es könnte auch der Ausbruch eines Supervulkans sein. Ein großer Vulkanausbruch könnte der Landwirtschaft in aller Welt schweren Schaden zufügen, so schwer, dass viele verhungern müssen – mit unabsehbaren Folgen. Ein Supervulkan kann über Tausende von

---

36 Bryan Walsh, „Beepocalypse Redux: Honeybees Are Still Dying—and We Still Don't Know Why", Time, 7. Mai 2013, time.com/2013/05/07/beepocalypse-redux-honey-bees-are-still-dying-and-we-still-dont-know-why/ (Zugriff am 01.10.2014).

Kilometern hinweg Feuer spucken und eine weltweite Klimaveränderung bewirken. Es gibt mehrere solcher schlafender Riesen, einer der größten befindet sich im Yellowstone-Park.[37]

Wissenschaftler haben herausgefunden, dass der Magmavorrat des Yellowstone-Supervulkans mindestens zweieinhalbmal größer ist als bis dahin angenommen. Bevor diese Ergebnisse veröffentlicht wurden, sagten Wissenschaftler, wenn der Yellowstone-Vulkan ausbreche, würde ein Gebiet von der Größe Nordamerikas verwüstet, und sie prognostizierten eine jahrelange Verschlechterung und Abkühlung des Erdklimas; die Hälfte der USA würde von einem Meter Asche bedeckt werden.[38] Wohlgemerkt: nach dem *alten* Stand!

Die neuen Berichte der Seismologischen Gesellschaft von Amerika besagen, dass man annahm, die Magmakammer bestünde aus vielen kleinen Einheiten. Doch nun zeigen Studien, dass eine einzige Kammer etwa 80 km lang ist, 30 km breit und 10 km tief.[39] Dies könnte größte Verwüstung bedeuten; dabei hat die Studie noch keine konkreteren Erkenntnisse darüber, was sich im Untergrund tatsächlich abspielt. LiveScience berichtet: „Wissenschaftler nehmen an, dass auch in tieferen Schichten unter dem Yellowstone flüssiges Gestein lagert; diese Möglichkeit wurde in dieser Studie nicht berücksichtigt."[40]

Zudem würden Vulkanasche und -gase in der Atmosphäre die Sonne abhalten, ein weltweiter Temperaturabfall wäre die Folge. Der Yellowstone-Supervulkan befindet sich in einer Region mit

37 Remy Melina, „11 Wild Volcano Facts", LiveScience, 16. April 2010, http://www.livescience.com/11001-11-wild-volcano-facts.html (Zugriff am 01.10.2014).

38 Robert Roy Britt, „Super Volcano Will Challenge Civilization, Geologists Warn", LiveScience, 8. März 2005, http://www.livescience.com/200-super-volcano-challenge-civilization-geologists-warn.html (Zugriff am ß1.10.2014).

39 Ker Than, „Huge Magma Pocket Lurks Beneath Yellowstone Supervolcano", National Geographic, http://news.nationalgeographic.com/news/2013/12/131218-yellowstone-supervolcano-eruption-magma-Reservoir/ (Zugriff am 01.10.2014).

40 Becky Oskin, „Yellowstone's Volcano Bigger Than Thought", LiveScience, 17. April 2013, http://www.livescience.com/28821-yellowstone-supervolcano-bigger-plume.html (Zugriff am 01.10.2014).

hoher seismischer Aktivität; im Schnitt bebt die Erde hier vier- bis sechsmal am Tag. „Das größte Risiko in Yellowstone sind große Erdbeben", so James Farrell vom Analyse-Team an der University of Utah in Salt Lake City.[41]

DIE NEUESTE WARNUNG

In meinem Dienst war es immer ein wichtiger Moment, wenn ich ein Nachtgesicht über ein kommendes Ereignis empfing. Nicht immer verstand ich die Symbolik oder die volle Bedeutung; doch das letzte Nachtgesicht war sehr bemerkenswert, und noch jetzt, Monate später, steht es mir klar vor Augen.

In dieser Vision trug ich einen Stapel meiner Bücher in ein Zweifamilienhaus in einer amerikanischen Stadt. Durch das Wohnzimmerfenster konnte ich die riesigen Hochhäuser der Innenstadt sehen. Außen, direkt vor dem Haus, stand eine Frau und machte Fotos – offensichtlich eine Touristin.

Meine Frau und meine beiden Kinder kamen ins Wohnzimmer herein. Ich fragte meine Frau, ob sie etwas von ihren Schwestern gehört habe, sie waren auf dem Weg zu uns. In diesem Moment schaute ich zum Fenster hinaus über die Stadt und sah, wie sich am oberen Rand von einigen der Hochhäuser winzige schwarze Tornados bildeten. Plötzlich war da eine runde, scheibenförmige dunkle Wolke genau über der Stadt; der Himmel außenherum behielt sein strahlendes Blau. Ich klopfte ans Fenster, um die Frau draußen vor dem nahenden Unwetter zur warnen.

Dann raste ich ins Obergeschoss des zweistöckigen Hauses und schaute dort aus dem Fenster. Ich sah eine Straße mit einer riesigen Brücke über ein Gewässer; sie schien zur Stadt hinauszuführen und erst nach einigen Kilometern traf sie wieder auf Land.

In diesem Moment sah ich zwei geisterhafte Erscheinungen des World-Trade-Centers aus dem Wasser heraufkommen. Sie schienen zum Teil aus Licht zu sein und zum Teil durchscheinend;

---

41 Than, „Huge Magma Pocket Lurks Beneath Yellowstone Supervolcano".

langsam durchstießen sie die Wasseroberfläche und kamen weiter nach oben. Bevor sie aber so hoch waren wie das Original, verschwanden sie wie ein Dunst in der Luft. Sofort dachte ich an eine Terrorattacke und fragte mich, ob Terroristen diese Stadt ins Visier genommen hatten.

In diesem Moment geschah dreierlei: Ich sah, wie die Brücke erzitterte und dann ins Wasser fiel. Auf der Brücke sah ich ein Autobahnschild, darauf stand der Name einer Stadt an der Ostküste; mit der Brücke fiel auch dieses Schild ins Wasser. Nun bildete sich im Wasser plötzlich eine riesige Welle und strebte dem Ufer zu – wie ein Tsunami. Die Welle war stark und hoch genug, um über das Ufer zu treten und das Fenster, an dem ich stand, einzudrücken (im zweiten Stock!). Starr vor Schreck beobachtete ich, was weiter geschah. Ich war mir nicht sicher, ob Terroristen eine Brücke zerstören wollten oder ob das eine Naturkatastrophe sein sollte.

Man hat mich nach dem Namen der Stadt gefragt, der auf dem Schild stand, aber den möchte ich nicht nennen; ich bin nämlich nicht sicher, ob ich mich in dieser Stadt befand oder ob die Brücke zu dieser Stadt führte. Außerdem habe ich es schon öfter erlebt, wenn ich einen Staat oder eine Ortschaft genannt habe, dass ich am Telefon oder per E-Mail um mehr Informationen gebeten und nach meiner Meinung gefragt wurde. Ungewissheit bringt unbegründete Befürchtungen hervor, und die leiten zu unvernünftigen Entscheidungen aufgrund von eingebildeten Möglichkeiten und nicht aufgrund von Tatsachen. Deshalb sage ich vorerst nicht mehr als das, wozu ich die innere Freiheit habe: Es ist eine Stadt an der Ostküste, und in dieser Region gibt es große Brücken.

Manche Warnungen werden gegeben, um Leute zum Beten zu bringen, damit sie Gott um Erbarmen bitten, dass er den Angriff verhindert oder auffliegen lässt. Das sollte unsere erste Reaktion sein auf jeden Warntraum, jedes Warngesicht: Fürbitte tun, aufdecken oder verhindern, dass die Gefahr zur Realität wird.

Zu anderen Zeiten wird eine Warnung gegeben, um zu zeigen, dass Gott dem Menschen die Zukunft aufdecken kann, denn das kann beweisen, dass es Gott wirklich gibt und dass er die Geschicke der Menschen lenkt. Manches kann verhindert werden, anderes ist unabwendbar, aber wenn Gott uns das Kommende zeigt, ist es nie verkehrt, Fürbitte zu tun.

DER VERSUCHTE AUTOBOMBEN-ANSCHLAG IN NEW YORK

Was Fürbitte bewirken kann, erzählt Jerry Collins, ein befreundeter Pastor in Pulaski (Virginia). Im Mai 2010 war Jerry mit seiner Frau in New York; dort schlenderten sie über den Times-Square und die belebten Straßen der Innenstadt. Sie kamen an vielen geparkten Fahrzeugen vorbei, doch plötzlich hörten sie etwas wie Pistolenschüsse oder Feuerwerk. Beide waren überrascht und duckten sich. Sie hatten noch zwei Häuserblöcke bis zum Hotel, und unterwegs sahen sie jede Menge Polizisten mit Barrikaden und Laster mit noch mehr Barrikaden.

Jerry erzählt: „Wahrscheinlich sperren sie die Straße für eine Filmaufnahme, dachten wir uns. Wir schafften es zum Hotel und zogen uns um, denn am Abend wollten wir eine Broadway-Show besuchen. Als wir wieder zum Times-Square gingen, standen überall Barrikaden.

Ich fragte einen Polizisten, was da los war, und der meinte, es habe eine Bombenwarnung gegeben. Ich erzählte ihm von den lauten Geräuschen, die ich vorher gehört hatte; daraufhin zeigte er auf einen schwarzen Edel-Geländewagen und fragte, ob mir etwas aufgefallen sei. Offensichtlich waren wir der Autobombe, die nicht losgegangen war, auf zwölf Meter nahegekommen!"

Wäre sie explodiert, wären Pastor Collins und seine Frau direkt getroffen und schwer verletzt oder gar getötet worden.

Wieder zu Hause, erfuhren sie, dass zwei ihrer Fürbitter eine schwere Gebetslast gespürt hatten; sie mussten für ihn und seine Frau beten, weil sie am Vortag und am Tag des Anschlags eine große Gefahr spürten. Die beiden traten in den Riss (Hesekiel 22,30) und beteten um Gottes Schutz für ihren Pastor. – Das hat Jerry mir persönlich erzählt, und ich bin sicher, dass das Gebet der Fürbitter diesen Anschlag vereitelt hat.

MARYS BOTSCHAFT FÜR EISENHOWER

1982 predigte ich in einer Evangelisation für Pastor Joe Edwards in der „Church of Christ"-Gemeinde in North Cleveland. Zu seinen Mitarbeitern gehörte ein ehrenwerter älterer Pastor, Dr. C. E. French. Eines Abends nach dem Gottesdienst erzählte mir Dr. French eine erstaunliche Geschichte aus den 1960er-Jahren; damals predigte er für Pastor Jack Matthews, der 1960-1965 Gemeindepastor der „Church of God" in Wrens (Georgia) war:

Eines Sonntagmorgens begegneten Dr. French und seine Frau einer 98-jährigen Dame namens Mary Rouse, sie war ein treues Gemeindeglied und mit einem Methodistenpastor verheiratet. Sie arbeitete als Lehrerin, aber ihre geistliche Berufung war die einer Fürbitterin; jeden Tag verbrachte sie Stunden im Gebet.

Mary und ihr Mann luden French und Pastor Matthews zum Mittagessen zu sich nach Hause ein. Mary kam aus der Küche, sah French an und platzte heraus: „Gott hat mir heute etwas über Sie gesagt." French fragte: „Und was hat er gesagt?" Fast schon wieder in der Küche, schoss Mary zurück: „Wenn Sie ihm wirklich nahe wären, hätte er es Ihnen selber gesagt!" Der Ehemann beeilte sich, die Situation zu entschärfen, und erzählte French etwas aus ihrem Leben.

Und nun, 1982, erzählte French es mir: Viele Jahre zuvor war Mary im Gebet, und im Traum sah sie Präsident Eisenhower in einem mitternächtlichen Geheimtreffen im Weißen Haus; mit dem Präsidenten der Türkei und einem anderen ausländischen hohen Politiker beriet er über Unruhen im Nahen Osten. Der Herr sagte ihr, Eisenhower würde einen Geheimvertrag mit diesen beiden Ländern unterzeichnen, und das wäre die falsche Entscheidung.

So nahm die einfache Beterin Mary Verbindung auf zum Weißen Haus und sprach mit der Vorzimmerdame – detailliert gab sie wieder, was in ihrem Traum der Präsident bei einer Geheimverhandlung alles gehört und gesagt hatte. Kurz darauf stand der Geheimdienst vor der Tür und wollte wissen, woher sie das alles wüsste; ihre Informationen waren so akkurat gewesen, dass man sie für eine Spionin der Türkei hielt! Nach einer langen Befragung ließen die Besucher sich dann doch überzeugen, dass Mary ihre Informationen wirklich im Gebet erhalten hatte.

Ihre Warnung wurde an Eisenhower weitergegeben, und der änderte seine Pläne und unterzeichnete das Geheimabkommen nicht. Dass Leute von der Regierung bei Mary waren, stand dann sogar in der Lokalzeitung, und Marys Ehemann zeigte Dr. French Postkarten von der First Lady, auf denen sie Mary für ihr Gebet dankte.

DER TRAUM VON DEN VÖGELN MIT VORHÄNGESCHLÖSSERN

Vor 1960 hatte Mary einen Traum über die Zukunft; sie sagte voraus, dass der nächste Präsident Katholik sein würde. In einem Traum sah sie die Kuppel des Weißen Hauses in Washington umgeben von schwarzen Vögeln mit Vorhängeschlössern im Schnabel. In der Schrift können Vögel ein Bild für böse Geister sein, die den Samen des Wortes Gottes aus dem Herzen des Menschen stehlen (Matthäus 13,3-9).

Die Bedeutung war: Es kommt eine Zeit, wo man versucht, jeder protestantischen Kirche in Amerika den Mund zu verbieten. Diesen Traum hatte sie vor 1960; damals schien das nahezu unmöglich! Wahrscheinlich hätten viele Christen einfach nur gelacht. Doch seit dieser Zeit ist Amerika zu einem postchristlichen Land geworden; das wahre Christentum ist im Niedergang begriffen und das Interesse an der Wahrheit der Bibel versinkt in einem Pfuhl des Unglaubens.

Heute herrscht in den Universitäten unseres Landes ein sehr liberaler, antichristlicher Geist; er manipuliert das Denken vieler Menschen. Die Studenten werden später zu Lehrern, Journalisten, Reportern und Anwälten oder sie schließen sich politischen Bewegungen an, die Einfluss auf die Gesetze nehmen. Keine Frage: Unsere Medien sind voll von Profis, deren Überzeugungen den Werten und Anweisungen der Bibel widersprechen. So mancher von ihnen würde jubeln, wenn diese „intoleranten frommen Dumpfbacken" für immer zum Schweigen gebracht würden und in den Parlamenten nichts mehr zu sagen hätten, besonders wenn es um Themen geht wie Abtreibung oder „Fragen des gleichgeschlechtlichen Lebensstils".

So wird eine ganze Generation gehirngewaschen, bis sie glaubt, Amerika müsse von Grund auf verändert werden; dazu müsse man die alten Glaubensfundamente zerbrechen und an ihre Stelle eine neue Grundlage der Neuen Weltordnung setzen. – Wie konnte Marys Traum sich erfüllen?

Erstens kann man Gesetze beschließen, die religiöse Organisationen einengen. Das sehen wir bei der Krankenversicherungspflicht: Die Regierung verlangt von christlichen Organisationen, dass sie ihren Mitarbeitern Verhütungsmittel und Abtreibungspillen bezahlen. Wie kann man so etwas verlangen, das dem Kern ihrer Lehren so extrem widerspricht?

Dieses Gesetz ist das erste in der gesamten Geschichte der USA, in dem die Regierung bewusst die Überzeugungen einer wichtigen Religionsgemeinschaft überfährt. Kurz gefasst besagt es: „Euer Glaube kümmert uns nicht – wir können und werden Gesetze machen, die ihm widersprechen, und wenn ihr nicht gehorcht, schließen wir eure Krankenhäuser und eure Unternehmen." Nach einem Aufschrei wurde einiges geändert, aber für viele sind die Kompromisse immer noch unannehmbar. Sie wissen ja: Heute die Katholiken, morgen die Protestanten und zuletzt die Juden.

Was ich sonst noch von Mary erfuhr, passte so genau, dass ich mich fragte: Was könnte dazu führen, dass Gemeinden schließen müssten?

Nun, zum Beispiel, wenn eine Gemeinde ihre Hypothek nicht mehr bedienen kann. Es ist noch nicht lange her, dass etwa dreitausend Gemeinden in einem Jahr ihre Raten nicht mehr zahlen konnten, es waren hauptsächlich protestantische Gemeinden in und um Atlanta (Georgia). Mehrere Mega-Gemeinden mussten schließen oder ihr Zentrum verkaufen, weil sie ihre Kredite nicht mehr bedienen konnten.

In Maryland wurde dem Pastor einer großen Gemeinde mitgeteilt, die Zentrale der Bank habe Anweisung gegeben, christlichen Gemeinden keine großen Kredite mehr zu gewähren. Eine andere Gemeinde in Maryland hatte jede Rate immer pünktlich bezahlt, aber plötzlich wurde ihr Kredit „eingezogen". Monatelang suchten sie nach einem neuen Hypothekengeber; dabei hätten sie beinahe ihr Zentrum verloren, das viele Millionen Dollar wert war.

Viele große Gläubiger sind nun zu Marionetten geworden, deren Fäden von den neuen Gesetzen gezogen werden; Banken werden von der Regierung oder den Landesbanken unter Druck gesetzt, ihre Kredite zurückzuziehen.[42]

In der Rezession von 2008 hörte ich von vielen Pastoren, dass die Spenden massiv zurückgingen, ob sie nun 300 Gemeindeglieder hatten oder 35 000: Weil ihre Leute entlassen wurden oder in Kurzarbeit waren, gingen die Einnahmen der Gemeinden um 20 % zurück, in manchen Gegenden sogar um 60 %.

Wenn solch ein Einbruch monatelang anhält und die Hypotheken nicht mehr bedient werden, kann das eine Bank schließlich dazu bewegen, einzuschreiten und ihre Kredite fristlos zurückzufordern mit dem Ergebnis, dass Gemeinden ihre Immobilien verlieren. Christliche Gemeinden leben vom Zehnten und Opfer, und wenn die Wirtschaft wankt, gelten Bauprojekte von christlichen Gemeinden als risikoreich. Ohne größere Kredite wagt es kaum eine Gemeinde, ein Bauprojekt anzufangen oder zu vollenden.

―――――――――――――
42 Der Autor hörte diese Berichte in persönlichen Gesprächen mit befreundeten Pastoren.

Unser Dienst hat von Anfang an beschlossen, keine Kredite aufzunehmen; denn wo Schulden sind, ist der Schuldner der Knecht des Gläubigers (Sprüche 22,7). Schulden drücken auf Werke und Gemeinden; sie müssen ein gewisses Einkommen erzielen, um ihren Verpflichtungen nachzukommen. Aber es geht auch anders: Man gibt nicht mehr aus, als man einnimmt, oder man spart auf künftige Vorhaben; so können Werke Grundstücke, Technik und Gebäude bezahlen, ohne sich für Jahrzehnte monatliche Zins- und Tilgungsraten aufzubürden.

Das dritte Szenario, das jede Gemeinde schwer treffen würde, wäre ein Ende der Steuerbefreiung für Gemeinden oder Dienste. Das wäre einfach zu bewerkstelligen; man müsste nur ein neues Steuergesetz erlassen. Zurzeit sind christliche Gemeinden als gemeinnützig anerkannt; Spenden können also von der Steuer abgesetzt werden. Jetzt wird in Washington diskutiert, den Kirchen und Gemeinden diese Steuerbefreiung zu entziehen, um von ihren Gemeindegliedern mehr Steuern verlangen zu können. Es wird darüber gesprochen, auch auf Gemeinde-Immobilien und Pfarrhäuser Grundbesitzsteuer zu erheben.

Unser Werk „Voice of Evangelism" erzielt keine Gewinne; trotzdem mussten wir in nur einem Jahr über 60 000 Dollar Grundbesitzsteuer bezahlen. Unser Einkommen fließt in unseren Dienst. Wir sind mehrfach vor Gericht gezogen, aber der Fall kam jedes Mal vor denselben liberalen Richter, und jedes Mal wurden wir abschlägig beschieden. Es hieß, da unsere Spenden niedriger seien als das Einkommen, das wir durch Verkäufe erzielten, müssten wir für beide Gebäude Grundbesitzsteuer bezahlen (ungeachtet dessen, dass wir in manchen Jahren für unsere Projekte mehr ausgaben, als wir Einnahmen hatten).

Mit den Steuern, die uns abgepresst werden, könnten wir im Ausland Gemeindehäuser bauen oder unsere fünf Missionare unterstützen, die in anderen Erdteilen Großevangelisationen durchführen.

Die liberalen Linken wollen, dass christliche Gemeinden Steuern zahlen. Wenn sie ihre neuen Gesetze durchbringen, wird das für viele Gemeinden das finanzielle Aus bedeuten, besonders in den Innenstädten oder wenn sie hohe monatliche Ausgaben haben.

In Marys Traum saßen die Vögel auf der Kuppel des Weißen Hauses, und ihre Schnäbel waren mit Vorhängeschlössern zugesperrt. Jedes Gesetz, das beschlossen wird, muss bestätigt werden von den Gewählten, die im „Haus des Volkes" sitzen, erst dann tritt es in Kraft. Diese drei Möglichkeiten zusammengenommen sind durchaus denkbar, und wenn die Gläubigen schweigen, verlieren wir unsere Autorität und unseren Einfluss und können nicht verhindern, dass die Mächtigen unsere Schnäbel mit Vorhängeschlössern verschließen.

Die Vorhängeschlösser in den Schnäbeln der Vögel sind auch ein Bild für den Versuch, Prediger zum Schweigen zu bringen, die das Evangelium verkünden. In der Offenbarung an Johannes lesen wir die Prophetie über einen falschen Propheten, der als Lamm mit zwei Hörnern auftritt – das bedeutet: Er steht für ein falsches Christentum. Die beiden Hörner zeigen, dass zwei große Religionen ihn anerkennen; das könnten der Islam und die abgefallene Christenheit sein (Offenbarung 13,11-16).

Wenn ein demokratisches Land zur Diktatur wird, wird keiner den neuen Regeln und dem Druck entkommen können. Aber Gott ist mit seinem Volk und seiner Gemeinde, und wenn nicht einmal die Tore der Hölle gegen sie bestehen können, kann es auch keine Regierung. Die wahre Gemeinde frisst ihre Feinde wie Brot, die Widerstände sind ihr Brennstoff zum Seelengewinnen. Jesus hat die Schlüssel des Todes und der Hölle, und er hat auch die Schlüssel zu jedem Vorhängeschloss, das Menschen an die Münder seiner Diener hängen wollen.

SIEBEN PROPHETISCHE VISIONEN VON 1933

Ich sage es noch einmal: Manche Vorhersagen können durch Gebet geändert werden. Da waren zum Beispiel die 185 000 Assyrer, die Jerusalem belagerten und zerstören wollten. In der Nacht vor dem Angriff beteten Jesaja und Hiskia ernsthaft miteinander, und am Morgen lag das ganze Heer der Assyrer tot da (2. Könige 19). Andere prophetische Warnungen der Bibel hingegen, zum Beispiel die Prophetien über die „Zeit des Endes" und die letzten Tage, werden so eintreffen, wie es angekündigt ist.

Mein Vater bekehrte sich zu Jesus in einer Erweckung, die über drei Jahre lang anhielt; die Gläubigen kamen jeden Abend zusammen. Vom Beginn seines Dienstes an gab ihm der Heilige Geist eine Gabe der Träume und Visionen; oft betete er stundenlang. Sein Dienst begann zur gleichen Zeit wie die „Heilungserweckung". In jener Zeit berief Gott viele Männer, und manche segnete er mit einzigartigen Gaben, die sie von „normalen" Predigern unterschieden.

Ein ziemlich umstrittener Prediger seiner Zeit war William Branham. Mein Vater ist ihm nie begegnet, aber ich habe mit vielen gesprochen, die Branham persönlich kannten, mit ihm zusammenarbeiteten und seinen Dienst erlebt hatten, zum Beispiel mit seinem Organisten. Branhams heutige Kritiker lesen oft voreingenommene Internet-Blogs von Leuten, die ihn nicht kannten; ihre einseitigen Meinungen gründen sie auf Lehrfragen oder auf das, was einige seiner Nachfolger taten.

Branham war ein Leiter in der Welle der Heilungserweckungen der 1940er- und 1950er-Jahre in Amerika; diese wiederum waren der Same, der in den 1960er-Jahren zur charismatischen Bewegung wurde. Branham war ein kleiner, demütiger Diener Christi mittleren Alters; sein Leben war voll von außergewöhnlichen, übernatürlichen Gottesbegegnungen. Gäbe es nicht Augenzeugen und enge Freunde, die sich persönlich für deren Echtheit verbürgten, so manches Wunder schiene zu weit hergeholt.

Eine seiner bemerkenswertesten Gottesbegegnungen hatte Branham eines Morgens im Juni 1933. Branham sollte predigen in einer gemieteten Halle in Jeffersonville (Indiana). Gerade wollte er aufstehen und ans Pult gehen, da offenbarte der Herr ihm in sieben aufeinanderfolgenden offenen Visionen, was vor der Wiederkunft Christi geschehen würde. Das meiste davon ist bereits erfüllt, manches steht noch aus. Ich gebe sie in der Reihenfolge wieder, wie sie aufgeschrieben wurden.

1. Branham sah und verkündete öffentlich, Benito Mussolini würde in Italien einen faschistischen Staat gründen und Äthiopien angreifen (diese Vision traf gut zwei Jahre später ein). Branham sagte, der Diktator würde eines fürchterlichen Todes sterben, und sein Volk würde auf seine Leiche spucken.[43] – Das wurde erfüllt am 28. April 1945; Mussolini wollte sich in die Schweiz absetzen, wurde aber gefasst, erschossen und kopfüber aufgehängt. Sein eigenes Volk spuckte auf seine Leiche!

2. In der zweiten Vision sah er den Westwall (auch: Siegfried-Linie), das war fünf Jahre vor dessen Bau. Er sah, dass Adolf Hitler Deutschland in einen Weltkrieg führen würde, und in diesem Krieg würden viele Amerikaner ihr Leben verlieren. (In einer späteren Vision sah Branham, dass Roosevelt Deutschland den Krieg erklären würde und daraufhin für eine vierte Amtszeit wiedergewählt würde.) – Alles traf ein.[44]

3. Die dritte Vision zeigte drei große „-ismen": Faschismus, Nationalsozialismus, Kommunismus. Die ersten beiden würden untergehen, der Kommunismus würde blühen.

---

43 Williambranham.com, „1933 7 Visions of William Branham", http://www.william-branham.com/featured_stories/1933-7-visions-of-william-Branham/ (Zugriff am 02.10.2014).

44 Ebd.

Eine Stimme sagte ihm, er solle auf Russland achten, denn Faschismus und Nationalsozialismus würden im Kommunismus enden.[45]

4. Die vierte Vision sagte voraus, gleich nach dem Krieg würde die Technik große Fortschritte machen; Branham sah eiförmige Autos und ein ferngesteuertes Auto mit einer Plastikblase auf dem Dach. Der Fahrer drehte sich um und begann, mit den Leuten auf dem Rücksitz zu spielen. – Diese Art Auto ist bereits erfunden, und eines Tages wird es selbstfahrende Autos geben. Ich habe ein Fahrzeug mit Bildschirmen auf der Rückseite der Kopfstützen; die Kinder können damit spielen oder Videos anschauen. Diese Technik gab es erst 65 Jahre nach Branhams Vision.[46]

5. Die fünfte Vision, die er 1933 hatte, zeigte Frauen: Branham sah den Niedergang der Frauen in Amerika – sie würden sich auf ungute Affären einlassen, ihr Haar kurz schneiden und Männerkleidung tragen. Dann sah er nackte Frauen, die sich nur dürftig bedeckten mit winzigen Schürzchen von der Größe eines Feigenblatts (damals gab es noch lange keine Bikinis); andere trugen Kleidung, die viel zu viel Haut zeigten.[47]

6. In der sechsten Vision sah er eine Frau, die in den USA an die Macht kam. Branham wörtlich:

Denkt daran, an dem Tag, bevor das Ende kommt: bevor die Endzeit kommt, dass eine Frau ... Schreibt das alles auf: Eine starke Frau wird aufstehen, sie wird entweder Präsident oder Diktator oder sonst eine große, mächtige Frau in den Vereinigten Staaten. Und sie [Amerika] wird sinken unter dem Einfluss von Frauen.[48]

---

45 Ebd.

46 Ebd.

47 Ebd.

48 Branham.it, „Prophecies of the End Time", http://www.branham.it/joomla/documenti/lingue/prophecies.html (Zugriff am 02.10.2014).

31 Jahre später, am 26. Juli 1964, bemerkte Branham in einer Predigt:

Die Sittlichkeit unserer Frauen wird so tief sinken, dass sie allen Völkern ein Abscheu sind. ... Ich sehe eine Frau in den Vereinigten Staaten aufstehen, sie ist wie eine große Königin oder so etwas. Und sie war schön anzuschauen, aber in ihrem Herzen war sie böse. Sie gab Amerika den Schritt vor – Amerika folgte ihren Fußstapfen.[49]

Die ersten fünf Prophetien sind sehr genau (ebenso wie unzählige Worte der Erkenntnis, die Branham bekam); alle, die diese Visionen kannten, bestanden darauf, dass sie wörtlich ausgelegt wurden und nicht allegorisch.

Über diese, die sechste Vision habe ich mit einem Diener Gottes gesprochen, der William Branham persönlich kannte und ihn auf seinen Reisen begleitete. Branham glaubte, diese Vision könne möglicherweise auf einen „Geist der Isebel" anspielen, der in der Zukunft die Gemeinde und das Land übernehmen würde. Als Branham diese Vision aufschrieb, bemerkte er in Klammern, dass diese Frau für den Aufstieg der katholischen Kirche stehen könnte. Er glaubte, sie sei vielleicht die Frau in Offenbarung 17, die auf dem Tier reitet.

Andere unterstreichen die Wortwahl in der Vision: „ein Präsident oder Diktator oder sonst eine große, mächtige Frau". Diese Worte sprechen nicht nur von einem „Geist" oder einer Weltreligion, sondern von einer Frau aus Fleisch und Blut, die vor der Wiederkunft Christi in Amerika große Macht haben wird. Laut dieser Vision wird Amerika in der Zeit, in der diese Frau an der Macht ist, sittlich und geistlich sinken.

---

49 Promised Restoration, „Broken Cisterns", 26. Juli 1964, http://www.en.branham.ru/ messageedcc.html?sermonum=1061 (Zugriff am 15.10.2014).

Wohlgemerkt, all dies muss geschehen, bevor das Ende kommt. Dabei heißt es nicht zwangsläufig, wenn eine Frau zum Präsidenten gewählt wird, dass sie dann genau die Frau in dieser Vision wäre; es wird für Frauen noch viele Wahlen und Gelegenheiten geben, die sie an die Macht bringen können. Da die anderen Visionen sich so genau erfüllt haben, werden wir wohl auch diese noch erfüllt sehen.

Auch die Bibel spricht von einer mächtigen Frau, die ein ganzes Volk lenkte – Isebel, die Frau von König Ahab. König in Samaria war eigentlich ihr Ehemann, aber Isebel zog die Fäden. Sie richtete ihren Hass auf den ultrakonservativen Propheten Elia, der auf dem Karmel ihre 450 Baalspropheten herausforderte. Weiter lesen wir, dass Ahab sein Amt verlor (durch den Tod), aber Isebel blieb an der Macht und lebte im Elfenbeinhaus (1. Könige 22,39). Sie wähnte sich sicher in ihrem Elfenbeinpalast, und doch wurde sie gestürzt und ein anderer nahm ihren Platz ein (2. Könige 9,30-37).

Während der Herrschaft von Ahab und Isebel wurde der Prophet Elia ihnen zum Stachel im Fleisch, er brachte beider Bosheit ans Licht und warnte die Israeliten, sich nicht in zwei Meinungen spalten zu lassen. Elia ging in den Himmel (2. Könige 2,1-11) und Isebel bekam es mit Elisa zu tun, der einen doppelten Anteil von der Salbung Elias erhalten hatte (2. Könige 2,10-15).

Gott wird auch in diesen letzten Tagen immer eine *Stimme* haben, ein *Volk*, einen *Überrest*, besonders in Amerika. Nur die Zeit wird zeigen, wie diese sechste Vision verwirklicht wird. – Wenn die sechste Vision erscheint, taucht die siebte am Horizont auf, und sie ist die erschreckendste von allen.

7. In der siebten und letzten Vision sah Branham eine schwere Explosion, die das ganze Land zerstörte und die USA in Schutt und Asche legte. So weit sein Auge reichte,

sah Branham Krater und rauchende Schutthalden.[50] Er sagte, dass er dort keine Menschen sah; dann verblasste die Vision. – Im Lauf der Jahre haben viele Männer und Frauen Gottes diese Art der totalen Zerstörung gesehen. Es könnte ein großer Bürgerkrieg sein, aber wahrscheinlicher ist diese Verwüstung das Ergebnis schwerer Terrorangriffe von islamischen Ländern, einer Invasion durch Russland oder China oder schwerer Vulkanausbrüche.

In der Prophetie der Bibel ist von Amerika nicht ausdrücklich die Rede; aber das passt zu den Weissagungen der Bibel über die Heidenvölker, zum Beispiel zu diesen:

- Könige werden sich vor ihm (dem Messias) niederwerfen, alle Völker werden ihm dienen (Psalm 72,11).

- Das Haus des Herrn wird festgegründet stehen und die Völker werden zu ihm strömen (Jesaja 2,2).

- Der Herr ist zornig über alle Völker und ergrimmt über ihr ganzes Heer (Jesaja 34,2).

- „… da werde ich alle Heidenvölker versammeln und sie ins Tal Josaphat hinabführen" (Joel 4,2).

- „Ich werde alle Heidenvölker erschüttern" (Haggai 2,7).

- „Die Völker haben sich im Zorn gegen dich aufgelehnt. Darum trifft sie jetzt dein Zorn" (Offenbarung 11,18 HFA)

Wenn Gott die Gerichte der Trübsalszeit auf die Erde ausgießt, werden manche davon nur bestimmte Gegenden treffen; in der Offenbarung lesen wir, dass in einer Region ein Drittel des Grases, der Bäume und des Wassers geschlagen werden (Offenbarung 8,7). Doch wird es auch ein Erdbeben geben, das alle Länder erschüttert:

---

50 Williambranham.com, 1933, „7 Visions of William Branham".

„Und ein großes Erdbeben geschah, wie es dergleichen noch nie gegeben hat … Und die große Stadt wurde in drei Teile zerrissen, und die Städte der Heidenvölker fielen" (Offenbarung 16,18+19). Dieses weltweite Erdbeben wird die ganze Erde erschüttern und nicht nur eine bestimmte Gegend – also auch Amerika.

Die Bibel sagt uns, dass der Heilige Geist Anweisungen geben und warnen kann durch Träume, Visionen und inspirierte Einsicht. Sie sagt uns, wir sollten Prophetie nicht verachten (1. Thessalonicher 5,20); deshalb sollten wir diese Warnungen sorgfältig erwägen. Der Prophet Joel kündigte an, in den letzten Tagen würde Gott Visionen und Träume geben (Joel 3,1+2). Diese Träume dienen zur Anweisung, sie geben Richtung und sie warnen.

Nicht jeder Traum und nicht jede Vision ist eine Warnung oder Anweisung von Gott; wir brauchen Weisheit und Verständnis, um Träume und Visionen und ihre Bedeutung zu unterscheiden und korrekt zu erkennen. Ein wahrhaft geistlicher Traum enthält oft biblische Symbolik; diese muss dann in Übereinstimmung mit der Bibel ausgelegt werden. Die Zeit wird weisen, was die Visionen und Träume bedeuten; aber wir sollten nicht vergessen, dass Gott auch heute noch durch Visionen und Träume zu uns spricht. (Mehr dazu in meinem Buch „How to Interpret Dreams and Visions".)

Träume, Visionen und prophetische Worte sind niemals auf derselben Ebene gottgewirkter Inspiration anzusiedeln wie die Heilige Schrift. Und doch hat Gott seinen fortschreitenden Willen schon immer seinen Kindern mitgeteilt, und das wird er auch weiterhin tun – in jeder Generation wird er sie Gerechtigkeit lehren. In diesem Wissen wollen wir nun sehen, welche Serien und Zyklen wir bei früheren Präsidenten und Politikern finden können.

6

Erstaunliche Parallelen bei US-Präsidenten und anderen Grossen dieser Welt

Im September 1960 erschien eine kleine Broschüre von Gordon Lindsay mit einer interessanten Frage: „Was ist mit dem neuen Präsidenten? Wird auch er während seiner Amtszeit sterben? Dieses Buch hilft Ihnen herauszufinden, was kommt." In seinem Buch zeigte Lindsay eine ziemlich bizarre Serie, die er bei US-Präsidenten entdeckt hatte, die in einem Zehner-Jahr gewählt wurden, den „Fluch der Präsidenten-Null". In seiner Broschüre stellte Lindsay fest: „Wenn dieses Präsidentenmuster so weitergeht, wird der Präsident, der 1960 gewählt wird, irgendwann zwischen 1961 und 1969 sterben."[51] Lindsay sollte recht behalten: Der Präsident, der 1960 gewählt wurde – John F. Kennedy –, wurde in Dallas (Texas) heimtückisch erschossen; der Mörder hatte sich im Dachgeschoss eines Schulbuchdepots versteckt.

Diese seltsame Serie wurde erstmals veröffentlicht nach dem Tod Roosevelts; doch fand sie kaum Beachtung – bis zum Tod von John F. Kennedy. Nach dem Anschlagsversuch auf Ronald Reagan tauchte sie wieder auf; Reagan war in einem erdrutschartigen Sieg 1980 gewählt worden – ein weiteres Zehner-Jahr.

Ein guter Freund von mir, Lewis Mason, war während der Präsidentschaft Reagans im Geheimdienst tätig; er ist ein geisterfüllter Christ. Ich fragte ihn, ob man dort von dieser „Zehner-Jahr-Serie" gewusst habe. Ein paar Christen hätten davon gehört, antwortete Mason, aber soweit er wisse, sei das niemals ernsthaft erörtert worden.

---

51 Gordon Lindsay, God's Plan of the Ages: As Revealed in the Wonders of Bible Chronology (Dallas: Christ for the Nations, 1971).

Diese seltsame Serie scheint begonnen zu haben mit dem Tod von Veteranen aus dem Unabhängigkeitskrieg: Drei der ersten Präsidenten, die die Unabhängigkeitserklärung unterzeichneten, starben am 4. Juli. John Adams und Thomas Jefferson starben sogar am selben Tag, am 4. Juli 1826, genau fünfzig Jahre nach der Unterzeichnung. Fünf Jahre später war James Monroe an der Reihe, er starb am 4. Juli 1831. Henry Harrison wurde 1840 zum Präsidenten gewählt. Bei seiner Amtseinführung, es war ein bitterkalter Tag, holte er sich eine schwere Erkältung, die sich zu einer Lungenentzündung auswuchs – und starb einen Monat später. Harrison war der erste amerikanische Präsident, der im Amt starb.[52]

ABRAHAM LINCOLNS TRAUM

Zwanzig Jahre vergingen, und 1860 wurde Abraham Lincoln zum Präsidenten gewählt. Zuvor lebte er in Springfield (Missouri) und befreundete sich mit Rev. James Smith, dem Geistlichen der Presbyterianer in Springfield. Smith erinnert sich, dass er dem jungen Anwalt sein Buch „The Christian's Defense" gegeben hatte; dieser las es mehrmals. Rev. Smith sagte:

Von da an kam Mr. Lincoln regelmäßig zum Gottesdienst und sogar zu den Gebetstreffen und den Evangelisationen.[53]

Nach seiner Ernennung zum Präsidenten sagte Lincoln in Springfield in seiner Abschiedsrede:

---

52 Miller Center, „Präsident Harrison Dies–April 4, 1841", University of Virginia, http://millercenter.org/academic/americanpresident/events/04_04 (Zugriff am 02.10.2014).

53 Gordon Lindsay, America's Presidents and Destiny (Dallas: Voice of Healing, 1960); Viola Walden, Hg., Sword Scrapbook I (o. S.: Sword of the Lord Publishers, 1969). Online eingesehen auf Google Books.

Wenn nicht der große Gott, der ihm [General George Washington] beistand, mit mir ist und mir hilft, muss ich scheitern; aber wenn derselbe allwissende Geist und derselbe allmächtige Arm, der ihn geführt und geschützt hat, auch mich leitet und unterstützt, dann werde ich nicht scheitern, ich werde Erfolg haben.[54]

Lincoln glaubte, in Träumen und Omen könne man künftige Ereignisse vorhersehen. Am Tag, nachdem er gewählt wurde, kam er nach Hause und warf sich auf sein Sofa. An der Wand gegenüber stand eine Kommode mit einem verstellbaren Spiegel; in diesem Spiegel sah er ein Spiegelbild von sich selbst mit einem Körper, aber zwei Köpfen, und einer der Köpfe war sehr bleich. Lincoln sprang auf und das Trugbild verschwand. Doch als er sich wieder zurücklehnte, sah er im Spiegel dasselbe Bild, nur war es dieses Mal deutlicher. Er erzählte seiner Frau, was er gesehen hatte, und sie deutete ihm das Omen so: Er würde für zwei Amtszeiten gewählt werden, aber das bleiche „Todes-Gesicht" bedeute, dass er das Ende seiner zweiten Amtszeit nicht erleben würde.[55]

Gegen Ende des Bürgerkriegs sah Lincoln im Traum einen Sarg im Weißen Haus und Tausende, die schluchzten und weinten. Er fragte, wer gestorben sei, und die Antwort war: „Der Präsident."[56] Von da an spürte er, dass sein Tod nahe war. Am 14. April 1865, es war Karfreitag, besuchte Lincoln mit seiner Frau eine Vorstellung im Ford's Theatre und der Schauspieler John Wilkes Booth schoss dem Präsidenten hinter das linke Ohr in den Kopf. Lincoln verlor sofort das Bewusstsein, lebte aber noch neun Stunden.

Wenn man sich näher mit dem Leben Lincolns befasst, kommt man zu dem Schluss, dass er erst nach seinem Tod erkannt und geschätzt wurde. Vor seinem vorzeitigen Abscheiden dachte seine eigene Partei, die Republikaner, sogar laut darüber nach,

---

54 Ronald C. White Jr., The Eloquent President (New York: Random House, 2006).

55 Dale Carnegie, Lincoln the Unknown (New York: Dale Carnegie and Associates, 1932).

56 Ward Hill Lamon, Dorothy Lamon Teillard, Hg., Recollections of Abraham Lincoln 1847–1865 (Washington DC: Veröffentlicht vom Herausgeber, 1911).

einen anderen Präsidenten zu wählen! Unter der Regierung Lincoln wurde durch die Emanzipations-Proklamation der Geist der Sklaverei im Land gebrochen; aber es sollte noch über ein Jahrhundert dauern, bis nach dem Tode Kennedys der Geist des Rassismus in Amerika sichtbar auf dem Rückzug war.

JAMES GARFIELD – ZUR FALSCHEN ZEIT AM FALSCHEN ORT

Zwanzig Jahre nach Lincoln wurde James Garfield zum Präsidenten gewählt, das war 1880 – wieder in einem Zehner-Jahr. Beim vorangehenden Landesparteitag der Republikaner bekam er im ersten Wahlgang keine einzige Stimme, in den nächsten vier Wahlgängen nur eine. Doch dann wurde er in einem Erdrutsch-Sieg doch noch Präsidentschaftskandidat!

Drei Monate später, nun schon gewählter Präsident, wurde Garfield am Bahnhof Washington erschossen von einem verzweifelten Möchtegern-Politiker namens Charles Guiteau. Wieder einmal hatte die schreckliche Zwanziger-Serie zugeschlagen.[57]

WILLIAM MCKINLEY UND DIE „PAN-AMERICAN EXPOSITION"

Die Zwanzig-Jahre-Serie ging ungebrochen weiter: 1900 wurde William McKinley 25. Präsident der Vereinigten Staaten. Auf der „Pan-American Exposition" in Buffalo konnte man dem Präsidenten die Hand schütteln; George Cortelyou, der persönliche Sekretär des Präsidenten, wollte diese Veranstaltung abblasen, aber McKinley setzte sich durch. In der Schlange stand auch Leon Czogolsz im dunklen Anzug; am rechten Arm trug er einen Verband. Keiner sah, dass der Verband einen vernickelten 0.32-Kaliber-Revolver verbarg. Als Czogolsz an der Reihe war

---

57 Wikipedia.com, „1880- Republican National Convention", http://en.wikipedia.org/wiki/1880_Republican_National_Convention (Zugriff am 02.10.2014).

und McKinley direkt gegenüberstand, schoss er aus nächster Nähe. Der Präsident fiel zu Boden und die Menge stob in Panik auseinander.

Der Präsident starb nicht sofort. Er wurde umgehend operiert, starb aber nach einigen Tagen am Wundbrand. Wieder einmal trauerte Amerika um einen beliebten Führer, der vorzeitig gegangen war. Ein weiterer Präsident war der unheimlichen Zwanziger-Serie zum Opfer gefallen.

DIE ZWANZIGER-SERIE UND DIE WAHL VON 1920

Weiter ging es mit der Wahl von Warren Gamaliel Harding 1920. Harding, dem 29. Präsidenten, wird nachgesagt, er habe sich mit skrupellosen Männern umgeben, die die Schätze des Landes an den Höchstbietenden verschachert hätten. Die Männer in der Regierung Harding waren vielleicht die korruptesten, die Amerika je hatte. Zum Beispiel Albert B. Fall, Innenminister: Er wurde überführt, dass er von Edward Doheny 100 000 Dollar Bestechungsgeld angenommen hatte – es ging um das Elk-Hills-Ölfeld in Kalifornien.

1923 ging Harding auf eine Vortragsreise, und von Stadt zu Stadt schien er zu altern. Auf dem Rückweg wurde er plötzlich schwer krank und starb nach kurzer Zeit. Gerüchte besagten, der Präsident sei vergiftet worden; manche meinen, das hätten vielleicht Leute getan, die sich fürchteten vor dem, was ihnen im nächsten Wahlkampf widerfahren könnte. Andere Gerüchte vermuteten, dass seine Ehefrau dahinterstecken könnte, denn sie verweigerte eine Autopsie und ließ die Leiche sofort begraben. Hier muss betont werden, dass keines dieser Gerüchte bewiesen werden konnte.

Harding war der fünfte Präsident in Folge, der in einem Zehner-Jahr gewählt wurde und im Amt verstarb.

ROOSEVELT UND SEINE 666 STIMMEN

Franklin Roosevelt erhielt auf Anhieb 666 Stimmen; 1932 wurde er zum Präsidenten gewählt und 1936 nochmals. Weil er so beliebt war, beschloss er, 1940 wieder zu kandidieren. In dieser dritten Amtszeit starb er nicht; er wurde ein viertes Mal gewählt – und starb in seiner vierten Amtszeit an einer Hirnblutung. Der Schlag traf ihn, während er in Warm Springs (Georgia) für ein Porträt Modell saß.

Roosevelts Gegenkandidat 1940 war Wendell Willkie. Was wäre geschehen, wenn Willkie gewählt worden wäre? Hätte er seine Präsidentschaft überlebt? Am 8. Oktober 1944 starb er am Herzinfarkt. Somit steht fest: Wer auch immer 1940 die Präsidentenwahlen für sich entschieden hätte – ob Demokrat oder Republikaner –, keiner hätte seine Regierungszeit lebendig abschließen können!

DER TOD JOHN F. KENNEDYS

Jetzt waren es schon sechs Präsidenten, die in einem Zehner-Jahr gewählt wurden und während ihrer Amtszeit starben. Alle, die auf diese Serie achteten, fragten sich, was wohl beim nächsten Mal geschehen würde.

Die Wahl im November 1960, es kandidierten Richard Nixon und John Kennedy, war ein Kopf-an-Kopf-Rennen wie schon lange nicht mehr. Nixon war unter Eisenhower Vize-Präsident gewesen, Kennedy war Senator in Massachusetts. Trotz Unregelmäßigkeiten und offensichtlichen Wahlbetrugs in Illinois[58] triumphierte Kennedy und wurde zum ersten katholischen Präsidenten der USA.

---

58 Wikipedia.com, „United States Presidential Election, 1960", http://en.wikipedia.org/wiki/United_States_presidential_election,_1960 (Zugriff am 02.10.2014).

In seiner kurzen Amtszeit befriedete Kennedy den beängstigendsten Konflikt der amerikanischen Geschichte, die Kuba-Krise. Die Rassenunruhen in den Südstaaten spalteten das Land und ein Korruptionsskandal erschütterte die Gewerkschaften. Dank seiner guten Erscheinung und seiner charmanten Persönlichkeit war er einer der beliebtesten Präsidenten Amerikas, doch seine aggressive Leiterschaft machte ihm viele Feinde.

Wenige Wochen vor seinem jähen Tod sprach er mit dem Evangelisten Billy Graham, und der erinnert sich, dass Kennedy ihn bei einem Fernsehinterview auf „Larry King LIVE" fragte, ob er gaube, dass Jesus wirklich wiederkomme. Graham bestätigte das, worauf Kennedy fragte: „Warum hört man in der katholischen Kirche nichts davon?" Graham sagte, er sei überzeugt, Kennedy sei hungrig gewesen nach geistlicher Erkenntnis und dass er mehr suchte – die Wahrheit.[59]

DER KENNEDY-FLUCH

Über viele Jahre hinweg wurden Glieder der Familie Kennedy vom Unglück verfolgt. Hier nur einige Beispiele: Joseph Kennedy jr. war im Zweiten Weltkrieg Pilot und kam bei einem Unfall ums Leben. John Kennedy wurde in Dallas erschossen, Robert Kennedy wurde 1967 während der Vorwahlen in Kalifornien ermordet. Ted Kennedy ruinierte seine politische Karriere beim Chappaquiddick-Vorfall und John Kennedy jr. kam bei einem Flugzeugunglück ums Leben. Sogar die Medien fragten: „Liegt auf den Kennedys ein Fluch?" Ich werde dieser Frage jetzt nicht nachgehen, ich möchte nur zeigen, dass Nichtchristen oft solche Fragen haben und auch öffentlich darüber nachdenken.

---

[59] Art Toalston, „With JFK Jr.'S Death, Billy Graham Once Again Called Upon for Reflect", Baptist Press, 23. Juli 1999, http://www.bpnews.net/611/with-jfk-jr8217s-death-billy-graham-once-again-called-upon-for-reflect (Zugriff am 02.10.2014).

Weniger bekannt ist der „Fluch", mit dem John Kennedy nach seiner Haiti-Blockade angeblich belegt wurde. Damals stand das verarmte Haiti unter der Fuchtel von „Papa Doc", einem Diktator und Medizinmann. Laut einem früheren Haiti-Missionar hat Papa Doc behauptet, er habe sich mit anderen Zauberdoktoren getroffen und sie hätten gemeinsam einen Voodoo-Zauber gegen Kennedy gemacht: Sie machten eine Voodoo-Puppe, die Kennedy darstellen sollte, dann stachen sie spitze Voodoo-Nadeln in den Körper der Puppe, und zwar genau an die Stelle, wo der Fluch die größte Wirkung entfalten sollte – angeblich in den Kopf, und sie sandten einen „Geist", um Kennedys Leben zu holen. Einige Wochen später schoss der Attentäter Kennedy in den Hinterkopf.

Es ist auch interessant, dass Papa Doc Angst hatte, das Haus zu verlassen; er ging nie weg, außer am 22. jeden Monats, denn er glaubte, an diesem Tag habe er einen Schutzgeist.[60] Seltsam, dass Kennedy gerade am 22. November ermordet wurde.

Man weiß, dass Kennedy zwei Wochen vor seiner Wahlkampf-reise nach Dallas spürte, dass sein Leben in Gefahr war. Seine Sekretärin bat ihn, die Reise abzusagen, sie fühlte sich nicht wohl bei dem Gedanken. Doch Kennedy gab nichts auf all die innere Unruhe und die Impulse und machte sich auf nach Texas.

Es war ein schöner, klarer Tag. Tausende säumten die Straßen – und hinter dem Fenster eines Bücherlagers wartete ein Einzeltäter auf die Autokolonne des Präsidenten, die demnächst um die Ecke biegen musste. Kennedy würde ihm direkt ins Fadenkreuz geraten! Schüsse knallten, Hirnmasse spritzte, der Rücksitz blutverschmiert: Erneut ging ein Präsident in die Ewigkeit, die Zwanziger-Serie hatte wieder einmal zugeschlagen.

Ich habe mir das Gebäude angeschaut; im Obergeschoss wurde ein Museum eingerichtet. Die Atmosphäre ist immer noch voll von dem unheimlichen Gefühl, dass von diesem Raum aus in

---

60 BBC, „1971: Haitian dictator dies", http://news.bbc.co.uk/onthisday/hi/dates/ stories/april/22/newsid_2525000/2525501.stm (Zugriff am 02.10.2014).

nur sechs Sekunden der Lauf der Geschichte verändert wurde. Oft stehen die Besucher schweigend und starren vor sich hin, überwältigt von all den Fragen, die sie bewegen.

Die First Lady war nun Witwe und musste die Beerdigung ihres Mannes vorbereiten. Jackie Kennedy ließ in der Kongress-Bibliothek nachschauen, wie der ermordete Präsident Lincoln zur letzten Ruhe gebettet wurde. Kennedys Sarg stand im Ostflügel; nach dem von Lincoln war das der zweite Präsidentensarg, der je im Weißen Haus aufgestellt wurde. Der geschlossene Sarg wurde dann zum Kapitol gebracht und auf den Katafalk gestellt, der 1865 für Lincolns Sarg gebaut worden war. Die Leiche wurde aufgebahrt in der Rotunde, wo eine Lincoln-Statue schweigend über dem ermordeten Staatsmann schwebte. Beerdigt wurde Kennedy auf dem „Arlington National Cemetery" in Virginia.[61]

Diese schreckliche Wiederholung der Geschichte befremdet noch mehr, bedenkt man, dass Lincoln im „Ford Theatre" erschossen wurde und Kennedy in einem Ford Lincoln. Gordon Lindsays Frage „Was wird dem Präsidenten zustoßen, der 1960 gewählt wird?" fand ihre Antwort am 22. November 1963 in Dallas. Eine weitere Parallele: Lindsay, der diese Frage gestellt hatte, war Leiter von „Christ for the Nations" mit Zentrale in Dallas! – Wie kann es sein, dass Leben und Tod von Lincoln und Kennedy so viele Parallelen aufweisen? Prediger 1,9 gibt eine Antwort:

Was einst gewesen ist, das wird wieder sein, und was einst geschehen ist, das wird wieder geschehen. Und es gibt nichts Neues unter der Sonne.

1980 UND DAS ATTENTAT AUF RONALD REAGAN

Als 1980 der Gouverneur von Kalifornien Ronald Reagan zum Präsidenten gewählt wurde, war mir diese „Zwanziger-Serie" sehr bewusst. Reagan war nicht mehr der Jüngste, und viele glaubten,

---

61 Art Toalston, „With JFK Jr.'S Death, Billy Graham Once Again Called Upon for Reflect", Baptist Press, 23. Juli 1999, http://www.bpnews.net/611/with-jfk-jr8217s-death-billy-graham-once-again-called-upon-for-reflect (Zugriff am 02.10.2014).

dass das Risiko eines Herzversagens bei ihm größer war als bei allen bisherigen Präsidenten. Als von den Schüssen auf Präsident Reagan berichtet wurde, rutschte mir das Herz in die Hosentasche, und meine Augen starrten ungläubig auf den Fernseher! Der Attentatsversuch war aufgezeichnet worden, die Aufnahme wurde gesendet. Obwohl eine Kugel nur wenige Zentimeter neben Reagans Herz einschlug, blieb er am Leben und brachte seine erste Amtszeit zu Ende; dann wurde er wiedergewählt.

Hatte Reagan einfach Glück gehabt? Er hatte die Serie unterbrochen! Ich sprach darüber mit einem bekannten christlichen Sänger und Musiker, und er erzählte mir von einem geisterfüllten Mitarbeiter im engen Kreis um Reagan, der im Oval Office „jeden Morgen für den Präsidenten Fürbitte tat". In Reagans Team gab es viele betende Christen.

Kein Zweifel: Reagan unterbrach diese Serie, und ich glaube, dass er es deshalb konnte, weil er Jesus nachfolgte und weil Christen ihm „Gebets-Abdeckung" gaben.

Meine größten Fragen waren:

- Warum wurde diese Serie immer in einem Zehner-Jahr ausgelöst und zwar alle zwanzig Jahre?

- Warum traf es den Präsidenten der USA?

- Wer oder was konnte der Grund sein für diesen „Fluch"?

WENN UNSCHULDIGES BLUT VERGOSSEN WIRD

In den Sprüchen Salomos heißt es: „Ein unverdienter Fluch … trifft nicht ein" (Sprüche 26,2). Nun stellt sich die Frage: Warum kam es zu dieser Serie, und warum traf es immer den Präsidenten, der im zwanzigsten Jahr gewählt wurde? Wenn es für diese Serie eine geistliche Begründung gab, könnte die Antwort in der

Heiligen Schrift verborgen sein. Zum Beispiel verordnete der Herr, dass junge Männer ab zwanzig im Heer der Israeliten Soldaten werden mussten; diese Anweisung war ein direkter Befehl Gottes an Mose, nachzulesen in 4. Mose 1,18-46.

... von 20 Jahren an und darüber, alle kriegstauglichen Männer in Israel; und zählt sie nach ihren Heerscharen, du und Aaron. 4. Mose 1,3

Bei aller Größe dieses Landes dürfen wir nicht vergessen, dass die Anfänge Amerikas kriegerisch waren und eine Blutspur hinterlassen haben. Immer wieder hat Amerika Kriege geführt, um die Freiheit zu verteidigen, dem Krebsgeschwür des atheistischen Kommunismus Einhalt zu gebieten oder die Welt von der Geißel eines herzlosen Diktators zu befreien; allerdings gehen die Anfänge unseres Staates über eine bloße Verteidigung gegen Angreifer deutlich hinaus; von Anfang an wurde auf amerikanischem Boden viel unschuldiges Blut vergossen.

Wer die Geschichte kennt, der weiß, dass die Siedler aus Spanien, Frankreich und England unzählige Ureinwohner niedergemetzelt haben. Sie kamen in Wellen, suchten Gold. Kolumbus dachte, er habe Indien erreicht, als er die karibischen Inseln betrat; deshalb nannte er ihre Bewohner „Indians", Inder. Er sah ihren Goldschmuck und begann, die Inseln nach Gold abzusuchen.

Das Gerücht vom „Goldland" verbreitete sich schnell in ganz Europa, und unter der Führung von Hernán Cortés segelten die Spanier 1519 nach Mexiko, um die Schätze zu heben. Cortés ermordete Tausende von Azteken; ihr Gold ging nach Spanien. Bald schickten auch England und Frankreich Schiffe nach Südamerika, Mexiko und Nordamerika, um die sagenhaften untergegangenen Goldstädte zu finden. Ich brauche nicht zu sagen, dass jeder Indianer, der sich erdreistete, sein Dorf vor den Eindringlingen zu verteidigen, umgehend mit dem Tod bestraft wurde.

Aber es gab auch einen anderen Beweggrund, zu den Indianern zu gehen – John Eliot (1631), Roger Williams (1636), David Brainerd (1700) und John Wesley (1735) sind Beispiele dafür.[62] Diese Männer kamen, um den Indianern das Evangelium zu bringen, sie trugen die Botschaft von der Liebe Christi zu den vielen Stämmen.

Das war nicht leicht, denn die meisten Weißen fielen gewaltsam in das Land ein und vertrieben die Indianer aus dem Land ihrer Vorfahren. Einige Indianer wurden Freunde des weißen Mannes, aber viele Stämme wurden aus ihrer Heimat vertrieben, besonders die Cherokee-Indianer: Sie mussten zu Fuß zweitausend Kilometer nach Oklahoma in den Mittelwesten gehen; ihren „Marsch der tausend Meilen" kennt man auch als „Pfad der Tränen". Der Kampf zwischen den Neu-Amerikanern und den Ureinwohnern ging auch nach der Unabhängigkeitserklärung noch jahrzehntelang weiter.

TECUMSEHS FLUCH

Der erste Präsident, der während seiner Amtszeit starb und in einem Zehner-Jahr gewählt worden war, war William Henry Harrison. Über diese Zeit heißt es:

Als Harrison die Bühne betrat, waren „die meisten Indianer verarmt; die neuen Bauern in ihrer Mitte hatten ihre Jagdgründe zerschnitten und Händler hauten sie ständig übers Ohr. ... Harrison hatte über 50 Millionen Morgen[63] zu Staatsland erklärt. Natürlich bekamen die Indianer kein Geld dafür, aber die Regierung verkaufte es an die weißen Siedler für zwei Dollar je Morgen."[64]

---

62 Aus dem deutschen Sprachraum kamen seit 1732 Herrnhuter Missionare in die Karibik und nach Nordamerika, wo sie den Sklaven und den Indianern das Evangelium und Bildung brachten. (Anm. d. Übers.)

63 1 Morgen = ca. 4 km² (Anm. d. Übers.)

64 Bill Harris, The Presidents (New York: Portland House, 1990).

Zur Zeit von Harrison hatten die Shawnee-Indianer einen Häuptling namens Tecumseh. Auch sein Bruder Tenskwatawa, „der Prophet", war ein angesehener Mann uner den Shawnee. Sie hatten mitten auf dem Gebiet, das die Regierung der USA ihnen abnehmen wollte, eine Siedlung gegründet, und Harrison griff sie mit tausend Soldaten an; die Schlacht von Tippecanoe fand 1811 statt.

Nach der Legende belegte der Prophet die künftigen Führer des weißen Mannes mit einem Fluch; Ende der 1830er-Jahre sandten der Shawnee-Häuptling Tecumseh und sein Bruder, der Prophet, Harrison durch einen freigelassenen Gefangenen eine Botschaft: „Harrison wird dieses Jahr nicht siegen, er wird nicht Großer Häuptling werden ... Wenn er aber doch siegt, wird er im Amt sterben. Alle zwanzig Winter werden die Tage des Großen Häuptlings, den sie wählen, abgeschnitten werden zum Gedenken an den Tod meines Volkes." Harrison, dessen Spitzname Tippecanoe war, wurde Präsident; er wurde in einem Zehner-Jahr gewählt (1840) – und starb im Amt.

INDIANER UND PRÄSIDENTEN

Zwischen dem Tod all dieser Präsidenten und den Indianern gibt es eine befremdende Verbindung: Seit Anfang des 17. Jahrhunderts bis zur Zeit Lincolns wurden Indianer niedergemetzelt und vertrieben, und es scheint, als ob die meisten der ermordeten Präsidenten aus Bundesstaaten kamen, in denen die Indianer blutigst bekämpft wurden – zum Beispiel Ohio, Illinois, Kentucky, Indiana, New York und Massachusetts. Hier ist eine Liste der Präsidenten, die in einem Zehner-Jahr gewählt wurden; jeder Einzelne kam aus einem Bundesstaat, der bekannt ist für seine Kriege und Auseinandersetzungen mit den Ureinwohnern:

- William Henry Harrison stammte aus Virginia, aber bei seiner Wahl lebte er in Ohio; auch hatte er in Indiana eine große Schlacht gegen die Indianer geführt.

- Lincoln stammte aus Kentucky und lebte in Illinois.

- James Garfield kam aus Ohio.

- William McKinley kam aus Ohio.

- Warren G. Harding kam aus Ohio.

- Franklin Roosevelt kam aus New York.

- John F. Kennedy kam aus Massachusetts.

- Ronald Reagan stammte aus Tampico in Illinois.

Sieben dieser acht Präsidenten starben im Amt und stammten aus Gebieten, in denen viel Blut vergossen wurde, als die weißen Siedler die Indianer angriffen. Die Ohio-Region, dem Strom entlang, war eines der am heftigsten umkämpften Gebiete; Tausende von Indianern wurden hier umgebracht.

1830 wurde ein Gesetz verabschiedet, das die Indianer zwang, ihre Heimat zu verlassen und nach Westen zu ziehen. Zehn Jahre später waren Zehntausende von Indianern den „Pfad der Tränen" gegangen, viele von ihnen kamen nie an. Die weißen Pioniere kämpften gegen die Eingeborenen, rissen sich ihr Land unter den Nagel, besiegten sie in blutigen Schlachten. Der „Pfad der Tränen" ist ein trauriges Beispiel dafür, wie unsere Regierung die Ureinwohner Amerikas von ihrem Land vertrieb, um den weißen Siedlern Raum zu schaffen.

Diese „Umsiedlungen" wurden genehmigt unter Präsident Andrew Jackson (1829-1837). 1840 wurde William Harrison zum Präsidenten gewählt. Er galt als Indianerjäger, er hatte Schlachten angeführt gegen große Stämme und suchte die Indianerhäuptlinge zu töten. Bevor er Präsident wurde, war er im Kongress von Ohio und ließ sich im Wahlkampf mit dem Lied „Tippecanoe und Tyler too" feiern. Er starb einen Monat nach Amtsantritt.

SKLAVEREI UND NOCH MEHR BLUTSCHULD

Doch nicht nur der Konflikt mit den Indianern lastete auf dem Land; auch die Peitsche der Sklaverei plagte die junge Nation. 1860 wurde Lincoln zum Präsidenten gewählt, und der war fest entschlossen, die Sklaverei abzuschaffen. Die meisten Sklavenhalter misshandelten ihre Sklaven; sie beleidigten und schlugen sie, manchmal prügelten sie sie sogar zu Tode. Die Erde der jungen Nation wurde mit unschuldigen Blut befleckt.

1860 spaltete sich das Land; im Bürgerkrieg stand Bruder gegen Bruder, die Yankees aus dem Norden kämpften gegen die Konföderierten aus dem Süden. Die Schlachtfelder waren voller Leichen, Städte niedergebrannt, Plantagen verwüstet und das Land mit Blut getränkt. Der Sezessionskrieg setzte der Sklaverei ein Ende, aber Lincoln bezahlte einen hohen Preis.

DER OBERBEFEHLSHABER

Oberbefehlshaber der amerikanischen Streitkräfte ist der Präsident der Vereinigten Staaten. In Hosea 13,11 sagt Gott über Israel: „Ich gab dir einen König in meinem Zorn und nahm ihn wieder weg in meinem Grimm!" In der Bibel mussten Männer ab 20 Jahren Kriegsdienst leisten, und jeder 20-Jahres-Intervall brachte unserem Oberbefehlshaber, wenn er in einem Zehner-Jahr gewählt worden war, den Tod (Reagan entging dem Tode nur knapp). Könnte diese Serie ein Zeichen vom Allmächtigen gewesen sein, dass er die Blutschuld Amerikas nicht guthieß?

Die Bibel sagt: „Verflucht sei, wer Bestechung annimmt, um jemand zu erschlagen und unschuldiges Blut zu vergießen! Und das ganze Volk soll sagen: Amen!" (5. Mose 27,25), und: „Du sollst nicht der Menge folgen zum Bösen" (2. Mose 23,2). Israel wurde gewarnt: „Einer betrügerischen Sache halte dich fern, und den Unschuldigen und Gerechten bringe nicht um; denn ich spreche keinen Gottlosen gerecht" (2. Mose 23,7). Gottes Gericht über die Missetaten der Väter erstreckt sich bis auf vier Generationen.

DER VIER-GENERATIONEN-FLUCH

In der Schrift finden wir Beispiele für den Fluch, den sich zuzieht, wer unschuldiges Blut vergießt. Jesus tadelte seine Zeitgenossen wegen ihres Unglaubens und sagte, Gott würde zulassen, dass ihr heiliger Tempel und die Stadt Jerusalem zerstört würden. Warum das? Ihre Führer hatten das Blut gerechter Gottesmänner vergossen: „... damit über euch alles gerechte Blut kommt, das auf Erden vergossen worden ist, vom Blut Abels, des Gerechten, bis zum Blut des Zacharias, des Sohnes Barachias, den ihr zwischen dem Tempel und dem Altar getötet habt" (Matthäus 23,35). Jesus sagte, sein Geschlecht, seine Generation würde Zerstörung erleben (Matthäus 24,32). 40 Jahre später, im Jahr 70 n. Chr., zerstörte die römische Zehnte Legion den Tempel und die Stadt, stürzte die riesigen Steine um und schlachtete Männer, Frauen und Kinder ab.

Die Schrift gibt uns eine ernste Warnung: „Ich, der Herr, dein Gott, bin ein eifersüchtiger Gott, der die Schuld der Väter heimsucht an den Kindern bis in das dritte und vierte Glied derer, die mich hassen" (2. Mose 20,5; 34,7; 4. Mose 14,18). Für eine Generation des Unglaubens, von der wir hier lesen, nimmt man 40 Jahre an (Psalm 95,10). – Der erste Präsident, der im Amt starb, war William Harrison. Er wurde 1840 gewählt; vier Generationen zu je 40 Jahren später sind wir genau im Jahr 2000.

Im Rückblick stehen wir hier vor einer ernsten Frage – immerhin hatte der Zwanziger-Fluch sieben Präsidenten das Leben gekostet. Reagan unterbrach die Serie, und nach Präsident Bushs Wahl im Jahr 2000 hätte dieser Fluch vollständig aufgehoben sein sollen. Ich sage „hätte sein sollen", denn eine Regierung, die nicht nach Gott fragt, bricht den Bund, den unsere Väter geschlossen haben; das macht uns anfällig für andere Flüche, die unsere Obersten treffen können, weil wir Gottes Gunst verloren haben.

Die Schrift sagt uns auch, wie wir Flüche über das Land brechen können: wenn das Volk umkehrt, sich zu Gott wendet und die um Verzeihung bittet, die wir schlecht behandelt oder geschädigt haben. Dazu würde auch gehören, dass wir vor den Ureinwohnern und ihren Stammesführern unser Unrecht bekennen, sie dafür um Vergebung bitten und Wiedergutmachung leisten für das Böse, das wir ihnen angetan haben, als wir sie aus ihrer Heimat vertrieben, zum Beispiel für den „Pfad der Tränen". In 2. Samuel 21 finden wir ein Beispiel dafür, wie ein landesweiter Fluch gebrochen wurde durch Umkehr, durch Buße.

DIE GIBEONITER UND DER FLUCH ÜBER ISRAEL

Als David König war, litt Israel unter einer schweren Hungersnot. David fragte Gott nach dem Grund und der Herr antwortete ihm: „Es ist wegen Saul; auf seinem Haus liegt eine Blutschuld, weil er die Gibeoniter getötet hat" (2. Samuel 21,1). Davids Vorgänger König Saul brachte die unschuldigen Gibeoniter um und zog sich so von Gott einen Fluch zu; wirksam wurde der aber erst unter dem nächsten König und zwar als Hungersnot.

Gott hat gesagt: „Denn das Leben des Fleisches ist im Blut" (3. Mose 17,11). Das hebräische Wort für „Leben" ist *näfäsch* – „Seele". Man könnte also auch sagen: „Die Lebenskraft des Körpers ist im Blut." Die Bibel lehrt uns: Wenn das Blut eines unschuldigen Menschen vergossen wird, so hat dieses eine „Stimme", es schreit zu Gott.

Als Kain seinen Bruder Abel ermordet hatte, fragte der Herr: „Wo ist dein Bruder Abel?" Kain erwiderte: „Soll ich meines Bruders Hüter sein?", worauf der Allmächtige entgegnete: „Horch! Die Stimme des Blutes deines Bruders schreit zu mir von dem Erdboden!" (1. Mose 4,9+10). Im Hebräischen steht „Blut" hier in der Mehrzahl; die Rabbis lehren, Kain habe nicht nur einen einzigen Menschen ermordet, sondern mit ihm alle zukünftigen Kinder, die nie geboren wurden.

Deshalb ist Blutschuld so schlimm, ganz gleich ob ein Säugling ermordet wird oder ein Erwachsener: Eine ganze Familie wird von der Erde vertilgt und damit das Vermächtnis, das sie sonst hinterlassen hätte. Die nie geborenen Nachkommen hätten den Lauf der Geschichte ändern können! Die Blutgruppe erbt ein Kind vom Vater, und Gott hörte die Stimme, die in Abels Erbgut verborgen war und nun vom Erdboden zu ihm schrie.

So schrie also zur Zeit Davids das Blut der Gibeoniter von dem Erdboden. Die Gibeoniter waren keine Israeliten, sie waren ein Überrest der Amoriter, und Israel hatte ihnen geschworen, ihnen kein Leid zu tun; Saul aber in seinem Eifer hatte den Eid gebrochen und viele von ihnen umgebracht.

Im alten Bund war es so: Wenn jemand Blutschuld auf sich lud, also unschuldiges Blut vergoss, und vor Gericht als schuldig überführt wurde, musste er zum Tode verurteilt werden. Saul lebte nicht mehr, deshalb mussten Sauls Söhne hingerichtet werden, um den Fluch der Hungersnot aufzuheben. Das scheint eine extreme Strafe zu sein, aber im alten Bund musste Blut geopfert werden, um Sünde zu sühnen (3. Mose 17,11). Menschenblut ist heilig, denn es trägt das Erbgut, das ein ganzes Volk hervorbringen kann – so wie Abraham zum Stammvater Israels und der Juden wurde.

FLÜCHE BRECHEN IM NEUEN BUND

Wir leben jetzt im neuen Bund, der eingesetzt wurde durch den Tod und die Auferstehung Jesu Christi. Die Bibel sagt: „Christus hat uns losgekauft von dem Fluch des Gesetzes, indem er ein Fluch wurde um unsertwillen" (Galater 3,13). Diese Erlösung ist, als säßen wir im Gefängnis, wir sind verurteilt und warten auf die Hinrichtung – und da geht die Tür auf und uns wird mitgeteilt: „Sie sind frei, Sie können gehen, ein anderer wurde für Sie hingerichtet, er heißt Jesus!"

Zur Erlösung gehören Umkehr (Buße) und Vergebung. Buße tun bedeutet: Man bereut seine Taten und man ändert die Richtung; Vergebung bedeutet, dass man die Anklage fallenlässt, was auch immer der andere einem angetan haben mag. Wenn ich jemanden um Vergebung bitte, sage ich auch, dass ich bereue, was ich gegen ihn gesagt oder getan habe, und ich bitte ihn, mich aus seinem „Privatgefängnis" freizulassen.

Wenn ein Zusammenhang besteht zwischen dieser „Zwanziger-Serie" und dem Unrecht, das Amerika den Ureinwohnern angetan hat, dann sollte der Oberste des Landes, der Präsident (mit Leuten aus dem Kongress) Buße tun, die Indianer um Vergebung bitten und nach Möglichkeit angemessene Wiedergutmachung leisten.

Nun mag man einwenden, es sei auch Land gegen Geld gekauft worden. Das mag sein; aber hat je ein amerikanischer Präsident öffentlich das Unrecht zugegeben und für die „Sünden der Väter" um Vergebung gebeten? Immerhin sagt das unveränderliche Wort Gottes, dass die Missetat der Väter auch an der dritten und vierten Generation heimgesucht wird (2. Mose 20,5).

Als die Hebräer vor über 2600 Jahren nach Babylon ins Exil verschleppt wurden, war auch der Prophet Daniel dabei. Er kannte dieses geistliche Prinzip, und als er beim Lesen des Propheten Jeremia feststellte, dass die 70 Jahre der Gefangenschaft sich dem Ende näherten, tat er Fürbitte und bat Gott, Israel die Sünden der Väter zu vergeben (Daniel 9,4-19). Daniels Fürbitte bahnte den Weg, so dass die Juden wieder in das verheißene Land ziehen konnten.

Zu allen Zeiten wurde in schweren Krisen, Kriegen oder Katastrophen das Volk zum Gebet gerufen; aber nur wenige riefen das Volk auf, von seinen Sünden umzukehren; einer dieser Wenigen war Abraham Lincoln. Würde der Präsident das heute tun, würden viele fragen „Für was denn?", oder: „Ich habe doch nichts Böses getan!" Natürlich würden auch die ACLU-Bürgerrechtler eine Klage anstrengen wegen „religiöser Nötigung". Wahrheit bleibt: Gott ehrt sein Wort und er ehrt die, die diesem gehorchen. Sie mögen nicht die Beliebtesten sein im Land, aber sicher die Größten im Reich Gottes.

In 2. Mose 20,5 finden wir einen weiteren interessanten Aspekt zu den „Sünden der Väter" und was das mit dem Zwanziger-Fluch zu tun haben könnte: Hier steht, dass die Sünden der Väter bis zur dritten und vierten Generation heimgesucht werden. Laut dem Buch Hiob dauern vier Generationen 140 Jahre (Hiob 42,16). Wenn die Strafe für die Missetat der Väter nach der vierten Generation aufhört und wir mit 140 Jahren rechnen, kommen wir von der Wahl Harrisons 1840 auf 1980, das Jahr der Wahl Ronald Reagans zum Präsidenten.

Dies würde bedeuten, dass die Zeitspanne, nach der laut der Bibel dieser Fluch auslaufen würde, während der Regierung von Ronald Reagan zu Ende gewesen wäre. Dies könnte eine Erklärung sein, warum George W. Bush, der ebenfalls in einem Zehner-Jahr gewählt wurde (2000), von diesem Fluch ausgenommen war – immerhin diente er acht Jahre und beendete die Präsidentschaft in guter Gesundheit und ohne einen größeren Attentatsversuch.

HARRY TRUMAN UND ISRAEL

Truman war Präsident, als die UNO nach dem Holocaust dem Palästina-Teilungsplan zustimmte und für die Juden einen Staat schnitzte. Noch als Senator sagte Truman auf einer großen Veranstaltung in Chicago, man müsse „alles Menschenmögliche tun, um den Juden, die die Nazis überleben, einen sicheren Hafen zu bieten".[65] Truman wusste, dass für die Holocaust-Überlebenden Palästina das Land ihrer Sehnsucht war.

Der Jude David Niles arbeitete in der Regierung Roosevelt und später unter Truman; er bemerkte, Roosevelt habe kein Mitleid mit den Juden gehabt und hätte er weitergelebt, hätte sich vermutlich manches anders entwickelt. Aber Truman las in der Bibel und er kannte die Geschichte, deshalb unterstützte er die Idee eines Judenstaats in Palästina. Sein Verteidigungsminister warnte ihn:

---

65 David McCullough, Truman (New York: Simon & Schuster, 1992), 730.

Wenn er einen Judenstaat befürworte, könnten die Araber den Ölhahn zudrehen; darauf erwiderte Truman, er handele im Lichte der Gerechtigkeit und nicht im Licht des Erdöls.[66]

Dann kam der 29. November 1947, ein Samstag im Thanksgiving-Wochenende, und mit ihm die UNO-Abstimmung zur Teilung Palästinas zugunsten eines Judenstaats. Sogar die Sowjetunion stimmte nicht gegen die USA, sondern für die Teilung, und die Juden im UNO-Hauptquartier sangen: „Dies ist der Tag, dies ist der Tag, den der Herr gemacht!" Zu einer Zionisten-Demonstration kamen über 20 000 Teilnehmer, und England gab bekannt, sich innerhalb von sechs Monaten aus Palästina zurückziehen zu wollen, am 14. Mai 1948.

Für Chaim Weizmann, der der erste Präsident des neuen Staates werden sollte, ging ein großer Traum in Erfüllung. Er hatte im Ersten Weltkrieg zu dem Sieg der Briten beigetragen und an der Balfour-Deklaration 1917 mitgewirkt, die den Juden den Zugang nach Palästina gewährte. Im März 1948 wandte er sich an Truman, der ihm in einer geheimen Unterredung seine Unterstützung zusicherte.

Widerstand gegen den Teilungsplan kam von der CIA; sie war sicher, er wäre nicht praktikabel und würde zu Krieg mit den Arabern führen und zum Tod von Juden. Einer der stärksten Kritiker war George Marshall: „Das ist ein Spiel mit dem Feuer und wir haben nichts, womit wir es löschen könnten."[67] Das Außenministerium versuchte, die Teilung zu verhindern; als das bekannt wurde, stand Truman vor den Juden da wie ein falscher Hund, wie ein elender Lügner.

Am 12. Mai 1948 trafen sich fünf hochrangige Politiker im Weißen Haus; nur noch zwei Tage, dann würden die Briten Palästina verlassen! Ein Teil war bereit, den entstehenden Judenstaat anzuerkennen, andere waren dagegen. Marshall und

---

66 David McCullough, Truman, vol. II (Norwalk, Connecticut: Easton Press, 1982), 595–597.

67 David McCullough, American History (New York: Simon & Schuster, 2011).

das Außenministerium waren dagegen, aber Clark Clifford, Berater des Weißen Hauses, zitierte aus 5. Mose und untermauerte damit den Anspruch der Juden auf ihr Land.[68]

Der 14. Mai brach an und Clifford rief das Außenministerium an, er brauchte die Unterlagen. Doch der Name des Judenstaats stand noch gar nicht fest; sollte er Juda, Judäa oder Zion heißen? Das Außenministerium ließ die entsprechenden Stellen leer. Welch ein Schock, als in Tel Aviv die Unabhängigkeitserklärung verlesen wurde und es in der zweiten Hälfte hieß: „Der Name des Staates lautet Israel." War das ein Witz? Manche drohten mit Rücktritt, aber in Brooklyn wurde eine neue Flagge gehisst – weiß mit blauen Streifen und in der Mitte ein blauer Stern, und sogar im Radio hieß es, um diesen Tag richtig einzuordnen, müssten die Amerikaner jetzt wohl die Bibel aufschlagen.[69]

Der Oberrabbiner Israel Isaac Halevi Herzog rief Truman an und sagte ihm: „Gott hat Sie in den Leib Ihrer Mutter gesetzt als ein Werkzeug zur Wiederherstellung Israels nach zweitausend Jahren."[70] David Niles berichtet, Truman seien die Tränen über die Wangen gelaufen; Truman soll sogar ausgerufen haben: „Ich bin Kyrus!" Kyrus, Kores – das war der Perserkönig, der die babylonische Gefangenschaft beendete und den Juden erlaubte, nach Israel zurückzukehren.[71]

Es war ein halbes Jahr vor den Präsidentschaftswahlen, und vor seiner Entscheidung ergaben Umfragen für Truman nur 37 %; doch trotz jeder Prognose, dass er hoffnungslos verlieren würde, wurde er im November 1948 wieder gewählt – viele glauben: weil er den Judenstaat unterstützt hatte. Gott segnete ihn, weil er Israel gesegnet hatte.

---

68 Michael T. Benson, „Harry S. Truman as a Modern Cyrus", BYU Studies 34, Nr. 1 (1994).

69 McCullough, Truman, vol. II, 598–618.

70 David Jeremiah, What in the World Is Going On? (Nashville: Thomas Nelson, 2008), 22.

71 Michael T. Benson, Harry S. Truman and the Founding of Israel (Westport, CT: Praeger Publishers, 1997).

DIE CLINTONS UND PARALLELEN IM ALTEN TESTAMENT

1992 wurde Bill Clinton zum Präsidenten gewählt, und viele, die im prophetischen Wort forschten, fragten sich, ob es hierfür in der Bibel Parallelen gäbe, die auf Besonderheiten dieser Regierung wiesen. Es war kein Geheimnis, dass Clintons Frau die treibende Kraft war, und es hieß, würde Clinton gewählt, bekäme Amerika gleich zwei Präsidenten.

Im November 1992, wenige Tage nach der Wahl, machte ich in Pigeon Forge (Tennessee) eine Vorhersage, die sich in den nächsten Jahren bewahrheiten sollte. Damals wusste ich schon, dass manches in der Bibel sich später wiederholen kann bis in unsere Zeit hinein.

Ich las einen detaillierten Bericht aus der Zeit Elias über einen König und seine Frau, über Ahab und Isebel (1. Könige 18-22), und lehrte, diese Vorlage würde sich in der Präsidentschaft Clintons und seiner Frau Hillary wiederholen. Ich sagte nicht, die beiden wären Ahab und Isebel, und hütete mich, Clintons Amt zu schmähen, denn die Autorität des Präsidenten muss respektiert werden. Ich habe einfach gezeigt, wie die Vorkommnisse im Leben dieses Königs zeigten, was auf Amerika zukommen würde. Hier sind die Parallelen:

König Ahab und Isebel	Bill und Hillary Clinton
Sie residierten in einem „elfenbeinernen Haus".	Sie residierten im Weißen Haus.
Ahab war König, aber Isebel zog die Fäden.	Bill war Präsident, aber Hillary zog die Fäden.
Sie befassten sich mit Immobiliengeschäften.	Sie befassten sich mit Immobiliengeschäften (Whitewater-Affäre).
Das Immo-Geschäft platzte.	Whitewater platzte.
Ein Unschuldiger starb (Naboth).	Ein Unschuldiger starb (Vince Foster).
Isebel unterzeichnete.	Hillary unterzeichnete (durch die Kanzlei „Rose Law Firm")

König Ahab und Isebel	Bill und Hillary Clinton
Sünde war für die beiden eine „Kleinigkeit".	Viele hielten Bills Sünde für eine Kleinigkeit.
Ein Feind stand gegen sie auf.	Feinde standen gegen sie auf.
Ein Lügengeist verführte Ahab.	Bill log unter Eid.
Ahab starb.	Hillary blieb im Amt und in Washington.

Abgesehen vom letzten Punkt hat sich alles erfüllt. – Weiter äußerte ich meine Überzeugung, wenn Bill aus dem Amt scheide, würde seine Ehefrau Hillary aufsteigen und schließlich für das Weiße Haus kandidieren, was sie 2008 auch tat. Manche vermuten, Präsident Obama habe Hillary zum Außenminister ernannt in dem Wissen, dass sie 2012 nicht gegen ihn antreten würde. Wie dem auch sei: Sie deutete das Menetekel des Angriffs auf die Außenstelle der amerikanischen Botschaft in Libyen und des Chaos um die „Krankenversicherung für alle" richtig, und nachdem sie vom Amt zurückgetreten ist, sieht es jetzt (2015) so aus, als würde sie 2016 das Weiße Haus erobern wollen.

Ich habe mit vielen Leuten in Hot Springs (Arkansas) gesprochen, die mit Bill Clinton studiert haben oder Jugendfreunde von ihm waren. Eine Frau sagte, Bill habe schon als Teenager unvergessliche Reden gehalten, im Stadtrat habe man geflüstert, er würde es noch weit bringen. Und tatsächlich wurde er mit nicht einmal vierzig Gouverneur, 1981 allerdings nicht wiedergewählt. Anschließend war er mit seinem Pastor in Israel. Bei einer Rede vor der Knesset und laut einem Transkript vom 27. Oktober 1984 zitierte Clinton ein prophetisches Wort, das sein Pastor ihm gegeben hatte:

Er dachte, dass ich vielleicht einmal Präsident werde ... Und er sagte: „Wenn du Israel fallenlässt, wird Gott dir nicht vergeben." Er sagte: „Es ist Gottes Wille, dass Israel, das Land, das laut der Bibel dem Volk Israel gehört, für immer und ewig bestehen bleibt."[72]

---

72 Bill Clinton, „Remarks to the Knesset in Jerusalem, Israel", 27. Oktober 1994, http://www.gpo.gov/fdsys/pkg/PPP-1994-book2/pdf/PPP-1994-book2-doc-pg1890.pdf (Zugriff am 02.10.2014).

Im Glauben an diese Prophetie war Clinton in den ersten Jahren seiner Präsidentschaft israelfreundlich eingestellt.

Noch etwas: Zu Clintons engsten Freunden gehörten pfingstlich-charismatische Pastoren; diese Kontakte hielt er auch während seiner Amtszeit aufrecht. Weniger bekannt ist, wie Clinton auf den russischen Präsidenten Putin einwirkte: Putin sah in der wachsenden Pfingstbewegung in seinem Land eine Bedrohung; die russisch-orthodoxe Kirche hielt sie für eine gefährliche Sekte, und Putin wollte hart durchgreifen. Doch Bill Clinton sagte ihm, seine besten Freunde seien Pfingstler und sie seien für ihn eine wertvolle Unterstützung und keineswegs seine Widersacher. Putin nahm diesen Rat an und dankte Clinton später dafür.[73]

Doch dann drängte die Regierung Clinton Israel, Land abzugeben, Land, das Gott Israel in einem Bund zugesagt hatte. In dieser Zeit kam Clintons Sex-Affäre mit einer jungen Praktikantin namens Monica Lewinsky ans Licht. Ein israelischer Journalist schrieb in der „Jerusalem Post": „Wenn Israel in Gefahr war, standen Frauen auf, um für es einzutreten. Solch eine Frau war Debora, solch eine Frau war Königin Esther, solch eine Frau ist Monica Lewinsky."[74]

Ich persönlich würde den Clinton-Skandal nicht gleichsetzen mit den gottesfürchtigen Frauen Esther und Debora; aber darin gebe ich dem Schreiber recht: Gott hat Frauen gebraucht, um mit Israels „Feinden" fertigzuwerden. Als Clinton Israel zwang, von Gott zugesagtes Land aufzugeben, öffnete er den Schwierigkeiten die Tür – das kann man aus biblischer Sicht (1. Mose 12,3) wohl sagen, denn Gott widersteht denen, die sein Land zerteilen (Joel 4,1-3).

---

73 Gespräch des Autors mit einem persönlichen Freund Bill Clintons. – Leitende Pfingstpastoren wissen davon.

74 Jonah Goldberg, „Shame on Tim Russert; The New York Times Wakes Up; Not That There's Anything Wrong With That", 19. Oktober 1998, http://m.national-review.com/articles/204332/shame-tim-russert-new-york-times-wakes-not-theres-anything-wrong/jonah-goldberg (Zugriff am 02.10.2014).

DIE BUSH-PARALLELEN

Ein anderes Beispiel dafür, dass Geschichte sich wiederholt, und dass das, was war, wieder sein wird, sieht man in den Parallelen zwischen der Wahl George W. Bushs 2000 und der von Rutherford Hayes 1876. In beiden Wahlen gab ein dritter Kandidat den Ausschlag zugunsten der Republikaner.

Die Wahl von 1876	Die Wahl von 2000
Rutherford Hayes – Republikaner	George Bush – Republikaner
Samuel Tilden – Demokrat	Albert Gore – Demokrat
Peter Cooper – Greenback	Ralph Nader – Green Party
Der Demokrat gewann die Volksabstimmung.	Der Demokrat gewann die Volksabstimmung.
Der Republikaner siegte in der Wahlmänner-Abstimmung mit einer Stimme Vorsprung.	Der Republikaner siegte in der Wahlmänner-Abstimmung mit einer Stimme Vorsprung.
Die Wahl in Florida wurde angefochten.	Die Wahl in Florida wurde angefochten.
Das Land war gespalten.	Das Land war gespalten.

Der Streit um die Wahl entbrannte an einem Mittwoch, und die zweite Auszählung in Florida wurde von den Medien, von Politikern und Politikstudenten mit Argusaugen beobachtet. Manche fragen sich immer noch: „Wurde Gore um den Wahlsieg betrogen?" oder: „Warum hat ‚Gott' es zugelassen, dass Bush gewann?"

Vielleicht können meine jüdischen Freunde in Israel uns einen Hinweis geben, um dieses Mysterium zu erklären. Vor der Wahl 2012 wünschten sich die meisten von ihnen Gore als Präsidenten, denn der hatte sich als Mitbewerber und künftigen Vizepräsidenten einen frommen Juden ausgesucht, Joe Lieberman, einen demokratischen Senator aus Connecticut; das war fast eine Garantie für eine israelfreundliche Regierung. Als der Oberste Gerichtshof den Wahlsieg in Florida Bush zusprach und damit das Präsidentenamt, waren die meisten meiner israelischen Freunde ziemlich empört. Das war vor dem 11. September 2001.

Nach dem 11. September mit dem gut geplanten muslimischen Terrorangriff auf Amerika fragte ich sie bei meinem nächsten Israel-Besuch, was sie von Bushs Reaktion hielten – und alle waren froh, dass Bush Präsident war und nicht Gore! Wie das? Alle sagten übereinstimmend: „Hätte Gore gesiegt, dann hätte Amerika jetzt einen jüdischen Vizepräsidenten, und es wäre ihm praktisch unmöglich, Truppen in ein islamisches Land zu schicken. Die Muslime würden das als 'zionistische Invasion' auffassen, die islamische Länder überrollen will, denn viele Muslime glauben, der Westen habe sich verschworen, islamische Staaten entweder zu besetzen oder sie sich samt ihrem Öl unter den Nagel zu reißen."[75]

Nur der Allmächtige kannte die Terrorpläne gegen Amerika und er sorgte dafür, dass zur richtigen Zeit eine starke Regierung da war, die diese komplexe und gefährliche Aufgabe anpacken konnte.

PRÄSIDENTEN-PARALLELEN

Die vielleicht atemberaubendsten und bizarrsten Parallelen, die Amerika je erlebt hat, ist die Liste der unheimlichen Gemeinsamkeiten von Präsident Abraham Lincoln und John F. Kennedy. Diese wohlbekannten und oft zitierten Ähnlichkeiten sind so präzise, die Wahrscheinlichkeit einer zufälligen Wiederholung ist astronomisch gering:

- Lincoln wurde 1860 gewählt, Kennedy 1960 – genau hundert Jahre später.

- Beider Vizepräsidenten hießen Johnson.

- Andrew Johnson wurde 1808 geboren, Lyndon Johnson 1908 – genau hundert Jahre später.

---

75 Gespräch des Autors in Israel im Jahr nach der Wahl bei einem Abendessen mit sechs Juden, die in der Tourismusbranche tätig sind. Der Autor hält ihre Beobachtungen für einzigartig.

- Die Namen Lincoln und Kennedy haben jeweils sieben Buchstaben.

- Die Namen der Attentäter John Wilkes Booth und Lee Harvey Oswald haben jeweils 15 Buchstaben.

- Die Namen von Andrew Johnson und Lyndon Johnson haben jeweils 13 Buchstaben.

- Beide Vizepräsidenten waren vor der Präsidentschaftswahl demokratische Senatoren aus dem Süden.

- Beide Präsidenten fochten die Wahl an.

- Beide Präsidenten setzten sich für die Rechte der Schwarzen ein.

- Beide Präsidenten waren zuvor Kongressabgeordnete gewesen (1846 und 1946).

- Beide sahen kurz vorher ihren Tod kommen.

- Beide wurden an einem Freitag erschossen.

- Beide wurden in den Hinterkopf geschossen.

- Beide wurden erschossen in Gegenwart ihrer Ehefrau.

- Beide Mörder wurden getötet, bevor sie vor Gericht standen (beide durch Schüsse).

- Beiden Präsidenten starb ein Kind, während sie im Weißen Haus residierten.

- Beide Präsidenten wurden von einem Südstaatler erschossen.

- Lincoln wurde im Theater erschossen, und der Mörder verbarg sich in einem Lagergebäude (Scheune); Kennedy wurde von einem Bücherlager aus erschossen, und der Mörder verbarg sich in einem Theater.

- Lincoln wurde im „Ford's Theatre" erschossen, Kennedy in einem „Ford Lincoln Continental".

Diese Parallelen sind ziemlich unheimlich und ein unschlagbarer Beweis dafür, dass Geschichte sich wiederholt. Das bringt uns zu einem weiteren Präsidenten: Barack Obama, und den erstaunlichen Parallelen seines Lebens und seiner Präsidentschaft zu Lincoln und Kennedy. Der überraschende Aufstieg dieses eher unbekannten Senators von Illinois trägt einige der stärksten Züge von zwei früheren Präsidenten, und kein anderer der 44 übrigen Präsidenten kann da mithalten. Hier sind die Ähnlichkeiten von Obama und Kennedy:

- Beide bekleideten das Amt eines Senators, als sie zum Präsidenten gewählt wurden.

- Beide wurden gewählt in ihren Vierzigern – recht jung für einen Präsidenten.

- Beide schrieben schon vor der Wahl erfolgreiche Bücher.

- Beide waren sie Demokraten.

- Beide waren zuvor Anwälte gewesen.

- Beide hatten Eliteschulen/-universitäten besucht („Ivy League").

- Beide hatten in Harvard studiert.

- Beide engagierten sich für Bürgerrechte.

- Beide mühten sich, das Verhältnis von Schwarzen und Weißen zu verbessern.

- Beide waren Sportler: Kennedy spielte Football und Obama Basketball.

- Beide sprachen von Hoffnung und zitierten Gedichte in ihren Reden.

- Beide hielten in Berlin eine Rede.

- Beide hielten ihre Nominierungsrede außerhalb (Denver, Los Angeles).

- Beide hatten zwei Kinder, als sie im Weißen Haus residierten.

- Beide hatten Religionsstreitigkeiten – Kennedy war Katholik, Obama hatte Meinungsverschiedenheiten mit seiner Kirche in Chicago.

Diese Parallelen mögen nicht übermäßig dramatisch scheinen, aber faszinierend sind sie doch. Detailierter sind die erstaunlichen Verbindungen zwischen Barack Obama und Abraham Lincoln: Lincoln wird verehrt, weil er der Sklaverei in Amerika den Boden entzogen hat; als Obama als erster Afro-Amerikaner/ Schwarzer zum Präsidenten der USA gewählt wurde, sah er sich als die Erfüllung des Traumes der Schwarzen. Abraham Lincoln ist Obamas Lieblingspräsident.[76] Hier sind die Parallelen zwischen Obama und Lincoln:

- Sowohl Obama als auch Lincoln waren groß und hager.

- Beide wurden woanders geboren und kamen später nach Illinois.

- Beide waren bereits acht Jahre im Amt – Lincoln im Repräsentantenhaus, Obama im Senat.

- Beide sprachen sich gegen Krieg aus – Lincoln gegen den Krieg mit Mexiko und Obama gegen den Irakkrieg.

- Beide waren vor der Präsidentschaftskandidatur schon zwei Jahre in Washington.

- Obama wurde genau hundert Jahre, nachdem Lincoln Präsident wurde, geboren (1861 – 1961).

- Obama wurde zweihundert Jahre nach der Geburt von Abraham Lincoln ins Präsidentenamt eingeführt (1809 – 2009).

---

76 Breitbart TV, „Obama: I'm Not a Socialist—My Favorite President Was a Republican", http://www.breitbart.com/Breitbart-TV/2014/07/09/Obama-Im-Not-A-Socialist-My-Favorite-President-Was-A-Republican (Zugriff am 02.10.2014).

- Obama und Lincoln waren Rechtsanwälte und praktizierten in Illinois.

- Obama und Lincoln vertraten beide den Staat Illinois im Senat der Vereinigten Staaten.

- Obama hielt eine Rede bei der Eröffnung des „Lincoln Presidential Museum and Library" (2005).

- Obama gab seine Präsidentschaftskandidatur bekannt in Springfield, der Hauptstadt von Illinois, wo Lincoln seinen Wohnsitz hatte.

- Obama besichtigte gemeinsam mit seiner Familie das Lincoln Denkmal.

- Obama fuhr zu seiner Amtseinführung die 220 Kilometer von Philadelphia nach Washington mit dem Zug, so wie seinerzeit Lincoln.

- Obama leistete seinen Amtseid auf genau dieselbe Bibel wie damals Lincoln, genannt die „Lincoln-Bibel".

- Das Festmahl bei der Amtseinführung Obamas wurde auf Tellern serviert, die Nachbildungen der Teller Lincolns waren.

- Am 11. Februar 2009 wohnte Obama der großartigen Wiedereröffnung des „Ford's Theatre" bei, in dem Lincoln erschossen wurde.

- Obamas zweite Amtszeit war von konträren Positionen geprägt; das war auch bei Lincoln der Fall.

In der zweiten Hälfte seiner Regierungszeit wurde Lincoln sehr kritisiert und seine Beliebtheit ging zurück; Präsident Obama erging es auch so. Es heißt, Lincolns Kritiker hätten ihm zwar Aufrichtigkeit und gute Absichten attestiert, aber sie warfen ihm vor, er sei engstirnig und einseitig, chaotisch und zögerlich.

Der Bürgerkrieg neigte sich dem Ende zu, das Land war gespalten in Nord und Süd. Am Karfreitag wollte Lincoln eine Komödie besuchen. Man warnte ihn davor, aber er ging trotzdem hin, und während der Vorstellung verschaffte sich ein Radikaler namens John Wilkes Booth Zugang zu Lincolns Loge und schoss den Präsidenten in den Hinterkopf. Lincoln starb fünf Tage, nachdem die Reste von Lees Armee vor General Grant kapituliert hatten.

Traurig, aber wahr: Jeder Präsident der Vereinigten Staaten erhält Morddrohungen von Menschen, die mit seinem Führungsstil oder seinen Gesetzen nicht einverstanden sind. Jede Drohung, die der Präsident erhält, wird vom „Secret Service" genauestens ergründet. Schon Monate vor jeder Reise eines Präsidenten in eine größere Stadt arbeitet der Geheimdienst hinter den Kulissen auf Hochtouren: Flugplan, Fahrtrouten, Hallen werden überprüft und auf den Straßen wird alles gesichert oder entfernt, vom Briefkasten bis zum Kanaldeckel. Zu ihrem Auftrag gehört auch, jeder Drohung von Einzelpersonen nachzugehen, komme sie direkt aus der zu besuchenden Stadt oder der Umgebung in einem großen Radius. Der Geheimdienst hat hervorragende Arbeit geleistet, um den Führer der freien Welt gut zu schützen.

In Washington habe ich mit einem pensionierten Militär gesprochen; er war Hubschrauberpilot und Scharfschütze und zu seinen Aufgaben gehörte, mehrere Präsidenten zu schützen. Ich befragte ihn zu dem Bedrohungsszenario gegen die Präsidenten Bush und Obama. Er sagte mir, Obama genösse natürlich erhöhten Schutz wegen der vielen Drohungen von Hassgruppen und Einzelpersonen.

Ich äußerte die Vermutung, diese „Hassgruppen" seien wohl mehrheitlich Weiße, die keinen Schwarzen zum Präsidenten haben wollten; er antwortete: „Kaum zu glauben, aber manchmal waren es ebenso viele Schwarze wie Weiße, die Drohungen äußerten!" Das könnte daran liegen, dass Obama einen Schwarzen zum Vater und eine Weiße zur Mutter hat – für manche Afro-Amerikaner etwas Unerträgliches.

Die, die Obama nicht mochten, machten keinen Hehl daraus; ebensowenig wie die, die Präsident George W. Bush ablehnten. Wir haben das Grundrecht auf freie Meinungsäußerung, aber dieses hat auch seine Grenzen: Es endet dort, wo Präsidenten und anderen Amtsträgern Gefahr gewünscht oder angedroht wird.

Internetdienste wie Facebook werden ständig nach aggressiven Äußerungen über den Präsidenten und seine Entscheidungen durchsucht. Bundesbehörden haben den Auftrag, in den USA und in aller Welt mögliche Terroristen aufzuspüren und zu überwachen. Sie beobachten und speichern jede Drohung, jede abfällige Äußerung über Obama und ermitteln ihren Autor. Hat zum Beispiel jemand jemals eine abfällige Bemerkung gemacht, die die Wörter Obama, Präsident, Weißes Haus oder andere Signalwörter enthält, werden seine gesamten Äußerungen überprüft, ob er vielleicht eine ernsthafte Bedrohung ist.[77] Zurzeit (2015) überwacht die CIA täglich die Position von fünf Milliarden Mobiltelefonen und sammelt Informationen dazu. Angesichts einer Weltbevölkerung von etwas über sieben Milliarden ist das eine unglaubliche Menge an Daten.[78]

BESTEHT GEFAHR?

Die Menschheitsgeschichte schreitet kreisförmig voran, in Schleifen, und das, was gewesen ist, wird wieder sein (Prediger 1,9+10); wer um die Wiederholungen in Gottes Handeln in der Zeit, wer um Serien weiß, dem sollten die Parallelen zwischen Lincoln, Kennedy und Obama nicht gleichgültig sein.

---

77 Persönliche Gespräche des Autors mit einem ehemaligen Regierungsangestellten, der nun in der Wirtschaft tätig ist.

78 Barton Gellman und Ashkan Soltani, „NSA tracking cellphone locations worldwide, Snowden documents show", 4. Dezember 2013, http://www.washingtonpost.com/world/national-security/nsa-tracking-cellphone-locations-worldwide-snowden-documents-show/2013/12/04/5492873a-5cf2-11e3-bc56-c6ca94801fac_story.html (Zugriff am 03.10.2014).

Die verblüffenden Ähnlichkeiten zwischen Lincoln und Kennedy waren vor dem Anschlag auf Kennedy kaum bekannt. Da bei Obama eindeutig die Muster dieser beiden Präsidenten zu erkennen sind und beide das Ende ihrer Amtszeit nicht erlebten, sollte Obamas Umfeld sehr wachsam sein. Man sollte ihm zusätzlichen Schutz zukommen lassen, besonders jetzt bis zur Ende seiner Amtszeit im Januar 2017, damit zu den beiden früheren Ereignissen nicht noch ein gleiches drittes kommt.

Ein Gesichtspunkt ist, dass sowohl Lincoln als auch Kennedy von radikalen Südstaatlern ermordet wurden, Oswald und Booth. Nach meiner Beobachtung leben viele der schärfsten Kritiker Obamas in den Südstaaten, und es wurden schon einige Personen verhaftet, weil sie ernsthafte Drohungen gegen ihn ausgesprochen hatten.

Ich wage nicht, mir die Aufstände und das Durcheinander in unseren Großstädten vorzustellen, das der Mob anrichten könnte, sollte sich diese Vorlage der Geschichte wiederholen – der Schaden für die Afro-Amerikaner wäre verheerend. Immerhin hatte Lincoln für die Befreiung der schwarzen Sklaven gekämpft, Kennedy für die Bürgerrechte der Schwarzen in Amerika, und Obama ist der erste afro-amerikanische Präsident, sein leiblicher Vater war Kenianer.

Ich sage nicht, Obama würde das Ende seiner Amtszeit nicht erleben, und ich habe auch keine spezielle Warnung vom Heiligen Geist; aber es ist durchaus möglich, dass die Serie sich fortsetzt.

Im November 2013 wurde zweier wichtiger Jahrestage gedacht: 50 Jahre zuvor wurde Präsident John F. Kennedy ermordet (1963) und 150 Jahre zuvor hatte Abraham Lincoln die Rede von Gettysburg gehalten (1863). Die Zahl 50 kennen wir bereits aus dem Halljahr, und zur Zeit der Sintflut bedeckten die Wasser 150 Tage lang die Erde (1. Mose 7,24). Diese Zahlen – 50 und 150 – tragen im Alten Testament eine Bedeutung und es ist interessant, dass sie hier bei Lincoln und Kennedy auftauchen und das innerhalb eines Monats während der Präsidentschaft von Obama.

Man hat mich gefragt: „Ist es möglich, dass ein Mensch in seinem Leben eine Geschichts-Serie bricht, die ihn persönlich betrifft?" Aus meiner Sicht sage ich: Ich glaube, dass das möglich ist.

Der erste Schritt ist, dass man sich ihrer bewusst wird; Hosea 4,6 warnt uns: „Mein Volk geht zugrunde aus Mangel an Erkenntnis."

Zweitens will ich unterstreichen: Eine solche Serie kann nur durch Gebet gebrochen werden. Zur Zeit Reagans gab es auf hoher Regierungsebene gläubige Christen, und im ganzen Land waren Christen sich dieses „Zwanziger-Fluchs" wohl bewusst. Sie beteten, dass bei Reagan dieser Fluch nicht wirksam würde; immerhin war er der achte Präsident, der in einem Zehner-Jahr gewählt worden war (1980).

Im März 1981 überlebte Reagan das Attentat am Hilton-Hotel in Washington und der 40. Präsident konnte auch seine zweite Amtszeit vollenden. Er verließ das Amt 1988 in guter Gesundheit und lebte danach noch 16 Jahre. In der Bibel steht die Vierzig für Versuchung, Prüfung und das Bestehen eines Tests oder den Abschluss einer Serie. So konnte Reagan, unser 40. Präsident, die Serie des „Zwanziger-Fluchs" abschließen.

Es kann sein, dass der allmächtige Gott beschließt, zu bestimmten Zeiten eine Serie wieder aufleben zu lassen, um den Lauf der Geschichte zu ändern und mitunter Prophetien zu erfüllen. Doch Gebet kann die bösen Anschläge von Menschen verhindern und sogar Engelboten in Bewegung setzen, die Schutzwälle bilden und böse Pläne vereiteln können.

GOTT ERNST NEHMEN

Das säkulare Amerika legt großen Nachdruck auf „religiöse Toleranz" – alle Religionen sollen als gleich akzeptiert werden. Folglich tun „progressive", „fortschrittliche" Politiker die Errungenschaften ihrer Vorgänger, die eine biblische Weltsicht hatten, als belanglos ab; sie lassen den Glauben der Gründer vollständig außer Acht, halten ihn für überholt und versuchen, diese Züge zu retuschieren.

Von Harry Truman bis zu George W. Bush berieten sich die Präsidenten vor schwierigen Entscheidungen mit dem „Pastor Amerikas", mit Billy Graham. Am Vorabend des Golfkriegs war Billy Graham bei George Herbert Walker Bush.[79] Auch Bill Clinton wusste um biblische Prinzipien; als Junge bekehrte er sich in einer Evangelisation mit Billy Graham, und seine ganze Regierungszeit über blieb er mit diesem in Kontakt.[80]

Auch Reagan nahm Gott ernst; er beauftragte „enge Regierungs-kreise", einen führenden Bibellehrer Amerikas um Rat zu fragen; in seiner Amtszeit fiel die Berliner Mauer und der Kommunismus brach zusammen. Reagan wollte wissen, was davon zu halten war und ob das eine prophetische Bedeutung hatte.

Präsident Nixon galt als sturer Dickschädel; er äußerte sich oft ungehobelt, wenn er seinen Standpunkt deutlich machen wollte, und die Tonbandmitschnitte aus seiner Präsidentschaft zeigen seine Neigung zum Antisemitismus. Jetzt veröffentlichte Mitschnitte seiner Unterhaltungen zeigen Nixons Ärger über Israel, vor allem, weil die Araber den USA den Ölhahn zudrehten.[81]

Am 6. Oktober 1973 griffen Ägypten und Syrien mit sowjetischen Waffen und dem Rückhalt neun arabischer Staaten Israel in einem nicht erklärten Krieg an, dem Jom-Kippur-Krieg. Israels Feinde wussten genau, dass an diesem jüdischen Feiertag das ganze Land stillsteht – der Jom Kippur, der Große Versöhnungstag, ist ein strenger Fastentag, an dem die Juden zur Synagoge gehen und

---

79 Billy Graham Evangelical Association, „Billy Graham: Pastor to Presidents", http://billygraham.org/story/billy-graham-pastor-to-presidents-2/ (Zugriff am 03.10.2014).

80 Privates Gespräch des Autors mit einem Freund und Kollegen im Dienst.

81 Against All Odds: In Search of a Miracle, DVD-Reihe, American Trademark Pictures, 2005.

keine Arbeit verrichten. Fromme Juden beten den ganzen Tag und Radio und Fernsehen bleiben aus; an Jom Kippur wurde sowieso nicht gesendet.

Wie eine Mauer aus Stahl rückten die Panzer der Syrer in Israel vor. Premierministerin Golda Meir bat Amerika um Waffenhilfe, aber unser Außenminister Henry Kissinger sagte nachweislich: „Israel kann ruhig ein bisschen bluten." Man fürchtete auch, dass die Araber zur Vergeltung den Ölhahn zudrehen könnten. Um drei Uhr früh Ortszeit weckte Golda Meir Präsident Nixon und flehte ihn um Hilfe an.[82]

Nixon wuchs in einer Quäker-Familie auf; seine Mutter war eine fromme Frau und lehrte ihn von Kindesbeinen an, dass der Glaube wichtig sei und die Juden auch. Es heißt, in dieser Nacht habe Nixon hinter der aufgeregten israelischen Regierungschefin die Stimme seiner Mutter gehört. Es wird berichtet:

Eines Tages sagte seine Mutter ihrem noch jungen Sohn, dereinst würde er sehr mächtig werden, und dann träte eine Situation ein, in der Israel und die Juden seine Hilfe bräuchten. Dann müsse er ihnen auf jeden Fall helfen.[83]

Nixon befahl, umgehend mehrere unserer besten Transportmaschinen mit Munition und anderer Ausrüstung nach Israel zu schicken. Insgesamt flogen 815 Transporter und lieferten 27,9 Tonnen Munition; zusätzlich wurden 90 Tonnen Rüstungsgüter auf dem Seeweg nach Israel gebracht. Außerdem erhielt Israel 56 Kampfflieger.[84] Ohne diese Hilfe wäre der Krieg anders ausgegangen: Syrien und Ägypten hätten die Oberhand behalten und Israel hätte an Land, Menschen und militärischer Stärke verloren.

---

82 Ebd.

83 Ebd.

84 Trevor N. Dupuy, Elusive Victory: The Arab Israeli Wars, 1947–1974 (New York: Harper & Row, 1978).

Dafür, dass Amerika Israel half, in diesem Krieg zu siegen, mussten wir tatsächlich bezahlen: es folgte das Öl-Embargo von Oktober 1973 bis März 1974. Die Araber fuhren ihre Ölproduktion zurück und erhöhten den Ölpreis, deshalb stiegen auch die Benzinpreise in Amerika und vor den Tankstellen gab es lange Schlangen. Damals lebten wir in Arlington (Virginia), und ich weiß noch, wie schwierig es damals für Autofahrer und Geschäftsleute war.

Das war nicht das einzige Mal, dass amerikanische Präsidenten mit hohen Politikern aus anderen Ländern zusammenarbeiteten und kurz darauf prophetische Ereignisse folgten, die Weltgeschichte schrieben.

DREI MÄNNER UND EINE BETONMAUER

Über sieben Jahrzehnte lang hatte der Kommunismus mit eiserner Faust Millionen von Menschenseelen im kalten Schraubstock des militanten Atheismus gefangen gehalten, doch dann ließ Gott drei Mächtige erstehen und führte sie zusammen. Gemeinsam halfen diese drei Großen, dass der Eiserne Vorhang, die Grenze zwischen Ost und West, fiel und dass in den kommunistischen Ländern eine Zeit der Freiheit anbrach mit Glaubensfreiheit, Marktwirtschaft, Menschen- und Bürgerrechten.

Der Erste Weltkrieg hatte in Russland die kommunistische Revolution hervorgebracht; 1917 verbreitete sich die kommunistische Doktrin von Karl Marx wie ein Krebsgeschwür in ganz Russland, und so entstand die Sowjetunion unter dem Zeichen von Hammer und Sichel. Seit 1945 sprach man im Westen vom „Eisernen Vorhang", aber auch schon vorher hielt das neue System seine Bürger im Land gefangen und ließ kaum Besucher aus dem Westen herein.

Dieser Zusammenschluss slawischer und zentralasiatischer Länder unter der Führung Moskaus bekämpfte Glauben und Religionsausübung, hielt das Volk straff unter Kontrolle, und wer aus der Reihe tanzte oder gar auszuwandern begehrte, landete im Gefängnis.

Doch auch die Kommunisten hatten ihre Religion, den Atheismus. Sie wollten dem Volk den Glauben austreiben, wohlgemerkt, in Ländern mit alten Kirchen und reichem geistlichem Erbe, und bald wurden die Kirchen geschlossen, Bibeln konfisziert und zahllose Priester und geistliche Leiter verhaftet; wenn sie nicht gleich erschossen wurden oder an der Folter und den unsäglichen Haftbedingungen starben, wurden sie in die Eiswüste Sibiriens deportiert. Schon kleinen Kindern trichterte man den Kommunismus ein, und die Christenverfolgung kostete Millionen Gläubigen das Leben.[85] Keiner wagte es mehr, über Gott zu sprechen oder zu sagen, dass er an Gott glaubte; die Gemeinde Jesu musste in den Untergrund gehen.

Doch damit nicht genug: Keine 20 Jahre später gab es in Deutschland einen neuen „Ismus": der Nationalsozialismus unter dem deutschen Kanzler Adolf Hitler wetteiferte mit dem Kommunismus in Sachen Totalitarismus und Versklavung. Schließlich brach der Zweite Weltkrieg aus und Kommunismus und Nationalsozialismus bekämpften einander blutig. Über sechs Jahre lang wüteten in Europa Zerstörung und Teilung; in den Gaskammern und Vernichtungslagern der Nazis wurden sechs Millionen Juden ermordet. Bei Kriegsende war Europa geteilt zwischen Kommunismus und freiheitlicher Demokratie. Die Ost-West-Grenze verlief mitten durch Deutschland; das war der Lohn für den Blutzoll der Sowjetunion im Zweiten Weltkrieg.

---

85 „Insgesamt starben unter dem Sowjetregime etwa 15 bis 20 Millionen Christen um ihres Glaubens willen." David Barrett, World Christian Trends (Pasadena: William Carey Library, 2001), zitiert in David Taylor, 21 Signs of His Coming: Major Biblical Prophecies Being Fulfilled in Our Generation (Taylor Publishing Group, 2009), 220.

So hielten Kommunismus und Eiserner Vorhang 70 Jahre lang, von 1917–1987, viele Millionen Menschenseelen in geistlicher Gefangenschaft. Doch dann schloss sich ein Kapitel der Geschichte und ein neues öffnete sich – plötzlich und ohne Vorwarnung: Drei Mächtige dieser Welt hatten dasselbe Ziel, sie sagten der Festung des Kommunismus in Osteuropa und der Sowjetunion den Kampf an, so oder anders. Über zweien dieser Männer waren viele Jahre, bevor sie an die Macht kamen, vom Heiligen Geist gewirkte Prophetien ausgesprochen worden. Zwei dieser Männer hatten Attentatsversuche überlebt, und das hatte ihr Leben von Grund auf verändert. Diese drei Männer waren Ronald Reagan, Michail Gorbatschow und Papst Johannes Paul II.

Johannes Paul II. wurde am 16. Oktober 1978 zum Papst der katholischen Kirche gewählt. Ronald Reagan wurde 1980 zum 40. Präsidenten der Vereinigten Staaten gewählt und Michael Gorbatschow wurde 1985 Parteichef der KPdSU und damit der mächtigste Mann in der Sowjetunion.

Das waren die drei Mächtigen dieser Welt, ich nenne sie gern „ein prophetisches Trio: der Papst, der Adler und die eiserne Sichel". Dieses Trio half, die Herrschaftspläne des Kommunismus zu ändern, was zu einer der größten Veränderungen des 20. Jahrhunderts wurde. Diese Veränderung gab der Welt eine neue Richtung und bahnte den Weg hin zu den letzten Tagen, die die Bibel ankündigt.

Diese drei Männer, Ronald Reagan, Michail Gorbatschow und Karol Józef Wojtyła (Papst Johannes Paul II.), werden als Legenden in die Weltgeschichte eingehen. „Hinter den Kulissen" waren sie es, die die größte politische Veränderung der modernen Geschichte zu bewerkstelligen halfen, den Zusammenbruch des Kommunismus in der Sowjetunion und dem Ostblock.

Nur wenige Amerikaner wissen um die Prophetie, die Ronald Reagan noch als Gouverneur von Kalifornien erhielt und die seine Bestimmung als Präsident enthüllte. Laut dem Buch „Reagan,

Inside Out" begann es an einem schönen Oktobertag 1970 in Kalifornien.[86] Es war Wahlkampf, Gouverneur Reagan kandidierte für eine weitere Amtszeit, und Herbert E. Ellingwood, Justizminister unter Gouverneur Reagan, hatte Gäste eingeladen – unter ihnen der gefeierte Sänger Pat Boone, Harald Bredesen und ein Pastor namens George Otis. Boone war ein langjähriger Freund der Reagans.

In den Gesprächen ging es auch um die Prophetie der Bibel und dass der Heilige Geist jetzt wohl die „letzten Tage" einleitete. Nach angeregten Diskussionen brachen die Gäste auf, und an der Haustür sagte einer der Prediger: „Gouverneur, hätten Sie etwas dagegen, wenn wir uns noch eine Minute nehmen und für Sie und Ihre Frau beten?" Reagan erwiderte ohne zu zögern: „Wir würden es sehr schätzen", und sein Gesicht wurde ernst. Alle stellten sich im Kreis auf und fassten sich an den Händen. Reagan beugte sein Haupt tief, die anderen nur ein wenig, und sie begannen Gott um seinen Segen zu bitten.

Plötzlich, mitten im Gebet, geschah das Unerwartete. George Otis erinnert sich:

Der Heilige Geist kam auf mich, und ich wusste es. Eigentlich war es mir peinlich: In meinem Arm pulsierte es, und meine Hand – ausgerechnet die, die Gouverneur Reagans Hand fasste – schüttelte sich. Ich wusste nicht, was ich tun sollte. Das wollte ich wirklich nicht! Ich weiß noch, sogar als ich sprach, arbeitete ich dagegen ... Ich spannte meine Muskeln an und konzentrierte mich und tat alles Mögliche, um diese Schüttelei zu unterdrücken.[87]

Von da an veränderte sich Otis' Gebet vollständig; es war nun kein einfaches Segensgebet mehr, sondern ein konkretes, zielgerichtetes Wort. Der Heilige Geist inspirierte die Worte aus dem

---

86 Bob Slosser, Reagan, Inside Out (New York: W Pub Group, 1984).

87 Ebd., zitiert in Bob Slosser, „The Prophecy", CBN.com, http://www.cbn.com/spirituallife/BibleStudyAndTheology/discipleship/Slosser_ReaganProphecy.aspx (Zugriff am 03.10.2014).

Mund von Otis direkt an Reagan, nannte ihn „Mein Sohn" und beschrieb seine Rolle als Leiter in einem Staat, der so groß war wie viele andere Länder der Welt zusammengenommen. Sein „Werk" nannte er „wohlgefällig", und dann kamen plötzlich diese Worte: „Wenn du aufrichtig vor mir wandelst, wirst du in der 1600 Pennsylvania Avenue residieren."[88] Jeder wusste, dass das die Adresse des Weißen Hauses war, die Präsidentenresidenz.

Zehn Jahre vergingen, und 1980 kündigte Gouverneur Reagan seine Kandidatur fürs Weiße Haus an. Es gab neun weitere republikanische Kandidaten, und die Medien gaben Reagan den letzten Platz, den mit den geringsten Erfolgsaussichten. Sein größter Minuspunkt war sein Alter, er war fast 70 Jahre alt. Analytiker und Kritiker sagten, er sei „zu alt, um richtige Entscheidungen zu treffen, und was, wenn er während seiner Amtszeit stirbt?" Andere nannten ihn unfähig, er sei doch nur ein Schauspieler. Allen Einwänden zum Trotz gewann Reagan und wurde sogar wiedergewählt. Mit 78 schied er aus dem Amt und lebte danach noch 15 Jahre bis zum Alter von 93 Jahren.

Als Pat Boone im November 1980 erfuhr, dass Reagan gewählt worden war, rief er die Reagans an und gratulierte. Zuerst sprach er mit Nancy, dann kam Ronald dazu. Während des Gesprächs fragte Boone, ob Reagan sich an das Gebet erinnere, damals vor zehn Jahren in Sacramento. „Natürlich", erwiderte Reagan.

Zehn Jahre vor seiner Wahl zum Präsidenten offenbarte Gott Seinen Willen für Ronald Reagan. Herr Reagan war ein aufrichtiger Christ und liebte die Bibel. Er kannte die Propheten der Bibel und manchmal suchte er Rat bei Pastoren, wenn er wissen wollte, wie dieses oder jenes Weltereignis in die Prophetien der Bibel passte.

Am anderen Ende der Welt, hinter dem Eisernen Vorhang der Sowjetunion, entfaltete sich ein anderes gottgewirktes Szenario, mitten in der Hochburg des Kommunismus.

---

88 Ebd.

DIE RUSSLAND-WEISSAGUNG VON 1855

Zweiundsechzig Jahre bevor der Kommunismus zur Macht gelangte, gab es einen Chinamissionar namens Dr. Hudson Taylor. Über ihn heißt es: „Vierzig Jahre lang ging die Sonne über China nicht auf, ohne dass Hudson Taylor auf den Knien gelegen und für die Errettung der Chinesen gebetet hätte."[89] 1855 war er zu Besuch in England und predigte. Plötzlich verstummte er und stand mit geschlossenen Augen da, dann erklärte er:

> Gerade habe ich eine Vision gesehen. In dieser Vision sah ich einen großen Krieg, der die ganze Welt umfasst. Ich sah, wie er nachließ und von Neuem aufflammte, eigentlich waren es zwei Kriege. Danach sah ich viel Unruhen und Aufstände in vielen Ländern. An manchen Orten sah ich geistliche Aufbrüche. In Russland sah ich, dass ein großes, umfassendes geistliches Erwachen kommt, so groß wie sonst kein anderes. Ich sah, dass diese Erweckung von Russland aus in mehrere europäische Länder kam. Dann sah ich eine weltweite Erweckung und danach die Wiederkunft Christi.[90]

Der Krieg, den Taylor sah, war der Erste Weltkrieg; 62 Jahre nach Hudsons Vision, gegen Ende dieses Krieges, brachte die russische „Oktoberrevolution" den Kommunismus hervor. Das gottfeindliche System wuchs wie ein Giftpilz und erstickte den Glauben an Gott. Fast siebzig Jahre lang tropfte vom Schwert des gottlosen Kommunismus das Blut christlicher Märtyrer und anderer Widerstandskämpfer.

Der Zweite Weltkrieg war eine Fortsetzung des ersten Krieges, und Ende der 1980er-Jahre begann die Sowjetunion zu zerfallen. Soweit ich weiß, gab es im Westen von 1917 bis zur Mitte der 1980er-Jahre kein christliches Werk und keine christliche Kirche, die es jemals für möglich gehalten hätte, dass der Eiserne Vorhang fallen und eine Zeit der Religionsfreiheit anbrechen könnte. Die „Unruhen und Aufstände" sprechen wahrscheinlich von den

---

89 Dr. and Mrs. Howard Taylor, Hudson Taylor's Spiritual Secret (Chicago: Moody Publishers, 2009).

90 Aus einem Artikel mit dem Titel „Spiritual Revival", Finnland, 1945.

Volksaufständen in den früher kommunistisch beherrschten Ländern wie Polen oder Ostdeutschland. Auch das angekündigte „Erwachen" ist eingetroffen.

Ein wahrer Kommunist muss bekennender Atheist sein; deshalb schien es den Christen im Westen schlicht unmöglich, dass die Ketten der Unterdrückung in der Sowjetunion jemals gesprengt werden könnten. Doch gab es im Untergrund ein paar Gläubige in der nichtregistrierten Pfingstkirche, die an einer Prophetie aus den 1930er-Jahren festhielten: Eines Tages würde Glaubensfreiheit kommen! Über fünfzig Jahre lang hüteten sie dieses prophetische Wort. Nicht lange nach dem Fall des Kommunismus besuchte Pfarrer Lovell Carey, ehemals Missionsdirektor in der „Church of God" in Cleveland (Tennessee), Russland; dabei erfuhr er von dieser alten Prophetie.

DIE „MICHAIL-PROPHETIE" VON 1930

Lovell sprach mit einem Bischof der nichtregistrierten Pfingstler, Bischof Fedatov. Laut dem Bischof gab in den 1930er-Jahren eine Christin unter der Inspiration des Heiligen Geistes ein ungewöhnliches prophetisches Wort: Eines Tages würde in der Sowjetunion ein Mann namens Michail aufstehen, er hätte ein Zeichen an der Stirn. Weiter sagte sie, in dieser Zeit könne man wieder uneingeschränkt Gottesdienst feiern und viele Menschen im Land würden gläubig werden. Allerdings würde diese Freiheit nicht lange andauern, dann beginne die Unterdrückung von Neuem.

Rund fünfzig Jahre später (zur Erinnerung: die Fünfzig ist die Zahl des Halljahrs, des Jahrs der Freilassung) wurde Michail Gorbatschow zum mächtigsten Mann der Sowjetunion und diese Prophetie erfüllte sich. Die Welt lernte zwei neue russische Wörter, sie waren in aller Munde: *glásnost* (eine Politik der Transparenz und Redefreiheit) und *perestrójka* („Umbau"). Weniger bekannt ist, wie punktgenau der Allmächtige diesen Mann an die Macht brachte.

MICHAILS FROMME MUTTER

Lavon Riley aus Texas war ein Reiseanbieter. Ende der 1980er-Jahre plante er eine Russlandreise mit einem Flugzeug voller Christen; im Bauch des Flugzeugs waren Tausende von Bibeln. Bei der Ankunft war es nicht ganz einfach, sie aus dem Zoll zu bekommen, aber nach zähen Verhandlungen mit dem Personal bekam er eine Sondergenehmigung – und die Bibeln wurden mit Armeefahrzeugen direkt zu den Gemeinden gefahren!

Lavon hat mir persönlich erzählt, was er damals erlebte: Der KGB lud ihn vor, und er hatte riesige Angst, verhaftet zu werden. Der Beamte eröffnete ihm, dass sie jeden seiner Schritte kannten: „Ich zeige Ihnen Ihre Akte." Die war zehn Zentimeter dick und enthielt Einzelheiten von jeder früheren Russlandreise Rileys – wo er gesprochen hatte, in welchen Hotels er übernachtet und sogar, in welchen Restaurants er gegessen hatte! Und dann sagte der Mann, er wolle ihn weder verhaften noch verhören – er solle nur sehen, dass in dem „neuen Russland" mehr Glaubensfreiheit herrsche. Der dritte Mann unter Gorbatschow gab Lavon die Erlaubnis, so viele Bibeln nach Russland zu bringen, wie er wollte.

In dieser Zeit hörte Lavon, dass Gorbatschows Mutter orthodoxe Christin sei. Viele Jahre lang hatte sie für ihren Sohn gebetet, dass er an die Macht gelangen sollte. Lavon erfuhr auch, dass sie ihm Osterkuchen machte und manchmal verzierte sie diese mit Bibelversen. Die Bestätigung gab Michail Gorbatschow selbst in der „Hour of Power" mit Dr. Robert Schuller am 15. Oktober 2000 – er sprach über die Gebete seiner Mutter und dass in seiner Familie „praktisch alle" Christen waren. Im Interview sagte Gorbatschow: „Es gibt keine Freiheit ohne die Freiheit des Geistes; der Mensch muss wählen können, eine Entscheidung treffen dürfen."[91]

---

91 David Neff, „Gorbachev and God", Christianity Today, Oktober 2000, http://www.ctlibrary.com/ct/2000/octoberweb-only/56.0b.html (Zugriff am 03.10.2014).

Gorbatschow hat enge Verbindung gehalten zur russisch-orthodoxen Kirche, doch kann keiner bestreiten, dass die Perestrojka (die Kommunismus-Reform unter Gorbatschow) die Tür für eine freie Glaubensausübung geöffnet hat, zumindest für eine gewisse Zeit. Damit scheint Gorbatschow einen zweifachen Auftrag ausgeführt zu haben: der Sowjetunion Glaubensfreiheit zu geben und den russischen Juden die Möglichkeit, nach Israel zurückzukehren. Auch dies war eine direkte Erfüllung uralter biblischer Prophetien über die Rückkehr der Juden aus dem „Land des Nordens" nach Israel (Jeremia 31,8).

Zur Zeit des Alten Testaments war Israel genau 70 Jahre lang in Babylon im Exil (Jeremia 25,11). Gott gab Israel die Zehn Gebote und warnte sie – wenn sie ihm nicht gehorchten, würden sie siebenfach bestraft werden (3. Mose 26,18). 10 × 7 ergibt 70. 1917 ergriff der Kommunismus Russland und hielt die Menschen 70 Jahre lang gefangen, bis 1987, als der Eiserne Vorhang die ersten Risse bekam.

Bei seinem Deutschlandbesuch im Juni 1987 forderte Präsident Reagan in Berlin vor dem Brandenburger Tor: „Herr Gorbatschow, reißen Sie diese Mauer nieder!" Zweieinhalb Jahre später war sie durchlässig geworden und als die Mauer tatsächlich eingerissen wurde, unternahm Herr Gorbatschow nichts dagegen, sondern half mit, den schweren Riegel am Eisernen Vorhang zurückzustoßen.

Es war ein besonderer Höhepunkt der Menschheitsgeschichte, an dem diese beiden Männer an die Macht gelangten. Der Prophet Daniel sagt: „Er führt andere Zeiten und Stunden herbei; er setzt Könige ab und setzt Könige ein" (Daniel 2,21). Die Hand des Allmächtigen brachte auf seinem Schachbrett die „Bauern" in Position, und er wusste auch, wie er den Kommunismus „schachmatt" setzen konnte!

ZWEI KUGELN, DIE GESCHICHTE SCHRIEBEN

Am 18. Mai 1920 kam im polnischen Wadowice Karol Józef Wojtyła zur Welt. Während der deutschen Besatzung setzte Karol im Geheimen seine Studien fort, arbeitete aber auch im Steinbruch und später in einer Chemiefabrik; das bewahrte ihn vor der Zwangsarbeit in Deutschland („Ostarbeiter") und vor der Inhaftierung. Er schloss sich der UNIA an, einer christdemokratischen Untergrundorganisation. Jüdische Organisationen wie der B'nai B'rith bezeugen, dass er Juden vor den Nazis rettete. 1942 trat er ins (geheime) Priesterseminar ein und am 1. November 1946 empfing er die Priesterweihe. Seit 1967 Kardinal, wurde Karol Wojtyła am 16. Oktober 1978 mit 58 Jahren zum Papst gewählt; er nahm den Namen Johannes Paul II. an.

Sonderbar, dass Reagan und Johannes Paul II. im selben Jahr ein Attentat überlebten! Am 13. Mai 1981 grüßte der Papst die Menge auf dem Petersplatz in Rom. Als er sich herunterbeugte, um eine Marienstatue zu küssen, feuerte ein türkischer Rechtsextremist eine Pistole ab, und die Kugeln trafen den Papst in den Unterleib. Er sank in die Arme seines Sekretärs, Blut strömte aus der Wunde. Die Welt betete und wartete und hoffte, dass der Papst überleben würde. Und tatsächlich: Er verlor zwar drei Liter Blut, aber Johannes Paul II. überlebte.

Das war auf den Tag genau 64 Jahre nach der berühmten Marienerscheinung „Unserer Lieben Frau von Fatima". Am 13. Mai 1917 – dem Jahr der Oktoberrevolution in Russland – war angeblich die Jungfrau Maria drei Kindern erschienen, das war in Fatima in Portugal. Wegen dieses seltsamen Zufalls glaubte der Papst, „Unsere Liebe Frau von Fatima", also die Jungfrau Maria, hätte ihm das Leben gerettet, und weihte die verbleibende Zeit seines Papsttums ihrem „unbefleckten Herzen".

Ebenfalls 1981 sprach Präsident Reagan bei einem Mittagessen im Hilton-Hotel in Washington. Er verließ es durch einen Seiteneingang; als er den Reportern zuwinkte, feuerte ein junger Mann namens John Hinckley mindestens sechs Schüsse auf den

Präsidenten ab. Sein Leibwächter Jerry Parr stieß Reagan in die Präsidentenlimousine; dabei bemerkten beide, dass Reagan einen Schuss abbekommen hatte: Eine Kugel war vom kugelsicheren Fensterglas des Fahrzeugs abgeprallt und steckte nun in Reagans Brust. Die Röntgenbilder zeigten, dass die Mörderkugel das Herz nur um Daumenbreite verfehlt hatte!

In seiner Biografie „An American Life" schreibt Reagan: „Ich weiß noch, dass ich auf der Trage versuchte, meine Augen an die Deckenfliesen zu heften und zu beten." In der Notaufnahme spürte der Präsident, dass jemand seine Hand hielt; die Hand berührte die seine und hielt sie fest, und das gab ihm ein tröstliches Gefühl der Zuversicht. Mehrmals fragte er, wer ihm da die Hand hielt, bekam aber keine Antwort. Wahrscheinlich eine Krankenschwester, dachte er, und fragte später nochmals, aber wer dieser „jemand" war, das erfuhr er nie: „An jenem Tag hat jemand auf mich aufgepasst." Mehreren Geheimdienstleuten sagte Reagan, Gott hätte sein Leben bewahrt.[92]

Diese beiden Attentatsversuche schufen eine besondere Verbindung zwischen dem Präsidenten und dem Papst. Im Juni 1982 flog Ronald Reagan in den Vatikan, um Papst Johannes Paul II. zu treffen; was sie damals beredeten, wurde erst Jahre später bekannt: Sie sprachen über die Attentate und stimmten darin überein, dass Gott ihnen das Leben gerettet habe, weil er noch etwas Bestimmtes mit ihnen vorhätte.

Im Fortgang der Unterhaltung entdeckten sie einen gemeinsamen roten Faden in ihrer Lebensgeschichte: Sie sprachen über die schreckliche Geißel des Kommunismus und darüber, dass die Unterdrückung Millionen Menschen ihrer Grundrechte und des Glaubens an Gott beraubt hatte, und dass diese Millionen sich nach der Befreiung aus dem eisernen Griff des atheistischen Systems sehnten.

---

92 Ronald Reagan, An American Life: Ronald Reagan. The Autobiography (New York: Simon & Schuster, 1991).

In diesem Moment gaben die beiden Männer einander ihr Wort, den kommunistischen Ländern Freiheit zu bringen. Der Papst kannte den Kommunismus aus eigener Erfahrung nur zu gut – seine Heimat Polen steckte ebenfalls im Schraubstock des Kommunismus fest.

Reagan sprach nicht nur von Freiheit; drei Wochen später unterzeichnete er eine geheime Anweisung an den amerikanischen Sicherheitsdienst, Kopierer, Faxgeräte und andere Elektronik zu kaufen und nach Polen zu schicken, um die Solidarność zu unterstützen. Die polnische Arbeiterschaft scharte sich um die mutige Gewerkschaft, und die Bilder von den Protesten gingen über Satellit in alle Welt.

Der Plan ging auf: So wie 1917 der Kommunismus die Arbeiter begeistert hatte, so waren es jetzt die Arbeiter Polens, welche die Schlüssel der Freiheit ergriffen und die eisernen Bande lösten. Bald sprang der Funke nach Rumänien, Bulgarien und Deutschland über, und ungläubig beobachtete die Welt, wie die Deutschen die Berliner Mauer mit dem Vorschlaghammer demontierten.

Bevor Reagan aus dem Amt schied, war die Berliner Mauer zerbröselt, die Sowjetunion zerfallen und der eiskalte Krieg aufgetaut. Nach einem Bericht im „Time Magazine" vom 24. Februar 1992 hatte die Koalition von Reagan und dem Vatikan eine Fünffach-Strategie; Ziele waren „der Zusammenbruch der sowjetischen Wirtschaft, die Bande durchzuscheuern, mit der die UdSSR die Staaten des Warschauer Pakts an sich fesselte, und im Sowjetreich Reformen zu erzwingen."[93] Sowohl Reagan als auch Gorbatschow gaben zu, dass der Papst beim Kollaps des Kommunismus in Osteuropa eine große Rolle gespielt hatte.

---

93 Carl Bernstein, „The Holy Alliance", Time, 24. Februar 1992, http://content.time. com/time/magazine/article/0,9171,974931,00.html und http://www.carlbernstein. com/magazine_holy_alliance.php (Zugriff am 03.10.2014).

Nur wenige Katholiken begriffen, was hinter dem Engagement des Papstes für die Befreiung des Ostblocks und besonders der Sowjetunion sonst noch steckte: Seine geistliche Motivation kam aus einer Prophetie, die aus der angeblichen Marienerscheinung 1917 überliefert ist.

DIE ERFÜLLUNG VON „FATIMA"

Papst Johannes Paul II. glaubte, die Jungfrau Maria hätte ihm das Leben gerettet. Genau ein Jahr nachdem er dem Tode so nah gewesen war, reiste der Papst nach Portugal und besuchte den berühmten Schrein in Fatima. Eine der Kugeln, die ihn beinahe getötet hätten, hatte er vergolden lassen und legte sie in die Krone der Marienstatue – aus Dankbarkeit dafür, dass sie ihm das Leben gerettet hatte.

Der Papst weihte sich Maria und versprach, ihre Botschaft zu verbreiten, besonders die Botschaft von Fatima. Sein Motto war *Totus tuus sum Maria* – „Maria, ich gehöre ganz dir". Das war am 13. Mai 1982. Der Papst betete vor der Statue „Unserer Lieben Frau von Fatima" und weihte ihr die ganze Welt – aufgrund des Versprechens von 1917, das besagte: „Wenn meine Wünsche erfüllt sind, ... wird mein unbeflecktes Herz triumphieren, Russland bekehrt sich, und dann wird Friede sein."[94]

Von Stund an war es das Ziel des Papstes, dass der Kommunismus im Ostblock einschließlich der Sowjetunion fallen sollte – im Glauben, das wäre die Erfüllung jener Erscheinung. Hilfe fand der Papst beim „Adler Amerikas" (Reagan) und bei einem Mächtigen unter der „eisernen Sichel" (Michail Gorbatschow).

Nicht nur der Papst, auch die meisten frommen Katholiken in Europa kannten die Fatima-Weissagungen von 1917 über den Fall des Kommunismus bestens. Weil sein Leben genau am Jahrestag

---

94 Slosser, Reagan, Inside Out.

der Fatima-Erscheinung gerettet wurde, spürte der Papst die geistliche Verpflichtung, den „Wünschen der Jungfrau Maria" nachzukommen, die in Fatima verkündet hatte, dass Russland sich bekehren würde.[95]

Diese Serie zeigt, wie Gott Menschen gebraucht, um Geschichte zu schreiben. Sie zeigt auch die Macht von Prophetien – und die Macht des Gebets.

DIE BEDEUTUNG VON 1917

Im Jahr 1217 prophezeite Rabbi Juda Ben Samuel, ein Talmud-gelehrter in Deutschland, dass die Osmanen (Türken) 8 Halljahre lang über Jerusalem herrschen würden ($50 \times 8 = 400$ Jahre). 1517, also genau 300 Jahre später, eroberten die Osmanen Jerusalem und herrschten 400 Jahre lang über Palästina und Jerusalem – bis 1917. In diesen vier Jahrhunderten leisteten die Türken Großes: Sie bauten die Mauer von Jerusalem und Teile der Altstadt, die man bis zum heutigen Tag bewundern kann.

1917 erkämpften sich die Briten die Macht über Palästina; damit endete die Herrschaft der Türken über das Heilige Land. Aus prophetischer Sicht war 1917 eines der bedeutendsten Jahre für die Welt und für die Juden, vielleicht das wichtigste überhaupt seit der Zerstörung Jerusalems und des Tempels im Jahr 70 n. Chr. Das alles geschah 1917:

- Am 23. Februar begann die Oktoberevolution; am 17. März dankte der Zar ab.

- Am 28. März vertrieben türkische Truppen Juden aus Tel Aviv und Jaffa.

- Am 6. April erklärten die Vereinigten Staaten Deutschland den Krieg und traten damit in den Ersten Weltkrieg ein.

---

95 Ebd.

- Am 13. Mai sahen drei Hirtenkinder in Fatima (Portugal) angeblich die Jungfrau Maria.

- Ein großes Feuer zerstörte ein Drittel von Thessaloniki; siebzigtausend Menschen wurden obdachlos.

- Am 2. November wurde die Balfour-Erklärung unterzeichnet, die den Juden Zugang zu Palästina gewährte.

- Am 7. November übernahm Lenin in Russland die Macht; damit begann die kommunistische Räte(Sowjet-)herrschaft.

- Nach 400 Jahren Türkenherrschaft nahm der britische General Allenby an Chanukka Jerusalem ein.

- 1917 gab es vier Sonnen- (manche partiell) und drei Mondfinsternisse.[96]

Rabbi Juda Ben Samuel, der die acht Halljahre der Türkenherrschaft über Jerusalem vorhergesagt hatte, sagte auch, dass Jerusalem im neunten Halljahr (von 1917 bis 1967) Niemandsland sein würde. Vor dem Sechstagekrieg im Juni 1967 war Jerusalem geteilt; zwischen dem arabischen Ostteil der Stadt (Jordanien) und dem jüdischen Westteil verliefen eine Betonmauer und Stacheldraht. Der befestigte Streifen hieß „Niemandsland"; er gehörte keiner der beiden Seiten.

Weiter sagte der Rabbi, am zehnten Halljahr sei Jerusalem in jüdischer Hand, und dann würde das Zeitalter des Messias anbrechen. 50 Jahre nach 1967, das ist das Jahr 2017. „Zeitalter des Messias" bedeutet, dass der Messias erscheint oder dass die Juden sich dem Messias zuwenden. Sowohl unter religiösen als auch unter säkularen Juden gibt es in Israel eine starke messianische Bewegung; viele glauben, dass die Prophetien der Bibel über den Messias durch Jesus erfüllt worden sind.[97]

---

96 Historyorb.com, „Historical Events for Year 1917", http://www.historyorb.com/ events/date/1917 (Zugriff am 03.10.2014).

97 Israel Today Magazine, Nr, 110, März 2008.

Es ist eindeutig: 1917 war aus prophetischer Sicht eines der wichtigsten Jahre seit dem ersten Jahrhundert; was 1917 geschah, stellte die Weichen dafür, dass mit den Völkern der Welt und mit Israel als Volk geschehen kann, was die Bibel vorhersagt.

ER SETZT KÖNIGE EIN UND SETZT KÖNIGE AB

Amerikanische Christen fragen sich manchmal, inwieweit Gott bei der Wahl eines amerikanischen Präsidenten tatsächlich seine Hand im Spiel hat, da der Ausgang doch durch Wählerstimmen entschieden wird – damit setzen sie voraus, dass wir die Entscheidung treffen und nicht Gott. Manche glauben, Gott habe die Welt erschaffen und sie dann den Menschen überlassen, mische sich also nicht mehr ein.

Nach der Wahl von 2000, als Vizepräsident Gore glaubte, Bush hätte ihm den Wahlsieg „gestohlen", war der Leib Christi in Amerika geteilter Meinung. Ich erhielt E-Mails und Anrufe von Christen, die sagten, die Wahl sei manipuliert worden, Bush sei ein Lügner, und er bekleide das Präsidentenamt unrechtmäßig. Ich suchte in der Bibel nach einer Antwort und wurde fündig im Buch Daniel – und schlug vor, es dabei zu belassen. Daniel sagte zu Nebukadnezar:

> **Daniel begann und sprach: Gepriesen sei der Name Gottes von Ewigkeit zu Ewigkeit! Denn sein ist beides, Weisheit und Macht. Er führt andere Zeiten und Stunden herbei; er setzt Könige ab und setzt Könige ein; er gibt den Weisen die Weisheit und den Verständigen den Verstand.** Daniel 2,20+21

Manche sehen dies anders, aber Gott kann die Begleitumstände so regeln, dass bestimmte Mächtige zu bestimmten Zeiten aufsteigen und niedergehen. Das heißt nicht unbedingt, dass die, die so zur Macht gelangen, auch auf Gott hören oder seinen Anweisungen folgen würden. Es kam auch vor, dass Gott einen

König einsetzte, der sein Gericht ausführen sollte, zum Beispiel, als der babylonische König Nebukadnezar Jerusalem zerstörte und die Juden gefangen wegführte. Für Israel war es eine Tragödie, aber 150 Jahre zuvor war die Invasion von Jesaja vorhergesagt worden (2. Könige 20,17+18), lange bevor Nebukadnezar zur Welt kam.

Gott kann sogar US-Präsidenten, deren Entscheidungen aus ethischer Sicht verwerflich und in der Bibel verboten sind, an die Macht gelangen lassen; das wäre dann ein Gerichtshandeln über Amerika, weil wir Gräuel zugelassen haben. In der Schrift sehen wir, dass der Allmächtige zuerst die Götter eines Volkes richtet – bei Amerika wäre das die Liebe zum Geld, den Geist des Mammons, und einem solchen Gericht folgt oft eine Erschütterung der Wirtschaft. Das alte Israel brauchte Regen und eine gute Ernte, um weiterzuleben. Ohne Regen blieb die Ernte aus und die Wirtschaft brach zusammen.

In Israel gaben sich gerechte und böse Könige sozusagen die Krone in die Hand. Je mehr ungerechte Könige aufeinander folgten, umso schwerer wurden die geistliche Bedrückung, die Wirtschaftskrisen und die Bedrohung durch Feinde, die ins Land einfielen und in Besitz nahmen, was Gottes Bundesvolk gehörte.

Warum ließ Gott schlechte Könige zu? Er wollte den Stolz des Volkes brechen und sie demütigen, damit sie zum Herrn umkehrten, ihre Missetaten bereuten und den Bund erneuerten. Christen können entweder die Finsternis verfluchen und die Bosheit der Welt geißeln, oder sie demütigen sich und beten. Finsternis lässt sich nicht durch Flüche vertreiben – tragen wir also Licht in die Dunkelheit!

7

SECHS WARN-PROPHETIEN
VON GENERAL BOOTH

Die meisten wissen, dass es eine „Heilsarmee" gibt, aber nur wenige haben von General William Booth (1829-1912) gehört. Vor Weihnachten stehen in Amerika oft die Heilsarmee-Soldaten vor den Läden, und dann läuten sie eine kleine Glocke als Einladung, die rote Sammelbüchse mit Kleingeld zu füttern; diese Spenden werden dazu verwendet, Arme zu kleiden und zu speisen. So weit, so gut; aber warum heißt dieser Verein dann „Heilsarmee"?

Als der Amerikanische Bürgerkrieg (Sezessionskrieg) aufhörte, in demselben Jahr erklärte General Booth einen neuen Krieg: 1865 gründete er die Heilsarmee und sagte den Mächten der Finsternis den Kampf an.[98] Damals waren arme Leute in den schönen Kirchen unerwünscht. Booth war Methodistenpfarrer und betreute eine Gemeinde, aber er sah auch die Not der Armen, also verließ er seine Gemeinde und predigte auf der Straße.

Die „Christian Revival Society" („Christliche Vereinigung für Evangelisation"), wie sie sich zunächst nannte, nahm ihre Anfänge in den Elendsvierteln von Ost-London, doch schon bald sah man sie auch in anderen Ländern – 1880 in Amerika, dann in Israel, 1912 gab es sie in 58 Ländern.[99]

Gott wirkte mächtig in den Versammlungen, so entstanden viele neue Missionen und Werke. Booths liebste Waffe war das Gebet, und oft genug leitete er Gebetsnächte, die tatsächlich die ganze

---

98 The Salvation Army, „Our History", http://www.salvationarmy.org.uk/uki/salvation_army_heritage (Zugriff am 03.10.2014).

99 Catherine Le Feuvre, William and Catherine (England: Monarch Books, 2013).

Nacht dauerten! Wenn er dann predigte, „fielen die Menschen oft zu Boden, überwältigt von dem Gefühl der Gegenwart und Macht Gottes".[100]

Als Booth 1912 starb, kamen etwa 150 000 Menschen, um ihm die letzte Ehre zu erweisen. Zur Beerdigung kamen über 40 000, darunter die Königin; sie saß neben einer früheren Prostituierten, die sich durch General Booth bekehrt hatte.[101]

Vor seinem Heimgang hatte er noch eine wichtige Vision über die Zukunft erhalten. Zur Jahrhundertwende wurde er gefragt, was er in den nächsten hundert Jahren für die größte Gefahr halte.[102] Booth warnte vor sechs Gefahren, die er in seiner Vision am Horizont auftauchen sah.

Größte Gefahr im kommenden Jahrhundert ist Religion ohne den Heiligen Geist, Christentum ohne Jesus Christus, Vergebung ohne Buße, Errettung ohne Wiedergeburt, Politik ohne Gott, Himmel ohne Hölle.[103]

WARNUNG NR. 1:
EIN CHRISTENTUM OHNE DEN HEILIGEN GEIST

In der ersten Warnung Booths vor einem Christentum ohne den Heiligen Geist klingt die Mahnung an, die Paulus in 2. Timotheus 3,1-5 aussprach: Es komme eine Zeit, in der die Menschen eine Form der Gottseligkeit haben, aber ihre Kraft verleugnen. Ich glaube, wenn der Heilige Geist sich aus unseren Gemeinden zurückziehen würde, dann gingen in neun von zehn

---

100 Sermonindex.net, „General Booth in Jerusalem", http://www.sermonindex.net/modules/myalbum/photo.php?lid=38 (Zugriff am 03.10.2014).

101 William Bramwell Booth, „His Life and Ministry", The Gospel Truth, http://www.gospeltruth.net/booth/boothbioshort.htm (Zugriff am 03.10.2014).

102 Trevor Yaxley, William and Catherine: The Life and Legacy of the Booths (Ada, Michigan: Bethany House Publisher, 2003).

103 Goodreads.com, „William Booth Quotes", http://www.goodreads.com/author/quotes/151267. William_Booth (Zugriff am 03.10.2014).

Gemeinden die Musik, die Lehre und all die Angebote ganz normal weiter, und die meisten würden keinen Unterschied feststellen – Hauptsache, alles ist wie immer und es reicht für die Gehälter. Ein Christentum ohne den Heiligen Geist ist trocken, steif und langweilig. Ohne den Heiligen Geist ist das Christentum kein bisschen besser als jede andere Weltreligion! Wenn sie dazu aufgefordert wurde, predigte auch General Booths Frau Catherine; in einer Predigt sagte sie über den Heiligen Geist:

> Was könnten wir ohne ihn? Das ist der Grund, warum so viele, die sich Christen nennen, so kraftlos sind: Der Heilige Geist fehlt. Es ist alles hohl und tot, wie eine zurechtgemachte Leiche ... Äußerlich vollkommen, aber tot. Es ist wie eine galvanische Zelle – alles schön und gut, jedes Einzelteil ist vollkommen, aber wenn man sie anfasst, passiert rein gar nichts, es brennt nicht und man bekommt auch keinen Stromschlag. Was ist los? Ihr fehlt nur eines: das Feuer, die Kraft.

> Oh Freunde, wir wollen die Kraft, damit wir hingehen können und uns über den Toten strecken, der tot ist in den Vergehungen und Sünden, und ihm den Odem des geistlichen Lebens einhauchen. Wir wollen hingehen und seine Augen anrühren, damit er sehe, und mit der Stimme Gottes zu den Toten und Tauben sprechen, damit sie hören. Das brauchen wir – Kraft.[104]

WARNUNG NR. 2:
EIN CHRISTENTUM OHNE JESUS CHRISTUS

Ohne das Kreuz ist das Christentum nichts, denn das Leiden Jesu ist der Weg, der zum ewigen Leben führt. Ich kenne einen Pastor, der für seine Gemeinde ein großes Gebäude von zwei Geschäftsleuten kaufte, die einer anderen Religion angehörten. Beide wollten, dass, wenn er dieses Anwesen kaufte, er nie predigen sollte, andere Religionen kämen nicht in den Himmel. – Das ist ein Christentum ohne das Kreuz und ohne Jesus Christus.

---

104 Catherine Booth, Aggressive Christianity (Philadelphia: National Publishing Association for the Promotion of Holiness, 1883). 171. Online eingesehen auf Google Books.

Dieses Kompromittieren der Wahrheit können wir auch sehen, wenn Leiter von Mega-Gemeinden von Journalisten gefragt werden, ob sie glauben, dass Jesus der einzige Weg zum Himmel sei. Anstatt sich des vollbrachten Erlösungswerks Christi zu rühmen, gehen sie dann Kompromisse ein und tun, als gäbe es viele Wege zum Himmel, und für sie sei eben Jesus der richtige Weg – womit sie zu verstehen geben, dass Jesus bei anderen möglicherweise nicht funktionieren könnte.

WARNUNG NR. 3: VERGEBUNG OHNE BUSSE

Das scheint eine seltsame Warnung zu sein, ist doch die erste Grundlage des christlichen Glaubens der Ruf zur Buße, zur Umkehr. Von den Propheten des Alten Testaments über Johannes den Täufer bis hin zu den Aposteln ist der Ruf zur Buße immer eine Voraussetzung, das ewige Leben zu erben (Lukas 13,3-5). Buße, Umkehr bedeutet, dass man seine bösen Taten bereut, sein Denken ändert und eine andere Richtung einschlägt, indem man sich Jesus Christus zuwendet als dem Retter und Herrn.

Es ist traurig, aber ich habe Menschen gesehen, die nach vorne kamen und Gott um Vergebung baten, doch anschließend lebten sie weiter wie bisher und verblieben in demselben Denken, das sie in der Sünde gefangen hielt. Die Bitte um Vergebung muss eine Frucht der Umkehr sein und nicht nur ein Gedankenflug ohne Veränderung.

WARNUNG NR. 4: ERRETTUNG OHNE WIEDERGEBURT

Booth spürte, dass viele behaupten würden, sie seien errettet, aber sie würden sich nicht umgestalten lassen zu einer neuen Schöpfung in Jesus Christus. In den gesetzteren Gemeinden unserer Tage erlebt man nur selten einen Ruf nach vorne, um vor aller Augen Buße zu tun und sich zu Gott zu bekehren; statt der Tränen gottgewirkter Reue füllt man heutzutage eine Kontaktkarte aus oder man schüttelt dem Pastor die Hand.

Aber Errettung ist mehr als nur eine gedankliche Vereinbarung zwischen Mensch und Gott. Hier muss eine Veränderung stattfinden, die zu einem neuen Leben führt – eine Veränderung des Denkens, des Lebens, der Wünsche: Das Alte vergeht, Neues muss erscheinen (2. Korinther 5,17).

Wenn Christen genau gleich leben wie die nicht Erretteten, dann ist unser Christsein ein zahnloser Tiger und die Errettung lediglich eine Vereinsmitgliedschaft wie viele andere, zur Abwechslung eben in einer Kirche.

WARNUNG NR. 5: POLITIK OHNE GOTT

Booths fünfte Warnung galt einer Politik ohne Gott. Fünf Jahre nach seinem Tod brachte die russische Revolution (1917) die erste Regierung ohne Gott hervor. Das neue Regime vertrat den Atheismus und verfolgte die Christen.[105] Diese Art widergöttlicher Regierung breitete sich aus und ist bis heute (2015) in China, Laos, Vietnam, Kuba und Nordkorea an der Macht. Der Kommunismus hat seit 1917 Millionen von Christen in den Himmel geschickt, in das Paradies der Blutzeugen um Jesu willen (Offenbarung 6,9).

Werdende Politiker in Amerika suchten einst christliche Pastoren und ihre Gemeinden auf, um bei ihnen Stimmen zu sammeln. Aber da über die Hälfte der bekennenden Christen entweder nicht zur Wahl registriert ist oder ganz einfach nicht zur Wahl geht, ist die Gemeinde Jesu in Amerika schwach und blutleer geworden. Deshalb sehen die meisten Politiker keinen

---

105 Nach der Oktoberrevolution wurde zunächst die bisherige Staatskirche verfolgt, die russisch-orthodoxe Kirche; hingegen genossen die Baptisten und die „Evangeliums-christen", die unter dem Zaren blutig verfolgt worden waren, etwa acht Jahre lang eine bis dahin nicht gekannte Religionsfeiheit. (Anm. d. Übers.)

Anlass, öffentlich oder privat ihren christlichen Glauben zu zeigen; eine Ausnahme sind ein paar Südstaaten, in denen mehr Christen wählen gehen.

Unter den Politikern, besonders in Washington, habe ich noch nie so wenig Interesse an reinem Glauben und an geistlichen Fragen erlebt wie zurzeit. Diese Männer und Frauen gehen kaum zum Gottesdienst, wenn überhaupt, und wenn sie sich als Christen ausgeben, erinnern sie uns daran, dass sie ihren Glauben nicht vor sich hertrügen. In ihren Herzen scheint er aber auch nicht zu sein.

Booth sah es klar: Eines Tages würden die Regierungen im Westen keine Gottesfurcht mehr haben und auch nicht mehr den Grundsätzen der Bibel folgen. In Jesaja 33,22 heißt es, dass der Herr unser Richter, unser Gesetzgeber und unser König ist. Als Richter richtet er zwischen Gerechtigkeit und Ungerechtigkeit. Wenn er unser Gesetzgeber ist, dann sind seine Gesetze uneingeschränkt gültig und wir müssen sie beachten, wenn wir uns des Segens seines Bundes erfreuen wollen. Und er ist unser König – das heißt: Er allein ist der König der Könige und er herrscht über alle Völker.

WARNUNG NR. 6: HIMMEL OHNE HÖLLE

Booth sah eine Zeit, in der man den Himmel predigen, die Hölle aber weglassen würde. Im Westen haben die Predigten die Tendenz, Wohlstand, Segen und Gunst zu betonen, aber man findet nichts, was „negativ" wäre, und das größte aller Tabus ist die Hölle – obwohl dieses Wort in der King-James-Bibel 54 Mal vorkommt.[106]

---

106 Im Unterschied zur King-James-Bibel unterscheiden die gängigen deutschen Bibelübersetzungen zwischen „Hölle" und „Totenreich" bzw. „Scheol", deshalb findet man „Hölle" z. B. bei Luther (1984) nur 17 Mal und bei Schlachter 2000 nur 9 Mal. (Anm. d. Übers.)

Eine neue Welle von Pfarrern und Pastoren erspart sich diese beunruhigende, beängstigende Lehre vom ewigen Gericht, um die Ungläubigen und Unbußfertigen ja nicht zu beleidigen. Sie sprechen begeistert über den Himmel, aber die Bibelstellen über die Hölle ignorieren sie bewusst. Angeblich christliche Autoren veröffentlichen beliebte Bücher, aber den Gedanken der Gottesferne verwerfen sie oder sie lassen ihn einfach weg.

Dies ist eine gefährliche, verführerische Lehre; wenn sie Glauben findet, könnte sie Seelen das ewige Leben kosten. Natürlich macht es keinen Spaß, darüber zu predigen, aber immerhin kamen die eindringlichsten Warnungen vor der Hölle aus dem Mund Jesu (Matthäus 5,22-30; 10,28).

Die Warnungen durch General Booth galten der Gemeinde in Amerika, aber auch den Christen allgemein. Die Gläubigen in den Vereinigten Staaten hören das Donnergrollen über Washington, und wer Erkenntnis hat, ist besorgt darüber, dass nicht nur geistliche Stürme aufziehen, sondern auch Orkane in Politik und Wirtschaft.

Ziehen Steuererhöhungen Aufstände nach sich?

Auf amerikanischem Boden begannen zwei Kriege, und beide wegen Tarifen und hohen Steuern: der Unabhängigkeitskrieg (1775–1783) und der Bürgerkrieg (1861–1865). Zur Erinnerung hier die Hintergründe:

Im 18. Jahrhundert handelten die Franzosen und die Indianer mit den Briten und den Amerikanern; aber die Franzosen wollten das Handelsmonopol. Das Ergebnis war der Siebenjährige Krieg (1756–1763), in dem in Nordamerika England und Frankreich um die Vorherrschaft kämpften und der England viel Geld kostete; dazu kam die Sicherung der Grenze zum Indianergebiet, die weitere Konflikte zwischen Siedlern und Indianern verhindern sollte – und an diesen Kosten sollten die Kolonien nun beteiligt werden.

Deshalb wurden neue Steuern und Zölle eingeführt – auf Zucker, Papier und Tee, und schließlich gab es Steuermarken für Spielkarten. Dieser „Stamp Act" („Stempelgesetz"/„Steuermarkengesetz") brachte das Fass zum Überlaufen; die Siedler fühlten sich nur gemolken, aber wählen, also in England mitbestimmen konnten sie der Entfernung wegen nicht. In der „Tea Party" im Bostoner Hafen machten sie mit dem Tee der Briten kurzen Prozess und warfen ihn ins Wasser.

Das wurde zum Fanal; nun wollten die Kolonien sich von England lösen und das führte zum Unabhängigkeits- bzw. Revolutionskrieg. Das Feuer des Krieges entzündete sich an den Steuererhöhungen und es ging auch darum, wer die Zolltarife festlegte und über Grund und Boden verfügen würde – das lag nämlich weithin in der Hand des britischen Königshauses.

Polarisierender war der Bürgerkrieg. Um es einfach zu machen: Die Südstaaten wollten die Sklaverei, die Nordstaaten nicht, und darüber entschieden sie in einem Krieg. In Wirklichkeit war es natürlich weitaus komplizierter:

Vor dem Krieg lag der Schwerpunkt des verarbeitenden Gewerbes im Norden – hier lebten neun von zehn amerikanischen Arbeitern; doch nun stiegen die Löhne. Hohe Einfuhrzölle galten als gut, denn so stiegen die Preise der Importwaren, was für die Waren aus dem Norden ein Handelsvorteil war.

Im Süden prallte eine starke Bewegung für mehr Rechte des Staates zusammen mit den Befürwortern einer Bundesregierung (also der größeren Eigenständigkeit der einzelnen Staaten); im Süden konnte man auf billige Sklavenarbeit zurückgreifen, und die Großplantagen machten eine Menge Geld mit der Kombination aus Baumwoll-Entkernungsmaschine („cotton gin") und billigen Arbeitskräften. Die Farmen im Süden versanken geradezu in Baumwolle und Indigo, woraus blaues Baumwollgarn gewonnen wurde, und bald belegte die Regierung die Baumwolle aus dem

Süden mit hohen Zöllen. In den Augen der Südstaatler diente das nur dazu, den Norden zu bereichern und die Geldkoffer seiner Banken zu füllen.

Der Staat South Carolina beschloss, die „Union" zu verlassen, und als Lincoln gewählt wurde, hatten bereits sechs weitere Staaten diesen Schritt getan. Mit dem Angriff auf Fort Sunter am 12.-14. April 1861 begann der Bürgerkrieg; schließlich schlossen sich elf Staaten zu einer Konföderation zusammen, druckten ihr eigenes Geld und eröffneten ein eigenes Bankensystem – und verloren im Sezessionskrieg zwei Drittel ihrer Männer; Farmen und Häuser brannten zu Tausenden nieder.

Nach dem Krieg waren 4,5 Millionen Sklaven frei. Doch was sollten sie mit ihrer Freiheit anfangen? Es gab fast keine Arbeit mehr, denn die Landwirtschaft lag am Boden; so machten sich viele Sklaven auf in den Norden.

Der Wohlstand der Plantagenbesitzer war in einigen Gegenden völlig dahin. Ja, es stimmt, im Bürgerkrieg ging es vor allem um die Sklaverei; aber der Kern des Konflikts war der Widerstand des Südens gegen die hohen Zölle.

In der Auseinandersetzung um die Sklaverei standen drei Senatoren für die drei vorherrschenden Meinungen: Einer wollte die Sklaven dorthin schicken, wo sie herkamen, nach Afrika. Der zweite wollte, dass die Grundstückspreise zusammenbrachen, sodass jeder die Chance hatte, Land zu kaufen. Der dritte Senator glaubte wirklich, dass Sklaverei verkehrt war.

Die Politiker schlossen sich einer dieser drei Meinungen an und so waren Parlamente und Regierungen in Washington und dem ganzen Land gespalten.

AMERIKA UND DAS ALTE ROM

Warum schildere ich das so ausführlich, warum ist es so wichtig, dass Zölle auf amerikanischem Boden zwei Mal zu Krieg führten? Ein Grund für den Niedergang des Römischen Reiches war, dass Rom Geld brauchte für seine Heere und um Heerstraßen und größere Brücken zu bauen. Viele Bürger wurden arbeitslos und entdeckten, dass es bequemer war, von der regelmäßigen Armenfürsorge zu leben, für die sie weder arbeiten noch sonst eine Gegenleistung erbringen mussten. Sie verließen sich auf die Almosen vom Staat, ähnlich wie heute in unserem Sozialsystem; folglich wurden die Steuern immer weiter erhöht, bis die Mittelschicht ausgequetscht war wie eine Zitrone.

Ursprünglich bestand die Währung im Römerreich aus Kupfer- und Silbermünzen. Doch dann breitete sich die Inflation aus und man legierte das Silber mit anderen Metallen – so verfiel der wahre Wert der Währung. Auch die amerikanische Geldpolitik beruhte einst auf Gold und Silber, dem Goldstandard; seit 1964 allerdings prägte man statt der Silbermünzen Münzen aus billigerem Metall. Historiker sagen, die Steuerlast im Römerreich sei so schwer geworden, dass die Steuereinnahmen zurückgingen, bis der Staat schließlich bankrott war.

Die Gründerväter und andere nach ihnen kannten die Wirtschaftsgeschichte und zogen ihre Schlüsse daraus – und warnten die nach ihnen Kommenden. In einem Brief vom 23. Mai 1857 an Henry S. Randall schrieb Lord Macaulay über die Schwierigkeiten, die er auf Amerika zukommen sah:

Ihre Republik wird im zwanzigsten Jahrhundert so fürchterlich geplündert und von Barbaren verwüstet werden wie das Römische Reich im fünften – mit einem Unterschied: Die Hunnen und Vandalen, die das Römerreich plünderten, kamen von außen; Ihre Hunnen und Vandalen hingegen kommen aus Ihrem eigenen Land, Ihre eigenen Einrichtungen werden sie hervorbringen.[107]

---

107 New York Times, „Macaulay on Democracy: Curious Letter from Lord Macaulay on American Institutions and Prospects", 24. März 1860, http://www.nytimes.com/1860/03/24/news/macaulay-democracy-curious-letter-lord-macaulay-american-institutions-prospects.html (Zugriff am 03.10.2014).

Amerikas Staatsschulden sind eine Atombombe mit Zeitzünder, und früher oder später wird sie losgehen. Ich nenne keine Zahlen, denn bis das Buch in den Druck geht, werden die Schulden weiter gestiegen sein; die Ausgaben unseres Landes steigen von Minute zu Minute. Die Regierung in Washington kennt nur eine Möglichkeit, ihre Geldkoffer zu füllen: alles und jeden zu besteuern. Hinter verschlossenen Türen diskutieren sie, wie das Steueraufkommen erhöht werden kann, ohne dass das Volk aufbegehrt; dabei achten sie besonders auf die Wähler, die sie durchaus auch auf die Straße setzen könnten.

Solange die Regierung nicht an ihren Geldbeutel geht, neigen Amerikaner sehr dazu, die Politiker einfach gewähren zu lassen. Die haben gelernt, wie der Köder beschaffen sein muss, damit an der Wahlmaschine der „richtige" Name gedrückt wird: möglichst vielen Wählern möglichst viel Gratis-was-auch-immer zu versprechen. Auch andersherum wird ein Schuh draus: Man ködert den Wähler, indem man ihm Angst macht vor möglichen Nachteilen, die eintreten würden, wenn er nicht dafür sorge, dass sie weiterhin in den Marmorhallen des Kongresses oder des Weißen Hauses sitzen.

Zurzeit erhält über die Hälfte der Amerikaner irgendwelche Beihilfen vom Staat. In ein paar Jahren gehen richtig viele in den Ruhestand, und das kostet noch mehr Geld. Irgendwann ist das Geld anderer Leute aber zu Ende und die Regierung kann ihre Versprechen nicht mehr halten. An Griechenland kann man sehen, was das bedeutet und was auf uns zukommt.

Alle sechs Warnungen durch William Booth wurzeln in der geistlichen Finsternis Amerikas. Die mächtigen Prediger, die einst die Finsternis durchlöcherten, schauen jetzt vielleicht vom Himmel aus zu, wie die leeren Worte einer neuen Generation kraftloser Prediger von den Kirchenwänden abprallen und der Chor in seinen farbigen Roben nur auf das erlösende „Amen" wartet, um dann im Restaurant als Erste bedient zu werden.

Die progressiven Theologen in Amerikas neuer progressiver Christenheit haben eine neue Offenbarung, und sie ist leider falsch: Es gebe keine Hölle, wissen sie, es kämen alle, alle in den Himmel, warum also schwitzen? Keiner braucht sich mehr aus Angst vor der Hölle um sein Seelenheil zu bekümmern, und der Heilige Geist möge doch bitte aufhören, Unbekehrte schon an der Kirchentür von Sünde zu überführen.

In Zeiten wie dieser hat die Schrift eine Verheißung parat, und wache Gläubige nehmen sie dankbar auf. Bei Ronald Reagans Vereidigung zum Präsidenten legte er seine Hand auf die Bibel seiner Mutter, und eine der Lieblingsstellen Reagans war damals wirksam und sie ist es heute noch – wenn wir sie in demselben Glauben ergreifen wie damals. In Reagans Vereidungsbibel ist dieser Vers unterstrichen:

[Wenn] mein Volk, über das mein Name genannt ist, sich demütigt, dass sie beten und mein Angesicht suchen und sich von ihren bösen Wegen bekehren, so will ich vom Himmel her hören und ihre Sünde vergeben und ihr Land heilen. 2. Chronik 7,14 (LUT)

Wer soll Buße tun? Die, die nach dem Namen des Herrn genannt sind. Buße tun, dazu gehört, dass wir dem Herrn bekennen, dass wir sein Wort so hingedreht haben, wie es uns passt, und dass wir auf ein menschengemachtes Wohlfahrtssystem vertraut haben statt auf ihn allein – und dass wir ihm sagen, dass es uns leid tut. Zu viele sogenannte Christen haben sich an die falschen Orte, Menschen und Leiter gebunden. Alle Vorhersagen von William Booth sind eingetroffen, und nur die wahre Gemeinde Jesu kann diese Tendenzen noch ändern.

8

GEFÄHRLICHE BINDUNGEN
AN MÄCHTE DER POLITIK

Im Israel der Richterzeit tat jeder, was in seinen Augen recht war (Richter 17,6). Diese Freiheit, sich die Maßstäbe selber zu setzen, führte zum Götzendienst und zur Knechtschaft. Gott selbst hatte Priester und Propheten eingesetzt, um das Volk das Gesetz und Gerechtigkeit zu lehren.

Israel war eine Theokratie, ein Volk, dessen König Gott selbst war. Später, in der Zeit Samuels, wollte Israel eine Monarchie sein und einen Menschen zum König haben wie seine Nachbarvölker (1. Samuel 8,4-20). Zur Zeit Jesu bestimmte Rom, wer Hohepriester sein durfte; es kam soweit, dass die Heilige Schrift so ausgelegt wurde, dass es dem Kaiser und seinen Statthaltern passte. Damit entstand eine gefährliche seelische Bindung an politische Mächte.

Politiker erlassen *weltliche* Gesetze und Geistliche predigen *Gottes* Gesetze – und oft prallen Letztere mit den liberalen und „sozialen" Ansichten unserer Zeit zusammen. Diesen Konflikt hat es schon immer gegeben, den Konflikt zwischen dem Reich Gottes und Satan, zwischen Licht und Finsternis, zwischen den Gesetzen der Menschen und den Gesetzen Gottes.

In dieser Schlacht gibt es zwei gesellschaftliche Fragen, die zu politischen Fragen geworden sind: Abtreibung und homosexuelle Beziehungen bzw. Homo-Ehe; in Wirklichkeit sind das aber geistliche Angelegenheiten. Für die Politiker stecken in diesen umstrittenen Fragen dringend benötigte Wählerstimmen, aber kundige Gläubige sehen dahinter Gottes drohendes Gericht.

Gottes Gericht über Sodom und Gomorra legte ihre Gebäude in Schutt und Asche; der Grund: Sie hatten sechs Sünden zugelassen und praktiziert, darunter „gleichgeschlechtliche Beziehungen", Gott nennt sie „Gräuel" (siehe Hesekiel 16,49-50). Im Jahr 70 n. Chr. wurde Jerusalem erobert, der Tempel wurde zerstört und die überlebenden Juden wurden verschleppt – weil sie unschuldiges Blut vergossen hatten (Matthäus 23,34+35). Diese beiden „sozialpolitischen Fragen" waren und sind in Wirklichkeit geistlicher Natur.

Gottesfürchtige, bundestreue Gläubige sollen Salz und Licht sein in einer ethisch und sittlich geschmacklosen und finsteren Umgebung. Wenn unser Verständnis verdunkelt wird und unser Salz seine Würze verliert, taugen sie nichts mehr – das hat Jesus selbst gesagt (Matthäus 5,13).

Es ist und bleibt mir ein Rätsel: Wie können bibelgläubige, geist-erfüllte Christen Politiker wählen, die Abtreibung (Blutschuld) zulassen und fördern und die es gutheißen, wenn ein Mann einen Mann, und eine Frau eine Frau heiratet? Sie kennen die Warnungen der Bibel und sie wissen aus der Geschichte, dass diese beiden Sünden zum Untergang von Einzelpersonen, Völkern und Weltreichen geführt haben, und doch reden sie sich heraus: „Das entspricht nicht meinen Werten, aber …"

Das „aber" sagen sie nur, um ihr Gewissen zu beruhigen. Es gibt drei Erklärungen, warum sie für diese Politiker stimmen: Entweder sie kennen ihre Bibel nicht, oder sie glauben nicht daran, dass Gott Gericht verhängen kann, oder sie sind seelisch an politische Mächte gebunden.

WENN PROPHETEN UND POLITIKER ZUSAMMENPRALLEN

Zur Zeit von Elia war Israel in einer Krise; zur geistlichen Krise kamen eine Wirtschafts- und eine Regierungskrise. Dreieinhalb Jahre der Dürre hatten die Vorräte aufgezehrt, und Ahab und seine Frau Isebel bildeten eine korrupte Regierung, die Land für ihre eigenen, privaten Zwecke konfiszierte, wie es ihr passte. Die Propheten der Gerechtigkeit wurden geköpft und Tausende versteckten sich in den Höhlen. Doch ganz so böse waren Ahab und Isebel nun auch wieder nicht: Ihren Unterstützern boten sie in der Krise alle denkbare Hilfe – so fütterten sie 850 Propheten durch.

Diese Männer wollten von Israels Gott, vom Allmächtigen, nichts wissen; stattdessen aßen sie an Isebels Tisch. Diese „Propheten" verbündeten sich mit Missetätern, in ihrem Denken stimmten sie den politischen Mächten zu.

Traurig, aber wahr: Das kann man auch im heutigen Amerika sehen. Von den 850 kompromissbereiten Propheten wurden 450 „Baalspropheten" genannt. Die Baalsdiener glaubten, ihr Gott mache das Wetter und kümmere sich um die Umwelt. Diese „Umweltpropheten" nahmen das Angebot der Regierung gerne an; sie wollten ihren „Umwelt-Gott" weiterhin geehrt sehen und freuten sich, dass ihre Götzenhaine und Höhenheiligtümer nun endlich unter Staatsschutz standen. Das erinnert mich an die Umwelt-Extremisten, deren „Mutter" die Erde ist und deren „Götter" in Bäumen und Felsen wohnen.

Oben auf dem Karmel fand der Kampf zwischen dem Überrest der Gerechten und den falschen Propheten seinen Höhepunkt: Die Baalsdiener wuchteten Steine aufeinander und bauten einen Altar – sie nahmen also das gleiche Material vom selben Platz wie die wahren Propheten, die dem Allmächtigen einen Altar bauten.

Wir lesen, dass die Baalspropheten um ihren Altar herumtanzten – man hätte meinen können, hier verehrten begeisterte Juden ihren Gott. Die falschen Propheten riefen und legten ihre Opfer auf den Altar, sie brüllten und jubelten bis zum Mittag. Hätte ein Diener des Allmächtigen da oben gestanden und nicht gewusst, wer da herumschrie, hätte er sich vielleicht gefreut über diesen schönen Gottesdienst! Es sah „echt" aus, aber in Wirklichkeit war es eine Fälschung.

Das ist ein Bild für eine Gefahr in pfingstlich-charismatischen Kreisen, wo Gläubige schreien, tanzen und ihre Opfergaben auf den Altar werfen, und dabei dienen sie einem falschen Geist und bringen fremdes Feuer dar: Am Sonntag tun sie gerade das Gegenteil von dem, was sie die Woche hindurch treiben. Unheiliger Lärm mag gutgeheißen werden von einem Ausschuss tanzender Propheten, nicht aber von Gott. Maleachi sagte:

Es soll doch lieber gleich jemand von euch die Türen des Tempels schließen, damit ihr nicht vergeblich mein Altarfeuer anzündet! Ich habe kein Wohlgefallen an euch, spricht der Herr der Heerscharen, und die Opfergabe, die von euren Händen kommt, gefällt mir nicht! Maleachi 1,10

Es kann sein, dass Leute in unseren Gemeinden die Religion des Christentums und seine äußeren Formen akzeptieren, aber Gott hat Ohren und Augen verschlossen und zieht seinen Segen zurück.

Anschließend baute Elia seinen Altar und begoss das Opfer mit Wasser; damit machte er es schwierig, ein Feuer anzuzünden! Dann betete er ein paar Dutzend Wörter – und Feuer Gottes fiel vom Himmel und verzehrte alles.

In Amerika haben wir es nötig, dass Gottes Feuer auf der Kanzel und in den Kirchenbänken wieder neu angezündet wird. Um im Bild zu bleiben: Gottes Feuer fällt dann, wenn das Holz von den Tränen der bußfertigen Gemeinde durchnässt ist. Wie damals bei Elia auf dem Karmel bedeutet nasses Holz auf dem Altar, dass das Feuer fällt!

Der Entscheidungskampf auf dem Karmel zeigt den Zusammenstoß zwischen einem Propheten (Elia) und einem Politiker (Ahab) und wie das Gebetsleben des Elia den Geist der

Dürre besiegte (Jakobus 5,17+18). Das zeigt auch, dass korrupte Regierungen dazu beitragen können, dass wahre Propheten erstehen!

• Pharao beschloss, die Säuglinge der Hebräer bei der Geburt töten zu lassen. Der kleine Mose wurde im Schilf versteckt und überlebte; als er groß war, wurde er zum *enfant terrible*, das den Pharao und sein Heer zu Fall brachte.

• Zur Zeit von Ahab und Isebel ließ Gott zwei Propheten erstehen, Elia und Elisa, um der Korruption von Glaube und Regierung entgegenzutreten.

• Als in Babylon das Beten bei Todesstrafe durch Verbrennen verboten wurde, erschien in den Flammen wundersamerweise ein vierter Mann; durch drei Juden bewies Gott dem König, dass er allein der einzige Gott ist.

• Die kompromisslose Stimme Johannes des Täufers erschütterte die engste Umgebung von König Herodes. Jesus war eine Bedrohung für das ganze Römische Reich und für die korrupte Priesterschaft seiner Zeit.

• Der Apostel Paulus stand vor den Mächtigen in römischen Provinzen und griechischen Städten, von denen viele unter der Herrschaft von Götzen, Göttern und deren Tempeln standen. Doch die Salbung eines Apostels war stärker als die Fälschung, sie brach die seelischen Bindungen an heidnische Götter und befreite die Menschen von dem heidnischen Aberglauben, der sie gefangen hielt.

Wenn also korrupte Politiker dazu beitragen, dass sich prophetische Stimmen erheben, dann würde ich sagen: Amerika ist reif, dass Gott einschreitet.

Der geistliche Niedergang der amerikanischen Politik

Seit 1776 hat sich bei unseren Politikern einiges geändert. Neulich sank der US-Kongress in der Wählergunst auf besorgniserregende 14 Prozent.[108] Die Gründerväter hielten sich zur Kirchengemeinde am Ort aus Liebe zu Gott. Diese Männer waren überzeugt, dass ihre Entscheidungen, ihr Dienst am Gemeinwesen Gutes bewirkte. Sie glaubten, dass sie ein starkes Fundament legten und den Kolonien einen sittlichen und geistlichen Kompass hinterlassen würden.

Dann wurden unsere Staatsmänner vom Volk gewählt. Weiterhin gingen sie zur Kirche, weil sie Gott liebten – oder zumindest gaben sie sich den Anschein, dass sie Gott liebten. Sie waren fähige Leute, und wenn sie Gesetze erließen, hatten sie das Wohl des Landes im Auge und nicht nur die Wiederwahl.

Und heute haben wir Profi-Politiker, die alle Wahljahre in die Kirche gehen, Wählerstimmen sammeln und für Selfies posieren, aber sie besuchen nur die Gemeinden, die eine angemessene Wahlbeteiligung erwarten lassen. Diese glibberigen Volksvertreter, die ihre Popularität den Medien verdanken, haben gelernt, wie man Versprechen macht, die man nicht halten kann, wie man Geld ausgibt, das man nicht hat – und sie scheuen sich nicht, mitunter ihre Gegner zu verleumden; notfalls geben sie anschließend eine blutleere Entschuldigung wegen „Fehlinformation" von sich – wohlgemerkt: nach der Vereidigung .

Gott sei Dank gibt es immer noch ein paar mutige und gottesfürchtige Politiker, einen Überrest auf dem Kapitol in Washington. Verwurzelt im Glauben der Bibel, lassen sie sich nicht einschüchtern, sondern weisen darauf hin, dass Amerika den Glauben an Gott braucht. Für diesen Überrest ist immer noch der Glaube an Gott der Kompass, auch und gerade weil das Schiff unserer Republik im Taifun den Kurs verloren hat und im Nebel der Verunsicherung nicht mehr weiß, wo es ist.

---

108 Gallup, „Congress and the Public", http://www.gallup.com/poll/1600/Kongress-public. aspx (Zugriff am 03.10.2014).

Wenn ein Mächtiger mit frecher Stirn lügen und das Gesetz brechen kann und niemand ihn zur Verantwortung zieht, ist das ein äußerst trauriges Zeugnis vom sittlichen und geistlichen Niedergang des Landes. Lügen gehört jetzt zur Strategie. Wenn wir den Gestank der Korruption einatmen können, ohne zu husten und zu würgen, wenn man Politikerlügen erwartet, statt sie aufzudecken, dann hat die Fäulnis der Verführung schon die Seele der Nation erreicht und das Endstadium ist nicht mehr weit.

Korruption in der Politik ist nichts Neues. Berühmtheiten haben über Politik gesagt:

Politik ist einträglicher als Kriminalität.[109]   Alfred Newman

Politik ist die Kunst, sich Probleme zu machen; man findet heraus, ob es sie gibt oder nicht, dann stellt man die falsche Diagnose und verschreibt die falsche Pille.[110]   Earnest Benn

Das Dumme an politischen Witzen ist: Sie werden gewählt.[111]   Henry Cart VII.

Die Wort politics kommt von poly, das heißt „viele", und von tics, das bedeutet „Blutsauger".[112]   Larry Hardiman

Politiker ist kein schlechter Beruf: Wenn man Erfolg hat, wird einem reicher Lohn zuteil, und wenn es schiefgeht, kann man immer noch ein Buch schreiben.[113]   Ronald Reagan

---

109 Thinkexist.com, „Alfred Newman Quotes", http://thinkexist.com/quotation/crime-does-not-pay-as-well-as-politics/531524.html (Zugriff am 03.10.2014).

110 Susan Ratcliffe, Oxford Treasury of Quotations and Sayings (New York: Oxford University Press, 2011).

111 William B. Whitman, Hg., The Quotable Politician (Guilford, Connecticut: The Lyons Press, 2003).

112 Thinkexist.com, „Larry Hardiman Quotes", http://thinkexist.com/quotation/politics-n-poly-many--tics-blood-sucking/213564.html (Zugriff am 03.10.2014).

113 Thinkexist.com, „Ronald Reagan Quotes", http://thinkexist.com/quotation/politics_is_not_a_bad_profession-if_you_succeed/224781.html (Zugriff am 03.10.2014).

Es heißt, Politik sei das zweitälteste Gewerbe der Welt. Ich habe begriffen, dass es dem ältesten sehr ähnlich ist.[114]

Ronald Reagan

Jetzt weiß ich, was ein Staatsmann ist: ein toter Politiker. Wir brauchen mehr Staatsmänner![115]

Bob Edwards

Da ein Politiker nie glaubt, was er sagt, überrascht es ihn, wenn man ihn beim Wort nimmt.[116]

Charles de Gaulle

Zieh alle Dummköpfe auf deine Seite, und der Wahlerfolg ist dir garantiert.[117]

Frank Dane

Wenn Gott gewollt hätte, dass wir wählen, hätte er uns Kandidaten gegeben.[118]

Jay Leno

Warum schreibe ich das alles über seelische Bindungen an politische Mächte? Die Antwort finden wir in der Bibel: Die stärksten Mächte im Reich der Finsternis werden „Herrschaften" und „Gewalten" genannt (Epheser 6,12); das sind zwei von vier Ebenen in der Hierarchie von Geistern, die auf Städte und Länder einwirken können.

„Herrschaften" (Fürstentümer) kann auch mit „Regierungen" wiedergegeben werden. Diese Mächte äußern sich durch manipulative, böse Politiker, die den Gerechten das Leben schwer machen wollen bis dahin, dass sie Gesetze verabschieden, die Christenverfolgung nach sich ziehen.

---

114 Thinkexist.com, „Ronald Reagan Quotes", http://thinkexist.com/quotation/politics_is_supposed_to_be_the_second_oldest/11926.html (Zugriff am 03.10.2014).

115 Whitman, Hg., The Quotable Politician.

116 Ebd.

117 Ebd.

118 Thinkexist.com, „Jay Leno Quotes", http://thinkexist.com/quotation/if_god_had_wanted_us_to_vote-he_would_have_given/181927.html (Zugriff am 03.10.2014).

Die Macht eines solchen Fürstentums sehen wir in Daniel 10: Ein „Fürst" über die Perser beherrschte den Luftraum über der Stadt Babel und verhinderte drei Wochen lang, dass ein Engel Gottes Daniel eine Botschaft übermittelte. Durch diese starken Geister will das Reich der Finsternis jegliche Beeinflussung durch Gott verhindern; Gerechte mit Führungspotenzial sollen kleingehalten werden.

Wie will man die bösen Pläne vieler Diktatoren erklären, die bedenkenlos Tausende, ja Millionen ermordet haben, wenn nicht durch ein Reich böswilliger Wesen? Wie konnte es einen Josef Stalin geben, einen Adolf Hitler, einen Mao Tse-tung, in Rumänien einen Nicolae Ceauşescu, in Ägypten einen Gamal Nasser, im Irak einen Saddam Hussein – und viele andere in kleineren Ländern, an deren Händen Blut klebt?

Vor einigen Jahren hielt ich eine Evangelisation in Uganda. Von meinem Hotel in der Hauptstadt Kampala konnte man ein anderes Hotel sehen, über dem Tag für Tag viele Geier kreisten, sie saßen in den Bäumen und ließen sich auch am Boden nieder. Das war seltsam, und ich fragte den Pastor, der mich eingeladen hatte, ob er irgendetwas darüber wisse; er erklärte mir:

Hier hatte der Diktator Idi Amin Dada 1971-1979 Hunderte seiner Landsleute ermordet und ihre blutigen Leichen den Vögeln zum Fraß vorgeworfen. Der Diktator war abgesetzt, aber die Vögel kamen immer noch hierher, und die Einheimischen glaubten wirklich, dass einige dieser Geier von Dämonen besessen waren, denn wenn sie dort waren, geschahen seltsame Dinge. Ihre Annahme stützten sie auf die Geschichte in der Bibel, wo böse Geister in die Schweine fuhren (Markus 5,11-13).

Das Verlangen, Unschuldige zu ermorden und Blut zu vergießen, ist schwer zu erklären – es sei denn, man glaubt, dass es ein Reich Satans gibt, das auf der Erde wirksam ist und versucht, die Entscheidungen böser Menschen zu lenken.

LÜGENGEISTER ENTLARVEN

Manchmal wird einem hochrangigen Entscheidungsträger ein Lügengeist zugewiesen. In der Bibel lesen wir, dass König Ahab einen Krieg plante und dafür einen Verbündeten suchte. In einer Vision sah der Prophet Micha im Thronsaal Gottes im Himmel Engelheere, die berieten, wie sie in diesem Krieg Ahabs Leben beenden könnten. Der Prophet Gottes sah, wie ein Lügengeist ausgesandt wurde, der Ahabs falsche Propheten verführen sollte., damit sie ihm den Sieg versprachen. Nur ein Einziger, ein wahrer Prophet des Allmächtigen, wusste, dass Ahab aus dieser Schlacht nicht zurückkehren würde (2. Chronik 18,18-22).

Diese Geschichte zeigt, dass große Entscheidungen im Himmel geplant und dann erst auf der Erde ausgeführt werden. Böse Geister können in die Gedanken eines Mächtigen einen Samen der Lüge legen und ihn zu einer schädlichen Entscheidung verführen, die ihm Misserfolg beschert. So lesen wir zum Beispiel, dass Satan den König David anstiftete, Israel zu zählen, ohne die dazugehörige Kopfsteuer in Höhe eines halben Schekels einzusammeln. Weil David Gottes Gesetz missachtet hatte, kam eine schreckliche Plage über Israel (2. Mose 30,12; 1. Chronik 21,1.7-12).

Bei Ahab sehen wir, dass ein Lügengeist auch große Führer beeinflussen und ihnen eine große Niederlage oder sogar den vorzeitigen Tod bringen kann. Als Richard Nixon öffentlich bestritt, irgendetwas mit dem Watergate-Einbruch zu tun zu haben, kam die Wahrheit ans Licht; es wurde ein Amtsenthebungsverfahren angestrengt und er musste zurücktreten. Dasselbe geschah mit Bill Clinton, als er unter Eid bestritt, „mit dieser Frau", Monica Lewinsky, eine Beziehung gehabt zu haben.

AMERIKA UND BABYLON

Einige Bibellehrer wollen zeigen, dass Jeremia 51+52 und Offenbarung 17+18 dem amerikanischen Weltreich gelten, da beide Prophetien von Babylon sprechen. Ich will jetzt nicht diskutieren, ob das aus theologischer Sicht haltbar ist oder nicht; ich zeige nur, dass das alte Babylon Parallelen aufweist zu der Macht, die in Amerika die Freiheit bedroht.

Die Babylonier eroberten Jerusalem, um die kostbaren, wertvollen Goldgefäße aus dem Tempel zu holen. Diesen Reichtum brachten sie nach Babel, was Babels Wirtschaftskraft stärkte, denn König Nebukadnezar vergrößerte seine Stadt und baute Götzentempel; damit vermehrte er die Staatsschulden.

Das babylonische System trachtete nach vollständiger Kontrolle in jedem Lebensbereich: In Daniel 1 lesen wir, dass den Hebräern vorgeschrieben wurde, welche Art Essen sie zu sich nehmen sollten (einschließlich Götzenopferfleisch); später kam das Verbot, zu ihrem Gott zu beten (Daniel 6,1-13). Bei einer anderen Gelegenheit befahl der König drei Hebräern, sich vor einem Götzenbild zu verbeugen – Alternative: Todesstrafe (Daniel 3,1-23).

Diese drei Anordnungen standen den Überzeugungen der Hebräer total entgegen; und sie gleichen den Forderungen der Liberalen-Lobby in Washington: Per Gesetz legen sie fest, welche Art Hybrid-Samen Landwirte verwenden dürfen und wie viel Lebensmittel, Milch und Eier auf den Markt kommen; jetzt wollen sie auch noch bestimmen, was wir essen dürfen.[119] Christen dürfen in öffentlichen Schulen nicht mehr beten. In vielen öffentlichen Gebäuden darf man Gott nicht mehr erkennbar danken, und wenn man es doch tut, riskiert man zumindest Kritik, wenn nicht gar eine Klage. Bibelgläubige Christen werden als intolerant verhöhnt, besonders wenn wir verkündigen, dass Jesus der einzige Weg zum ewigen Leben ist.

Wie von den drei Hebräern damals verlangt man auch von uns, dass wir uns niederbeugen und falsche Religionen ehren. Man verlangt von uns, dass wir niemals sagen, Jesus sei der einzige Weg zu Gott; wir sollen tolerant sein und alle Religionen gelten lassen als einen möglichen Weg zum ewigen Leben.

---

119 Privates Gespräch mit dem Autor.

Doch die vier Hebräer in Babylon (Daniel, Hananja, Misael und Asarja, Daniel 1,6+7), weigerten sich, ihren sittlichen und geistlichen Werten zuwiderzuhandeln, trotz der Hitze des Feuerofens oder der wilden Löwen, die auf sie warteten (Daniel 3,6; 6,8).

Nun zurück zu unserer Frage: Warum haben viele Christen kein Problem, Männer oder Frauen zu wählen, die Gesetze erlassen, die der Heiligen Schrift widersprechen? Sie wissen es nicht besser und sie lassen sich unter Druck setzen. Viele Christen kennen das Wort Gottes nicht, sie wissen nichts von Gottes Gerichten, sie kennen die Prophetien der Bibel nicht, ganz zu schweigen von Serien, Parallelen und Zyklen in der Bibel. Und dann kommt der Druck Babylons dazu – auf Verlangen nicht-erretteter oder fleischlicher Familienangehöriger wählen sie ihrer Überzeugung zum Trotz eine bestimmte Partei.[120]

Wie damals die Israeliten auf dem Karmel müssen auch wir Christen eine Entscheidung treffen; Elia fragte sie: „Wie lange wollt ihr auf beiden Seiten hinken?" (1. Könige 18,21).

„Hinkende" Gläubige, die sich nicht entscheiden können, auf wessen Seite sie stehen wollen, schwächen die Gemeinde Jesu. Jeden Sonntag steigen sie hoch zur „Karmel-Gemeinde", wo sie dann laut weinen, um den Altar herumtanzen, schreien und ihre Opfer niederlegen – und dann gehen sie zurück an den Tisch, den ihnen der Kompromiss mit Ahab und Isebel eröffnet hat. Ihre Seele hängt am Tropf der Verführung; sie glauben die Lüge, solange sie persönlich Abtreibung oder die Homo-Ehe für falsch hielten, wären sie gerechtfertigt und Gott würde sie im letzten Gericht sicher nicht zur Verantwortung ziehen.

Gläubige sollen sich nicht mit Ungläubigen zusammenspannen lassen (2. Korinther 6,14). Man hat mir beigebracht, Paulus habe hier die Gläubigen vor einer Ehe mit Ungläubigen gewarnt, aber in

---

120 Die Vorwahlen zur Präsidentschaftskandidatur sind in manchen Bundesstaaten öffentlich, also nicht geheim („Caucus"). (Anm. d. Übers.) Darf das eine Fußnote auf dieser Seite bleiben? (Sternchen)

diesem Abschnitt geht es überhaupt nicht um Ehe. Paulus spricht hier zu Gläubigen, die sich mit Leuten zusammenschließen, die Böses tun, und mit ihnen Gemeinschaft haben.

Gott sagt uns auch, wem wir uns anschließen sollen: „Du sollst den Herrn, deinen Gott, fürchten; ihm sollst du dienen, ihm sollst du anhängen und bei seinem Namen schwören" (5. Mose 10,20); „Wer aber dem Herrn anhängt, ist ein Geist mit ihm" (1. Korinther 6,17); „... dass sie sich dem Dienst an den Heiligen gewidmet haben" (1. Korinther 16,15); „Es ist wie bei unserem Körper: Er besteht aus vielen Körperteilen, die einen einzigen Leib bilden und von denen doch jeder seine besondere Aufgabe hat" (Römer 12,4 NGÜ).

Dieser gängelnde, bestimmende Geist, mit dem die Juden in Babylon zu tun hatten, steht heute vor Amerika. Die Versuche, unsere Ernährung zu ändern oder unsere Überzeugung, oder die Gesetze, die Religionsausübung in der Öffentlichkeit einschränken – all das sind grundlegende Veränderungen, die wir den Liberalen verdanken. Viele Bibellehrer haben versucht, in den Babylon-Prophetien bei Jeremia und der Johannes-Offenbarung Amerika zu sehen; wie dem auch sei: Ohne Zweifel zeichnet das alte Babylon ein Bild der Be-/Unterdrückung aller, die sich seinem System nicht beugen wollen.

DER STEIN UND DIE ZIEGEL

In 1. Mose 11 finden wir einen Bericht aus dem allerersten Weltreich, aus Babel. Diese Stadt wurde erbaut unter Nimrod, dem Urenkel Noahs und Enkel Hams. Der jüdische Historiker Josephus schreibt über die Zeit nach der Sintflut, dass die Menschen zunächst in den Bergen blieben, dann aber doch auch die Ebene besiedelten:

> Diese waren die Ersten, die von den Bergen stiegen und in die Ebenen gingen und sich dort niederließen; und überzeugten andere, die wegen der Flut sich fürchteten vor den Niederungen und nur sehr zögerlich von den höheren Orten herunterkamen, um ihrem Beispiel zu folgen.[121]

Offensichtlich lebten irgendwann viele Menschen an einem Ort (statt in vielen kleinen Siedlungen), und sie alle hatten eine einzige Sprache (1. Mose 11,1). Sie bewunderten Nimrod, den Rebellen gegen Gott; er wollte einen Turm bauen, so hoch, dass keine Flut seine Spitze erreichen und ihren Widerstand brechen könnte. Josephus kommentiert:

> Er (Nimrod) sagte, er würde es Gott heimzahlen, sollte dieser die Welt nochmals ertränken wollen; er würde einen Turm bauen, so hoch, dass das Wasser ihn nicht erreichen könne, und er wolle sich an Gott rächen, weil dieser ihre Väter umgebracht habe.[122]

Die Stärke Babels beruhte auf einer einfachen Tatsache: Sie hatten alle dieselbe Sprache, und das einte sie alle hinter einem Leiter (einem Diktator), der sie regierte. Man nimmt auch an, dass sie eine Hauptreligion hatten, einen Mutter-Sohn-Kult. Sie hielten ihr Reich für unbesiegbar (1. Mose 11,1-4). Und doch: Durch das übernatürliche Eingreifen von Gott selbst fielen der Turm und die Einheit des Reiches; die Menschen wurden in alle Winde zerstreut.

DER ZIEGEL UND DER STEIN – EINE NEUE WELTORDNUNG

In der Bibel gibt es ein Gegensatzpaar, das oft übersehen wird: der „Ziegel" und der „Stein". Dieses Stück der Heiligen Schrift liefert uns eine Parallele für die gegenwärtigen Versuche der Menschheit, die alte babylonische Ordnung zu einer „Neuen Weltordnung" umzuformen.

---

121 Flavius Josephus, Antiquities of the Jews Book I, Christian Classic Ethereal Library, http://www.ccel.org/ccel/josephus/works/files/ant-1.htm (Zugriff am 04.10.2014).

122 Ebd.

Und sie sprachen zueinander: Wohlan, lasst uns Ziegel streichen und sie feuerfest brennen! Und sie verwendeten Ziegel statt Steine und Asphalt statt Mörtel.

1. Mose 11,3

Das Reich Gottes und die Wiederkunft des Messias werden verglichen mit einem Stein, der sich „ohne Hände" löst; zur Zeit des Endes stürzt er auf die Reiche dieser Welt (Daniel 2,34+35). Jesus wird der „Eckstein" genannt (Epheser 2,20); die Gläubigen in der Gemeinde sind „lebendige Steine" (1. Petrus 2,5). Auch Johannes der Täufer gebraucht dieses Bild, wenn er sagt, Gott könne sich aus Steinen Kinder erwecken (Matthäus 3,9).

In aller Welt beraten die Staaten darüber, eine neue Weltordnung zu errichten; in dieser Koalition würde die ganze Welt in zehn Regionen unterteilt, die dann unter der Herrschaft einer Gruppe stehen sollten; deren Mitglieder sollten in den Regionen gewählt werden und diese vertreten. Diese neue Regierung soll nur eine einzige Währung haben, das Trennende zwischen den Religionen aufheben und die Menschheit unter weltweit gültigen Gesetzen einen. Dieses „Neu-Babylon" will die Menschen zu „Ziegeln" machen.

Was ist der Unterschied zwischen einem Ziegel und einem Stein? Ziegel sind einheitlich geformt; sie sehen gleich aus, man kann sie nicht voneinander unterscheiden. Genau das wollte der Kommunismus: alle Bürger gleichschalten, ein Haus aus Ziegelsteinen bauen. Alle hatten dieselbe Art Schuhe an, trugen die gleiche Kleidung und wohnten in den sieben Einheitsbauten. Man gab jedem eine Aufgabe für den Aufbau des Systems, und die Bezahlung war auch ziemlich einheitlich.

Der Turm zu Babel ist ein Symbol für die Einheit der Europäischen Union (EU). Im 16. Jahrhundert schuf Pieter Brueghel d. Ä.[123] drei Versionen eines Ölgemäldes vom Turmbau zu Babel. Die

---

123 Christimages.com, „The Tower of Babel", http://christimages.org/biblestories/tower_of_babel.htm (Zugriff am 04.10.2014).

Basis erinnert an das Kolosseum zu Rom, und das Gebäude des EU-Parlaments in Straßburg – einer der „EU-Hauptstädte" – hat auch diese Form; wie Brueghels Turm sieht es unvollendet aus, und so wurde der Turm zu Babel zum Symbol der neuen Einheit der EU-Länder.

Die EU nahm die Wiener Version von Brueghels Gemälde auch als Grundlage für ein Poster mit der Botschaft „Europe: Many tongues, One Voice"[124] – viele Sprachen, eine Stimme –, und für ein weiteres mit vielen Menschen um den Turm herum, das heißt mit Legofiguren. Die haben alle quadratische Köpfe, mit Ausnahme eines Babys in den Armen seiner Mutter; der Kopf des Babys ist rund. Das soll wohl sagen, dass der Mensch bei seiner Geburt frei ist, aber wenn er heranwächst, wird er in die Neue Weltordnung eingepasst.

Gott baut sein Reich, sein Haus aus Steinen. Steine kommen aus dem Staub der Erde, in Größe und Form, im Gewicht und sogar in der Farbe sind sie unterschiedlich. Sie sind weiß, schwarz, rot, grau, bräunlich – so wie auch die Menschen auf den sieben Kontinenten sich in Größe und Farbe unterscheiden! Gott baut seine Gemeinde auf das Fundament Jesus Christus, die Grundlage der Apostel und Propheten, und er gibt jedem „Stein" in seinem Kirchenbau seinen Platz und seine Aufgabe. Als Jesus sich als Sohn Gottes bekannte, fügte er hinzu: „Auf diesen Felsen will ich meine Gemeinde bauen" (Matthäus 16,18).

Der Turm zu Babel bestand aus Ziegeln, zusammengehalten durch Erdharz, Bitumen, „Asphalt" (1. Mose 11,3), also ein dunkles teerartiges Material, das man auf den Ölfeldern im Irak beim alten Babel heute noch finden kann. Dieser Schleim lagert unter der Erde, aber unter Druck kommt er an die Oberfläche. Auch heute scheint es, dass „Schleim" all dies Machwerk zusammenhält – die Triebkraft unter der Oberfläche ist Habgier, Lust und Macht.

---

124 Christimages.com, „European Union Poster", http://christimages.org/Images_Genesis/european-union-poster-babel.jpg (Zugriff am 04.10.2014).

Korrupte Leiter sind ein Abbild des Volkes, das sie immer wieder an die Macht wählt. Gleich und Gleich gesellt sich gern: Lügner mögen andere Lügner, Schwindler tun sich zusammen mit anderen Schwindlern, Betrüger fühlen sich wohl unter anderen Betrügern. Vielleicht nehmen die, die uns führen, nicht so sehr Einfluss auf uns, sondern sie sind unser Spiegelbild?

Man bedenke, wie sich die Obrigkeit in Washington verändert hat: Sie lügen wissentlich, denn sie versprechen etwas, von dem sie genau wissen, dass sie es nicht halten können – nur damit alles beim Alten bleibt und sie ihren Stuhl nicht hergeben müssen. Gesetze werden hinter verschlossenen Türen ausgehandelt, und wenn das Volk befragt wird, ist der Wähler schlecht informiert, wie beim „Affordable Healthcare Act", der „Krankenversicherung für alle" (auch „ObamaCare"). Gegenargumente und Fakten werden häufig ignoriert – dafür werden Wähler mit Positionen und Arbeit belohnt. Geld regiert die Welt.

Sowohl Babel als auch Ägypten bieten eine Vorschau auf Amerika, das sich zu einer Art europäischem Sozialismus entwickelt. In Babel nahm man Ziegel statt Steinen; in Ägypten mussten die hebräischen Sklaven Ziegel brennen und daraus Vorratsstädte bauen. Morgen für Morgen gingen sie an die Arbeit und machten immer dasselbe: Stroh sammeln, Lehm mischen, Wasser in die Formen gießen, Ziegel brennen. Alles Routine, tagaus, tagein. Immerhin bekamen die Ziegelmacher von der ägyptischen Regierung freie Kost und Logis.

Und es ist wie im alten Israel: Solange kein Prophet aufsteht, der in der Kraft Gottes übernatürliche Zeichen und Wunder vollbringt und Pharaos eiserner Faust den Kampf ansagt, solange bleiben die Leute einfach Ziegelmacher. Ziegelmacher, deren Lebenskampf wie bei den Kindern Israels in Ägypten die Bedrückung, Entmutigung und Verschuldung nur noch vergrößert – Hauptsache, aus der Schatzkammer in der Vorratsstadt Washington kommt pünktlich das Geld.

Ich bin überzeugt: Die größte Angst der Großen Amerikas ist, dass die Bürger dieses Landes aus der Ziegelfestung ausbrechen und wieder zu dem werden, wozu Gott sie geschaffen hat: einzigartige Steine, deren Quelle Gott ist (und nicht Uncle Sam und seine Geschwister). Viele Jahre lang haben in Amerika liberale Professoren die Idee von einer sozialistischen Gesellschaft genährt, einschließlich der Umverteilung des Reichtums, und schließlich wählte Amerika 2008 bereitwillig einen Leiter, der unverblümt sagte, seine Hauptabsicht sei, Amerika von Grund auf zu verändern. Was er denn auch getreulich tat.

Die Welt denkt in Ziegeln, aber die Kirche sollte in Steinen denken. Konservative Gläubige gelten als engstirnig und intolerant. Manche Regierungsmitglieder in Washington sehen die Anführer der Tea-Party-Bewegung und andere Konservative als Teil möglicher „einheimischer Terrorgruppen".

Die Liberalen rühmen sich ihrer Toleranz, deren man versichert sein kann, so lange man mit ihnen einer Meinung ist: ein Lächeln und eine herzliche Umarmung für jeden, der sich von seiner „frommen" Überzeugung bekehrt zu einem „offeneren" und „fortschrittlicheren" Denken! Dann ist einem, so sehen sie es zumindest, „ein Licht aufgegangen" – und man wird aufgenommen mit unglaublicher Toleranz.

Doch man wage es nur, die liberale Heuchelei aufzudecken oder anderer Meinung zu sein als sie, dann lernt man den Geist der Intoleranz in seinem ganzen Grimm kennen: Wer vor den Gefahren der Sünde warnt, ist gesetzlich und ein Richtgeist und nimmt sich wirklich zu viel heraus. Wer der traditionellen Ehe zwischen Mann und Frau das Wort redet, ist homophob. Wer glaubt, dass gefährliche islamische Terroristen hinter Schloss und Riegel gehören, wird als „islamophob" abgestempelt. Und wenn jemand nicht einverstanden ist mit den Entscheidungen eines Menschen mit anderer Hautfarbe, der muss Rassist sein.

Der Geist von Babel und die Kontrolle von Nimrod wiederholen sich heute. Offenbarung 17 und 18 handelt von dem „Geheimnis Babylon" (Offenbarung 17,5). Der Kreis der Geschichte schließt sich: In 1. Mose 11 taucht Babel erstmals auf; Jahrhunderte später baut Nebukadnezar die Stadt Babylon; und in der Zeit des Endes schließt sich der Kreis, wenn das „Geheimnis Babylon" in Wirtschaft und Religion zum Höhepunkt gelangt. In allen drei Stadien, die die Bibel nennt – Babel, Babylon, Geheimnis Babylon –, hatte und hat es Weltrang.

DIE BRICS-GRUPPE

Das Wort „BRIC" ist ein Akronym aus Brasilien, Russland, Indien und China; diese Länder haben sich im Rahmen einer neuen Wirtschaftsentwicklungs-Strategie zusammengeschlossen. 2010 kam Südafrika dazu, seitdem nennt sich diese Ländergruppe „BRICS".

Diese Vereinigung scheint nicht allzu bedeutend, aber ihre fünf Staaten vereinen auf sich ein Viertel der Erdoberfläche und 43 Prozent der Weltbevölkerung! 2015, zur Zeit des Drucks dieses Buches, generieren sie fast ein Viertel des Brutto-Inland-Produkts der Welt. Diese Politik- und Wirtschaftsunion namens BRICS wurde gemeinsam gebildet, sie hebt den Status und die Wirtschaftsmacht der einzelnen Mitglieder und macht sie auf der Weltbühne zu ernstzunehmenden Mächten. Die vier ersten Länder sind inzwischen die schnellstwachsenden Volkswirtschaften der Welt.[125]

Als ich vor Kurzem wieder einmal Israel besuchte, waren in der Reisegruppe auch mehrere Südafrikaner; sie machten mich auf BRICS aufmerksam und erzählten mir auch von den Plänen, die Südafrika damit verfolgt:

---

125 Pittsburg Post-Gazette, „New coalition?: The World Must Brace for the BRICS", 1. April 2013, http://www.post-gazette.com/opinion/editorials/2013/04/01/New-coalition-The-world-must-brace-for-the-BRICS/stories/201304010180 (Zugriff am 4. Oktober 2014).

Da Amerika weiterhin Geld ausleiht und der Schuldenberg wächst, glaubt man in der Wirtschaftswelt, dass der Dollar nicht auf Dauer Weltwährung bleiben könne – eine neue Weltwährung solle ihn ablösen. In Zukunft werde dieser Zusammenschluss die Stabilität der Weltwirtschaft wahren und schließlich ganz vorne sein; das wäre das Ende von Amerikas Vorherrschaft.

China und Indien sind die Hauptlieferanten von Industrie-erzeugnissen, denn Amerika schließt seine Fabriken und wird vom Hersteller zum Käufer. Manche meinen, die BRICS-Staaten würden irgendwann ihre eigene Währung schaffen, die dann den Dollar überholen wird. Diese fünf aufsteigenden Volkswirt-schaften sehen klar, was unsere Regierung nicht wahrhaben will: Es ist unmöglich, die Schulden des Landes abzuzahlen, selbst mit einer Reichensteuer von 100 Prozent.

Der Turm zu Babel war ein Zeichen der Einheit und der Wirtschaftsmacht des Ostens nach der Sintflut. Ziegel statt Steinen – das macht den alten Turm zum Symbol der Europäischen Union. Deren Einheit kommt zum Ausdruck durch die untere Hälfte des EU-Parlaments in Straßburg, das dem Turm nachgebildet ist. Doch nun gibt es die BRICS-Gruppe, sie wird zur neuesten Weltregion – vielleicht sogar zur Konkurrenz des kommenden Reiches der zehn Könige des Tieres unter der Führung des Antichristen.

Babel versucht, die Welt zu einen durch die Macht von Wirtschaft, Militär und Politik. Gott vereitelte den ersten Turmbau, er stürzte das babylonische Reich, nachdem es die Juden siebzig Jahre lang gefangen gehalten hatte, und das kommende Babylon wird er in einer einzigen Stunde verbrennen. Die Versuche des Menschen, die Welt zu einen, werden scheitern, wenn der Antichrist und seine zehn Könige mit ihren Massenvernichtungswaffen an die Macht gelangen.

Die Gemeinde Jesu muss sich entscheiden – und jeder einzelne Gläubige auch: Lassen wir den „Schlamm und Matsch" an uns kleben, werden wir zu den Marionetten der Strippenzieher im kommenden Weltsystem – oder bleiben wir frei, weil wir zusammen mit anderen Steinen fest zusammenhalten und uns weigern, von der Wahrheit der Bibel abzurücken? Vergessen wir nicht: Das Reich Gottes wird aus Steinen gebaut und am Ende herrschen die „Steine".

VEREINEN UND BEHERRSCHEN

Ich bin so dankbar für mein Land, das ein Herz hat für die Armen. Es ist gut, dass unser Land den Körperbehinderten und Arbeitsunfähigen geholfen hat und hilft. Doch jetzt blicken wir auf viele Generationen von Almosen- und Sozialhilfeempfängern zurück – und müssen feststellen, dass die Menschen vom System abhängig, gewissermaßen seine Sklaven geworden sind: Die Unterstützung unterdrückt ihr Potenzial, aus dem Teufelskreis der Armut auszubrechen und für sich und ihre Kinder ein besseres Leben zu finden.

Ich habe gehört, dass es vielen Menschen, besonders alleiner-ziehenden Müttern, sehr schwer, ja fast unmöglich scheint, von der Sozialhilfe wegzukommen und den Lebensunterhalt zu verdienen; sobald sie ein Mindesteinkommen erarbeiten, verlieren sie den größten Teil der Sozialhilfe. Wenn sie nicht arbeiten, erhalten sie mehr Geld; das hält sie in einer „babylonischen Gefangenschaft".

Ich komme aus Parsons in West-Virginia. Meine Mutter, mein Vater und deren Eltern haben schon immer dort gelebt. Am Anfang beruhte die Wirtschaft von West-Virginia vor allem auf dem Kohleabbau, und die stärkste politische Kraft war die Vereinigung der Bergleute (United Mine Workers, UMW).

Damals hatte jedes Dorf, jede Kleinstadt ein Bergwerk, und mitunter behandelten die Eigentümer und Betreiber ihre Arbeiter wirklich schlecht. Deshalb schlossen sich die Bergleute zu einer Gewerkschaft zusammen, um ihren Beschwerden Nachdruck zu verleihen, gute Löhne auszuhandeln und Arbeitsschutz zu erzwingen; denn ein Bergwerk kann ein gefährlicher Arbeitsplatz sein.

Natürlich waren die Eigentümer nicht glücklich über die Gewerkschaft, und mitunter gab es gewaltsame Zusammenstöße zwischen den Arbeitern und ihren Dienstherren. Die Bergleute, die eine Gewerkschaft wollten, trugen ein rotes Halstuch und hießen bald „Rothälse". Als es dann endlich Gewerkschaften gab, gelangten sie zu großer Macht und mischten auch in der Politik mit.

Widerstand kam von den Reichen und von den Tagelöhnern; die Bergarbeiter-Gewerkschaft wurde nur von einer einzigen politischen Partei unterstützt. Deshalb rief die UMW alle Bergleute in West-Virginia dazu auf, für diese Partei zu stimmen, besonders bei den Gouverneurs-, Senats- und Präsidentschaftswahlen.

Ich war ein Kind und mein Opa ging in den Berg, und ich weiß noch, wie er sich darüber ausließ, wie unmöglich er es fand, wenn ein Kollege für die Gegenpartei stimmte. Ich bin aus West-Virginia gebürtig und habe Verwandte dort – und es ist nicht übertrieben, wenn ich sage, dass man in diesen Landstädtchen Prügel riskierte, wenn man zu sagen wagte, dass man eine andere Partei wählte und nicht die, die hinter den Gewerkschaften stand.

Immer noch wählt man in West-Virginia in den Kommunal-wahlen die „Gewerkschafts"-Partei, denn die meisten Kandidaten sind konservativ und die älteren Leute sind auch überwiegend konservativ eingestellt.

Doch bei den Präsidentenwahlen hat sich in unserem Bundesstaat in den letzten Jahren etwas geändert – oft wird die Partei gewählt, von der die Gewerkschaften nichts hielten. Ein Grund ist, dass viele ältere Einwohner von West-Virginia sehen, dass Amerika in eine Grube des extremen Liberalismus fällt. Sie haben nicht vergessen, was Obama 2008 nach seiner Wahl zum Präsidenten vor liberalen Umweltaktivisten in Kalifornien gesagt hat. Diese Gruppen äußerten sich abwertend über die Kohle-Industrie, und das kam bei den Söhnen und Töchtern der Bergarbeiter gar nicht gut an.

Die Kumpel in West-Virginia sagen, dass Obamas neue Umweltgesetze es schwierig, wenn nicht unmöglich machen, neue Lagerstätten zu erschließen; auch der Betrieb bestehender Gruben ist mühsam geworden und viele haben bereits geschlossen. Im ganzen Bundesstaat gibt es Ortschaften, in denen die Kohleindustrie einen Todesstoß erlitten hat.

Die UMW war zu ihren Arbeitern sehr gut, auch zu denen im Ruhestand. Als meine Großeltern älter wurden, bezahlte sie ihnen die Arztrechnungen, und als sie starben, übernahm die UMW die gesamten Bestattungskosten. Leider werfen heute gewisse Gewerkschaften die Millionen nur so zum Fenster hinaus, statt damit den Arbeitern und ihren Familien zu helfen; sie machen teure Anzeigenkampagnen und vielerorts werden im Wahljahr die Ausgaben gekürzt, um die extremen Liberalen an der Macht zu halten – Leute, die Gesetze fordern, die nicht nur für die Wirtschaft gefährlich sind, sondern auch Gräuel legalisieren sollen und uns Gottes Gericht zuziehen würden.

In der Richterzeit gingen die Israeliten ihre eigenen Wege, sie legten selbst fest, was richtig und was verkehrt war, aber Gott hatte gesagt:

Ihr dürft nicht so handeln, wie wir es heute hier tun, dass jeder nur das tut, was recht ist in seinen Augen. 5. Mose 12,8

Israel hatte keinen König, keinen geistlichen Leiter, keinen, auf den es gehört hätte; die Menschen taten, was sie selbst für richtig hielten – und was war das Ergebnis? Sie liefen falschen Göttern nach, und dienten toten Götzen. Ihre Seele wurde gebunden an Mächte des Götzendienstes. Im Buch der Richter finden wir noch eine Parallele zum heutigen Amerika:

Als nun jene in Michas Haus kamen und das Bildnis, das Ephod und die Teraphim und das gegossene Bild wegnahmen, sprach der Priester zu ihnen: Was macht ihr da? Sie antworteten ihm: Schweig! Lege deine Hand auf den

> Mund und zieh mit uns, damit du für uns Vater und Priester wirst! Was ist besser für dich, Hauspriester eines einzelnen Mannes zu sein, oder Priester eines Stammes und Geschlechts in Israel? Da wurde es dem Priester wohl ums Herz; und er nahm das Ephod und die Teraphim und das Bildnis und trat unter das Volk. Und sie wandten sich um und zogen ab und schickten die Kinder und das Vieh und das kostbare Gerät vor sich her. [...] Aber die Söhne Dans sprachen zu ihm: Belästige uns nicht weiter mit deinem Geschrei, sonst bekommst du es mit erbitterten Leuten zu tun, die dich samt deinem Haus beseitigen würden!
>
> Richter 18,18-20+25

Unter den Augen kompromissbereiter Priester hatte der Stamm Dan sich also den Götzen zugewandt – und sie befahlen dem Priester, sich den Mund zuzuhalten! (Wir würden sagen: „Halt den Mund!") Und kurz darauf sagten sie sogar: „Belästige uns nicht weiter mit deinem Geschrei!" Wenn Gott einen Priester einsetzt, damit er für Gott zu dem Volk spricht, und dann aus seinem Mund die Wahrheit kommt, dann könnte es durchaus sein, dass das götzendienerische Volk sich ärgert und dreinschlägt (Richter 18,25).

Man war so ängstlich darauf bedacht, Menschen zu gefallen, dass geistliche Leiter, die doch mit Autorität sprechen sollten, sich fürchteten, den Mund aufzumachen. Einschüchterung verwässerte ihre geistliche Autorität bis dahin, dass sie nichts mehr zu sagen hatten. Die Bibel zeigt uns aber viele Vorbilder, an denen offenbar jeder Einschüchterungsversuch abprallte. Oder war es vielleicht so:

- Josua vor Jericho: „Jeder knotet ein weißes Taschentuch an seinen Stock und schwenkt es; diese Kanaaniter sollen ruhig sehen, dass wir in friedlicher Absicht kommen und keinen Krieg wollen!"

- Mose. Er bot Pharao nicht seinen Wunderstab zum Geschenk an, auch wenn es sich für einen Gast wohl geziemt hätte, den Mächtigen mit einem großzügigen Geschenk zu ehren.

- David. Bot er Goliath etwa an, seine fünf Kieselsteine wegzuwerfen, wenn der ihm dafür sein Schwert übergäbe als Faustpfand für eine friedliche Koexistenz der Philister mit den Israeliten?
- Johannes der Täufer. Er lud nicht die Führer der Pharisäer zum Abendessen ein, wo sie sich über die unterschiedlichen Ansichten austauschen konnten, um einander besser zu verstehen!
- Petrus. Hat er etwa das Geld von Simon dem Zauberer angenommen, das der für die Geistesgaben bot, und erfreut ausgerufen: „Der Reichtum des Gottlosen wird aufgespart für den Gerechten, und Gott gebraucht einen Zauberer, um meine Evangelisationsreihe in Samaria zu finanzieren!"?

Die Wahrheit macht frei (Johannes 8,32), und da könnte es doch durchaus sein, dass wenn man die Wahrheit zurechtbiegt oder ihr ausweicht, die Ketten gefestigt werden, die uns gebunden halten.

„Wer nun Gutes zu tun weiß und es nicht tut, für den ist es Sünde" (Jakobus 4,17). Was würden die ersten Christen, Petrus, Paulus, Jakobus und andere sagen über die kompromissbereiten Gläubigen von heute? Was würden sie denen erwidern, die sagen, sie wüssten genau, was recht sei und was nicht, und dann Männer und Frauen in Schutz nehmen, für sie Werbung machen und in hohe Ämter wählen, wo sie doch genau wissen, dass diese dann Gesetze machen, die Gott erzürnen und sein Gericht über ihr Land bringen?

Für mich wäre das gerade so, als hätten die Juden nach dem Kindermord von Bethlehem Herodes wiedergewählt und als Ausrede vorgebracht: „Mit seiner Sozialpolitik sind wir nicht einverstanden; wir wählen ihn, weil er den Tempel vergrößert, und das ist gut für die Wirtschaft." *Wenn jemand seiner Überzeugung zuwider und gegen das Wort Gottes einen bestimmten Kandidaten unterstützt und wählt, dann besteht eine Seelenbindung an eine politische Macht.*

DER GEIST DES MOLOCH

Viele Christen haben mit Abtreibungsbefürwortern kein Problem. Was ist so schlimm daran? – Das:

Das alte Israel verfiel derselben Sünde wie die Heiden in ihrer Nachbarschaft. Die Kanaaniter beteten einen Götzen namens Moloch an, und zwar im Tal Hinnom, gleich vor den Toren Jerusalems, südwestlich der Stadt. Moloch war menschengemacht, aus gehämmerter Bronze, eine Männerfigur mit einem Stierkopf, und saß auf einem Bronzepodest; im Bauch der Figur wurde Holz aufgeschichtet und angezündet und das Metall wurde heiß.

Es war heidnischer Brauch, einen Säugling zwischen den Armen des Götzen hindurchzuführen; die Schrift nennt das „Kinder durchs Feuer gehen lassen" (3. Mose 18,21; 2. Könige 23,10). Manche meinen auch, dass die Babys in das Feuer im Inneren des Standbilds geworfen wurden als Opfer an diese heidnische Gottheit. Heute werden Babys abgetrieben – auf dem Operationstisch werden Geräte in den Bauch eingeführt, die den Fötus aus dem schützenden Mutterleib reißen. Der Herr verwarnte Israel:

Du sollst auch von deinen Kindern keines hergeben, um es dem Moloch durch das Feuer gehen zu lassen, und du sollst den Namen deines Gottes nicht entweihen; ich bin der Herr! Du sollst bei keinem Mann liegen, wie man bei einer Frau liegt, denn das ist ein Gräuel. 3. Mose 18,21+22

In diesen beiden Versen werden die beiden Sünden genannt, deren Amerika als Land sich schuldig macht: Abtreibung und Geschlechtsverkehr unter Männern. Beides sind Gräuel, und beide hat der Oberste Gerichtshof in Amerika für legal erklärt, beide werden von liberalen Politikern befürwortet. Gottes Strafe für den Moloch-Götzendienst wog schwer, darauf stand die Todesstrafe:

Und der Herr redete zu Mose und sprach: Sage zu den Kindern Israels: Wer von den Kindern Israels oder den Fremdlingen, die in Israel wohnen, eines von seinen Kindern dem Moloch gibt, der soll unbedingt getötet werden;

das Volk des Landes soll ihn steinigen! Und ich will mein Angesicht gegen einen solchen Menschen setzen und ihn ausrotten mitten aus seinem Volk, weil er dem Moloch eines von seinen Kindern gegeben und mein Heiligtum verunreinigt und meinen heiligen Namen entheiligt hat. Und wenn das Volk des Landes absichtlich seine Augen davor verschließt, dass ein solcher Mensch eines von seinen Kindern dem Moloch gegeben hat, so dass es ihn nicht tötet, so werde ich mein Angesicht gegen jenen Menschen und gegen seine Familie richten und ihn und alle, die ihm nachhurten, um mit dem Moloch Hurerei zu treiben, aus der Mitte ihres Volkes ausrotten.

3. Mose 20,1-5

Wir sind im neuen Bund und bringen niemanden um, weil er Gottes Gesetz übertritt, und wir steinigen auch niemanden wegen seiner Sünden. Jesus selbst weigerte sich, die Ehebrecherin zu steinigen; Gott ist der Richter aller Menschen, wenn nicht in diesem Leben, dann im zukünftigen. In einer Demokratie verhindert man die Freigabe der Abtreibung, indem man die Gesetzesänderung verhindert und die Abgeordneten nachdrücklich auffordert, Ungeborene zu schützen.

Wenn die Gläubigen und ihre Leiter nicht wachsam sind, laufen wir Gefahr, die Augen zu schließen und auch den Mund – und unser Schweigen lädt die Wolken der Unwissenheit und Finsternis ein. Petrus mahnt:

Wer dagegen leidet, weil er ein Christ ist, der braucht sich nicht zu schämen. Er soll Gott dafür danken, dass er zu Christus gehört und seinen Namen trägt. Denn jetzt ist die Zeit gekommen, in der Gott Gericht hält; und es beginnt an seinem Haus, der Gemeinde. Wenn aber schon wir gerichtet werden, welches Ende werden dann die nehmen, die Gottes rettende Botschaft ablehnen! Wenn schon der nur mit knapper Not gerettet wird, der nach Gottes Willen lebt, wie wird es erst denen ergehen, die von Gott nichts wissen wollen und seine Gebote mit Füßen treten?

1. Petrus 4,16-18 (HFA)

Gläubige müssen jede seelische Bindung an politische und götzendienerische Mächte durchtrennen. Sie müssen ihrer Überzeugung treu sein, die das Wort Gottes in sie hineingepflanzt hat, und die Politiker und Aktivisten unterstützen, deren Ziele und Charakter mit der Schrift übereinstimmen – mit ebender Schrift, die einst uns alle richten wird. Vergessen wir die Parteien, schauen wir auf das Podest, auf dem sie stehen. Ein „Podest", das auf dem falschen Fundament steht, wird keinen Bestand haben.

9

WIE IM ALTEN ROM:
AMERIKA IM ABWÄRTSTREND

Es war Jahre vor dem Anschlag vom 11. September. Mehrere Pastoren waren geladen zu einem Abendessen mit David Wilkerson, dem Pastor der Gemeinde am Time-Square im Herzen New Yorks. An diesem Abend trafen sie sich in einem Restaurant ganz oben in einem Wolkenkratzer in Manhattan. Die Aussicht war atemberaubend – Fenster ringsum, und die Lichter der Stadt flimmerten, soweit das Auge reichte. Wilkerson bat die Männer, sich alles genau anzuschauen und ihm zu sagen, welchen roten Faden sie hier sahen. Viele äußerten sich, aber Wilkerson war immer noch nicht zufrieden.

Schließlich fragte er: „Sehen Sie es denn nicht? Diese amerikanische Stadt gehört nun ausländischen Investoren und anderen Ländern." Dann wies er auf einen Fluch des Gesetzes hin: Wenn das Volk Gottes nicht dessen Satzungen, Gebote und Rechte hielt, würde der Allmächtige zulassen, dass der Fremde, der Ausländer im Land aufsteigen und Gottes Volk schließlich hinuntersinken würde, und dass der Fremde Geld verleihen und wir von ihm borgen würden, und so würde der Ausländer zum Kopf und Gottes Volk zum Schwanz (5. Mose 28,43+44).[126]

Kann es sein, dass Amerika, der größte Schmelztiegel der Menschheitsgeschichte, das mit 13 Kolonien begann und nun 50 Staaten umfasst, wirtschaftlich, sittlich und geistlich im Niedergang begriffen ist? Rollt unsere Wirtschaft die gleiche Straße hinunter wie das alte Römerreich, befinden wir uns im gleichen geistlichen Abfall wie das alte Israel?

---

126 Erzählung eines befreundeten Pastors, der an dem Essen teilgenommen hatte, in einem persönlichen Gespräch mit dem Autor.

In früheren Generationen war Amerika in aller Welt der Inbegriff der stärksten Militärmacht der Welt, der größten und reichsten Volkswirtschaft, unser Arbeitsmarkt bot die besten Chancen, und wir hatten den höchsten Lebensstandard der Welt. Und erst unsere Bürgerrechte und die Freiheit, die Amerika bot! Millionen träumten davon, nach Amerika auszuwandern und für immer hier leben zu dürfen.

Viele Jahre lang haben Soziologen, Historiker und Professoren in den Elite-Universitäten geforscht, sich ausgetauscht und gelehrt, um das Geheimnis hinter dem Erfolg Amerikas zu lüften. Oft müssen zwei Schlagworte dafür herhalten: Unternehmergeist und Demokratie. Ja, die Freiheit des Denkens, Schaffens, Aufbauens zusammen mit Arbeit und Fleiß und guten Ideen – das sind gute Voraussetzungen, um einen Traum zu verwirklichen.

Doch wenn man etwas tiefer schaut, und als Gläubige können wir das, dann sehen wir den Schlüssel, der in Wahrheit über Generationen hinweg die Schatztruhe des Wohlstandes offenhielt. Er ist mehr als eine gut funktionierende, effiziente Industrie. Er ist größer als eine Truppe von Risikokapitalgebern, die am Aktienmarkt Gewinne machen. Das Geheimnis hat nur eine Silbe: „Bund".

Amerika war gesegnet, weil seine Grundlage ein Bund war, den geistlich gesinnte Männer geschlossen haben; sie wussten um etwas, was unsere Generation nicht mehr wissen will oder verloren hat: Sie wussten, dass Amerika auf den Gedanken und Prinzipien der Heiligen Schrift gegründet sein muss und dass die Kolonien Gottes Gunst brauchten; das ist der Grund, warum unsere Gründerväter die Anweisungen und Grundsätze übernahmen, die Gott dem alten Israel gegeben hatte. Daher kommt die grundlegende Verflechtung von Amerika und Israel.

„Progressiv" ist ein anderes Wort für „liberal". Die Progressiven, die Liberalen bewerten das geistliche Erbe Amerikas wie der Blinde die Farben, ganz anders als der durchschnittliche patriotische Amerikaner, der ein geistliches Verständnis hat. Die Konservativen glauben, dass unsere Gründerväter nach Amerika kamen, weil sie Freiheit suchten; aber von dieser Art Freiheit wollen die Liberalen nichts wissen.

Die Gründerväter kamen nach Amerika, weil sie Glaubensfreiheit suchten. Die Pioniere aus England suchten nicht die Demokratie; sie flohen vor einem Tyrannenkönig, der sie zu etwas zwang, was sie ablehnten. Die Pilgerväter suchten keine Freiheit *von* Religion, sie suchten die Freiheit, ihre Religion *auszuüben*, ihren Glauben zu leben.

1607 überquerten etwa hundert Pilger aus England den Atlantik und landeten an den Küsten einer Ortschaft, die es damals noch gar nicht gab; sie erbauten sie und nannten sie Jamestown. Sie zimmerten ein Kreuz und weihten das neue Land Gott. Kaum die Hälfte überlebte den harten Winter; doch die Überlebenden machten entschlossen weiter: Sie bauten Festungen, trieben ihr Handwerk und lernten, mit den Eingeborenen in der Umgebung friedlich zusammenzuleben.

1620 kamen die „Pilgerväter" mit der Mayflower; sie landeten auf Cape Cod (Massachusetts) im Hafen des heutigen Provincetown und setzten den „Mayflower-Vertrag" auf. Darin steht:

Im Namen Gottes, Amen. Wir, die Unterzeichneten, die getreuen Untertanen unseres hochwohlgeborenen Herrschers König Jakob von Gottes Gnaden, König von Großbritannien, Frankreich, König, Hüter des Glaubens, usw., haben Gott zum Ruhme und zur Förderung des christlichen Glaubens sowie zu Ehren unseres Königs und Landes es unternommen, die erste Kolonie zu gründen.[127]

Wenn einer unserer Senatoren oder Präsidenten heute zu sagen wagte, Amerika diene der „Förderung des christlichen Glaubens", dann würden die Progressiven, die sich ihrer Aufgeschlossenheit

---

127 New World Encyclopedia, „Mayflower Compact", http://www.newworldencyclopedia.org/entry/Mayflower_Compact (Zugriff am 04.10.2014); deutscher Wortlaut in Anlehnung an https://de.wikipedia.org/wiki/Mayflower-Vertrag (Zugriff am 14.05.2016).

doch so rühmen, sofort den Rücktritt dieses „Fundamenta-listen" fordern. Die Eiferer in den säkularen Medien würden eine öffentliche Entschuldigung fordern für dieses ahistorische, unzutreffende Bild des Schmelztiegels Amerika.

Zurzeit wiegt die Furcht, einen einzigen Atheisten vor den Kopf zu stoßen, weit schwerer als das Risiko, Dutzende Millionen von gläubigen Christen zu beleidigen. Das geht soweit, dass in den Schulbüchern die Wörter „und zur Förderung des christlichen Glaubens" ausgelassen werden; stattdessen steht hier bloß ein Auslassungszeichen („...").

Die zweihundert „Lutherischen" aus dem österreichischen Salzkammergut (1734) waren nicht die Ersten und nicht die Letzten, die um des Glaubens willen nach Amerika kamen. Die ersten Amerikaner waren fromm, und die meisten waren bewusste Christen.

DIE ENTSTEHUNG DER AMERIKANISCHEN STAATEN

Nicht nur Protestanten aus den katholischen Ländern Europas suchten in den neuen Kolonien Zuflucht; auch andere Glaubens-richtungen waren willkommen. George Calvert, auch bekannt als Lord Baltimore, gründete einen Staat für die Katholiken. George war Katholik, in England war aber nur die anglikanische Kirche, die „Church of England", erlaubt. George lebte mit seiner Frau in Virginia, aber dort wollte man sie nicht haben, weil sie andere Glaubenstraditionen pflegten. Also zog Calvert nach Norden und gründete eine Siedlung, die er „Mary Land" nannte; Mary hieß die Frau des englischen Königs.

Nach Calverts Tod kamen auf der „Ark" und der „Dove" zweihundertfünfzig Katholiken aus England nach „Mary Land" und fuhren den Potomac hinauf bis nach Saint Mary's – genannt nach der Mutter Jesu. Sie errichteten ein Kreuz zum Zeichen, dass dieses Land Jesus Christus gehörte, und bald hieß der ganze Landstrich Maryland; die ersten Siedler wurden „Redemptioners" genannt.[128]

1649 wurde „Ein Gesetz über die Religion" erlassen; in diesem Toleranz-Edikt heißt es: „Niemand in dieser Provinz ... der sich zum Glauben an Jesus Christus bekennt, soll fürderhin wegen seiner Religion oder in der Ausübung derselben irgendwie gehindert, beunruhigt oder verunglimpft werden."[129]

Die Anfangszeit Amerikas hat einen Namen: William Penn. Penn schwebte ein „heiliges Experiment"[130] vor: Er wollte im Nordosten seine eigene Kolonie gründen. Penn soll gesagt haben: „Hätte ich eine eigene Kolonie, ich würde sie zu einer Stätte des wahren Christentums und der Freiheit machen."[131]

König Karl von England schuldete den Penns eine große Summe Geldes, und William schlug dem König vor, ihm stattdessen in Amerika Land zu geben; so beschloss der König, ihm das Land zwischen Maryland und New York zu überschreiben. Penn wollte sein Gebiet „Sylvania" nennen – „Waldland". König Karl hatte eine andere Idee und setzte Penns Familiennamen dazu: Pennsylvania, Penns Waldland.

William Penn war Quäker; er war sehr fromm und förderte den christlichen Glauben in seinem Gebiet. Die Hauptstadt von

---

128 Redemption – Erlösung; der Begriff redemptioner bezeichnete aber Leute, die z. B. für die Überfahrt kein Geld bezahlen konnten und sich stattdessen für einige Jahre verpflichteten, bei freier Kost und Logis unentgeltlich zu arbeiten – eine Art „Sklaven auf Zeit und auf eigene Rechnung". (Anm. d. Übers.)

129 Maryland.gov, „Two Acts of Toleration: 1649 and 1826", http://msa.maryland.gov/msa/speccol/sc2200/sc2221/000025/html/intro.html (Zugriff am 04.10.2014); Yale University, Juristische Fakultät, „Maryland Toleration Act, September 21, 1649, An Act Concerning Religion", http://avalon.law.yale.edu/18th_century/maryland_toleration. asp (Zugriff am 04.10.2014).

130 PennTreatyMuseum.org, „William Penn and His Pennsylvania Colony", http://penntreatymuseum.org/penn.php (Zugriff am 04.10.2014).

131 Timothy Crater, In God We Trust: Stories of Faith in American History (Colorado Springs, CO: Chariot Victor Publishing, 1997).

Pennsylvania nannte er Philadelphia, „Bruderliebe"; so hieß eine der sieben Gemeinden in der Offenbarung an Johannes (Offenbarung 3,7).

GEGRÜNDET AUF DIE BIBEL

Präsident Harry Truman sah die Verbindung zwischen Amerikas Gründungsurkunden und der Heiligen Schrift. Er sagte:

Wenn wir nicht das richtige, das grundlegende Fundament haben, müssen wir letztlich vor einem totalitären Regime kapitulieren, das vom Recht nichts hält, abgesehen vom Recht des Staates.[132]

Präsident Harry S. Truman
über Schwierigkeiten des Strafvollzugs

Die wesentliche Grundlage für die Werte unserer Nation wurde Mose gegeben am Berg Sinai. Die wesentliche Grundlage der Grundrechte in unserer Verfassung sind die Lehren aus dem 2. Buch Mose, dem Matthäusevangelium, dem Propheten Jesaja und den Paulusbriefen. Die Bergpredigt zeigt uns einen Lebensstil, und vielleicht erkennt die Menschheit eines Tages darin den einzig wahren Lebensstil.[133]

Präsident Harry S. Truman
vor der 29. Jahresversammlung der „Columbia Scholastic Press Association"

Die drei wichtigsten Urkunden unserer Gründerzeit – die Unabhängigkeitserklärung, die Verfassung und die Grundrechtecharta „Bill of Rights" – beruhen auf Gottes Gesetzen in der Thora, auf Teilen von Jesaja und auf den Grundsätzen der vier Evangelien. Unsere christlichen Wurzeln finden sich auch in den Einrichtungen der höheren Bildung: Es war ein Geistlicher,

---

132 The American Presidency Project, „Address Before the Attorney General's Conference on Law Enforcement Problems", 15. Februar 1950, http://www.presidency.ucsb.edu/ws/?pid=13707 (Zugriff am 04.10.2014).

133 Harry S. Truman Library & Museum, „Address in New York City at the Convention of the Columbia Scholastic Press Association", http://trumanlibrary.org/publicpapers/index.php?pid=945&st=&st1= (Zugriff am 04.10.2014).

Reverend Witherspoon, der die Universität Princeton ins Leben rief. Das Dartmouth-College war ursprünglich eine Missionsschule für Indianer. Sowohl Yale als auch Harvard waren einst christliche Universitäten, hier wurden Evangeliumsverkündiger ausgebildet.

Auch ein Präsident der Vereinigten Staaten war Prediger: Mit sechzehn wollte James zur See – und kam nach sechs Wochen krank nach Hause. Seine Mutter investierte siebzehn Dollar und schickte ihn auf das gerade von Baptisten gegründete „Western Reserve Eclectic Institute". Dort bekehrte er sich, ließ sich taufen und begann, Bibelstunden zu halten und jeden Sonntag zu predigen.

Anschließend besuchte James das „Williams College", eine christliche Hochschule in Massachusetts. Er glaubte, mitunter müssten sich Christen auch mit Politik befassen, aber vorläufig lehrte er am College Griechisch und Latein und wurde mit 26 College-Präsident. Er predigte jeden Sonntag und hielt Evangelisationen mit Streitgesprächen über Bibel und Wissenschaft.

Dann wurde James zum Senator von Ohio gewählt und diente im Bürgerkrieg als General. 1880 hielt er auf dem Parteitag der Republikaner eine Rede, und daraufhin wollten alle nur noch ihn als Präsidentschaftskandidaten. So wurde James Garfield im März 1881 der 20. Präsident der Vereinigten Staaten.

Was, wenn heutzutage ein Prediger Präsident werden wollte? Wer hätte die Stirn, der Empörung, dem Gegenwind standzuhalten? 1988 gab es einen: Der Gründer der christlichen Talkshow „The 700 Club", Pat Robertson, warf für die Republikaner seinen Hut in den Ring.

Mehrere Probeabstimmungen versprachen ihm Erfolg und erfüllten die Republikaner mit Schrecken. Doch die Gegner ließen nicht auf sich warten; sie malten Robertson als frommen Fanatiker, Dilettanten und sogar als Gefahr für die Nation – sie behaupteten allen Ernstes, er wolle einen Weltkrieg vom Zaun brechen, damit endlich die Prophezeiungen der Bibel und Harmageddon wahr würden, schließlich wolle er der Wiederkunft Christi nachhelfen! Eine bekannte extrem liberale US-Mediengröße sagte, Robertson dürfe auf keinen Fall Präsidentschaftskandidat werden – aber nicht etwa, weil er ihn für unfähig gehalten hätte, nein, er kannte nur einen Grund: Robertson war Prediger und überzeugter Christ.

INTRIGEN GEGEN CHRISTLICHE WERKE

Als Billy Graham Ende der 1940er-Jahre seinen Evangelisationsdienst begann, waren die Amerikaner ein Volk von Patrioten. Nach dem Sieg über Deutschland und Japan war die Nation fest zusammengeschweißt – sittliche Werte und Integrität waren allen wichtig, schließlich gehörten die meisten Amerikaner einer Kirche an.

In Grahams berühmter Evangelisationsreihe 1949 in Los Angeles kamen Tausende zu Jesus, und der Zeitungsverleger und Medienmogul William Randolph Hearst gab Anweisung, „gute Presse" zu machen[134] und die Leser auf Grahams Dienst und seine Veranstaltungen aufmerksam zu machen. Nach wenigen Monaten kannte man Billy Graham in ganz Amerika und schließlich in aller Welt.

Graham war ein hervorragender Redner und alle Welt lief ihm nach – damit wurde er zum Magneten für Politiker, besonders für unsere Präsidenten, die oft versuchten, sich zu ihm zu stellen, damit von seinem Glanz etwas auf sie fiele. Wer Graham mochte, würde automatisch auch einen Politiker wählen, der ihm nahestand, so das Kalkül. Natürlich gab es andere Präsidenten, die ihre Beziehungen weniger zu Markte trugen, doch auch sie achteten Billy Graham und baten ihn bei Bedarf ins Weiße Haus, um sich mit ihm zu beraten oder damit er für sie betete.

---

134 John Dart, „Billy Graham Recalls Help From Hearst", Los Angeles Times, 7. Juni 1997, http://articles.latimes.com/1997-06-07/local/me-1034_1_billy-graham-recalls (Zugriff am 04.10.2014).

Im Mai 1970 besuchte Nixon eine Billy-Graham-Evangelisation, und anschließend kam das Finanzamt zu Graham – Steuerprüfung. Auf den Nixon-Tonbändern hört man einen zornigen Präsidenten sich darüber auslassen, die Steuerbehörde sei „mit Zähnen und Klauen hinter Graham her".[135] Das war wirklich überflüssig, denn von Anfang an hatte die „Billy Graham Evangelistic Association" (BGEA) ihre Bücher tadellos gehalten und dem Steuerrecht und der Gemeinnützigkeit immer Rechnung getragen.

Nixon allerdings glaubte an eine Verschwörung einiger reicher Amerikaner, um sich dafür zu rächen, dass Graham ihn unterstützte. Während der Regierung Nixon begann das Justizministerium, die großen Radio- und Fernsehprediger zu überwachen – ihre Reisen, ihre Äußerungen und ihr Einkommen, so Rex Humbard, Oral Roberts, Demos Shakarian und Jimmy Swaggart. Das weiß ich, weil ein Christ im Justizministerium einem Pastor in Baton Rouge davon erzählte, und mit diesem Pastor bin ich befreundet.

Dank der neuen Möglichkeiten in den 1970er- und 1980er-Jahren gingen mehr Evangelisten und Pastoren großer Gemeinden ins Radio und Fernsehen; so konnten sie ihre Botschaft weit verbreiten und wurden bekannt. Auch bei der Regierung: Die befürchtete, dass die konservativen Prediger millionenweise „Jünger" finden könnten, und versuchte, das zu verhindern. Die folgende Geschichte veranschaulicht ihre Bemühungen.

Vor Jahren erfuhr ich von einem großen christlichen Werk, dessen Sendungen hohe Einschaltquoten erzielten und im ganzen Land mit Interesse verfolgt wurden. Es finanzierte sich vor allem durch den Verkauf von Büchern, CDs und DVDs sowie durch Spenden. Sie bauten Büros und stellten Leute an; die saßen in kleinen Kabinen und öffneten die Post, nahmen Bestellungen auf, verbuchten die Spenden und beantworteten stapelweise Briefe. Wenn der Tag sich neigte, wurden die Bestellungen zur Post gebracht und die Schecks und das Bargeld zur Bank.

---

135 Los Angeles Times, „Nixon: 'Go After' Jewish Contributors", http://articles.latimes. com/1996-12-08/news/mn-7124_1_jewish-contributors (Zugriff am 04.10.2014).

Nach Monaten fiel der Geschäftsführung auf, dass eine Mitarbeiterin immer deutlich weniger Bargeldspenden verbuchte als der Durchschnitt. Sie installierten Überwachungskameras – und siehe da: die Dame zweigte einen Teil des Bargelds ab und legte es in ihre Bibel, die sie jeden Tag dabei hatte. Die Leitung bat sie zum persönlichen Gespräch: „Wir wissen, was Sie tun." Die Dame brach in Tränen aus und sagte, das sei nicht ihre eigene Idee gewesen; Leute von der Regierung waren auf sie zugekommen und hatten sie heimlich überredet, das Bargeld zu stehlen und in ihrer Wohnung zu sammeln.

Das sollte den Anschein erwecken, dass das Werk Spenden veruntreute. Hätte der Verdacht sich erhärtet, wäre das Werk wegen Steuerhinterziehung vor Gericht gekommen – ein gefundenes Fressen für die Abendnachrichten! Mit den Spenden wäre es dann natürlich aus und vorbei gewesen und damit auch mit den Predigten im Rundfunk. Und mit dem Bücherverkauf auch. Der Ruf des Evangelisten wäre ruiniert gewesen, seine Stimme zum Schweigen gebracht.

In Washington gab es Leute, denen war dieser Fernsehprediger mit seinem Medien-Imperium zu mächtig geworden, und das hatte bei ihnen eben „Besorgnis" erregt – was, wenn er womöglich die Leute auf die Idee brachte, sie könnten anders wählen als bisher? Ich kann keine Einzelheiten mitteilen, aber ihre Geschichte stellte sich als wahr heraus, sie gab das Bargeld zurück und es wurde bestimmungsgemäß verwendet.

Der böse Plan dahinter war, dass die Spendenbescheinigungen geringer ausfallen würden als die Beträge, die tatsächlich gespendet wurden, und das würde die Spender misstrauisch machen; und wenn ihre Spenden nicht verbucht worden wären, hätte das bedeutet, dass der Fernsehprediger Tausende Dollars in die eigene Tasche gesteckt hätte (auch wenn er nie einen Brief geöffnet hatte)! Ohne Buchung hätte er keinen Nachweis für den Verbleib des Geldes gehabt, man hätte ihn des Postbetrugs anklagen können oder etwas dergleichen. Gott sei Dank wurde diese Geschichte aufgedeckt; bis heute hat der Prediger nie darüber gesprochen.

Es mag keine Überraschung sein: Bis heute werden einige Fernsehprediger und ihre Werke genauestens beobachtet. 2013 hatte ein Freund von mir – er lebt in einem anderen Erdteil –, Besuch von einem Amerikaner, der sich mit Computern und mit Überwachung gut auskannte und für einen US-Geheimdienst arbeitete, und der erklärte meinem Freund: „Wir sammeln und speichern und ordnen Informationen über all die großen christlichen Werke in den USA." Mein Freund fragte nach dem Grund, und der Besucher antwortete: „Wenn sie etwas tun, was uns nicht gefällt, dann finden wir sicher irgendetwas, was wir gegen sie verwenden können."

Um seine Aussage zu bekräftigen, nannte der Besucher einen weltbekannten Fernsehprediger: „Willst du mit ihm sprechen, auf seinem privaten Mobiltelefon?" Natürlich wollte mein Freund – und in kürzester Zeit meldete sich der Prediger! Er kannte meinen Freund, trotzdem konnte er es nicht fassen: „Woher hast du diese Nummer? Das ist ein besonderes Telefon, nicht mal meine Frau weiß davon!" Ja, es gibt Leute, die finden alles heraus und können sich überall einwählen, nicht einmal Geheimnummern sind vor ihnen sicher.

Der Mann sagte die Wahrheit über den Zweck der Datenkraken: „Bei Bedarf" können die Geheimdienste jederzeit „sensible Daten" veröffentlichen und so Menschen ruinieren. Wer den Pressemitteilungen Glauben schenkt, die US-Geheimdienste würden lediglich Terroristen jagen, der kennt die Fakten nicht.

Telefonleitungen anzapfen, mithören und Daten sammeln – das ist alles nichts Neues. Das gab es schon zur Zeit von John F. Kennedy – das FBI unter J. Edgar Hover wusste um Kennedys heimliche Frauengeschichten.

Martin Luther King jr. (1929–1968) hatte in jahrelanger Arbeit eine große schwarze Gefolgschaft aufgebaut, und nun war er an einem Höhepunkt angekommen: Als der Marsch der Bürgerrechtsbewegung nach Washington für Arbeitsplätze, Freiheit und Gleichheit (speziell für die afroamerikanische Bevölkerung) am Ziel war, hielt King auf den Stufen des Lincoln-Denkmals seine berühmte Rede „I Have a Dream" (Ich habe einen Traum). Diese Rede elektrifizierte die Massen, es war ein Schlüsselmoment der Bürgerrechtsbewegung.

King stand unter NSA-Beobachtung, seine Telefone wurden abgehört.[136] Einer seiner Freunde, der am Tag der Ermordung dabei war, glaubte, dass in Washington viele befürchteten, King könnte sich zur Präsidentschaftswahl aufstellen lassen wollen – und mit den Stimmen der Schwarzen in den Großstädten hätte King es zum Präsidenten bringen können.

Damit will ich keine Verschwörungstheorie aufstellen; die Beweise scheinen auf einen Einzeltäter zu zeigen, auf James Earl Ray. Aber wenn wir in unserem Land stolz sind auf das Recht der freien Meinungsäußerung, warum dann sollten gewisse Geheimdienstchefs Kings Telefon belauschen wollen? Nun, um ihm vielleicht irgendwelche Fehltritte nachzuweisen, die ihn vor der Öffentlichkeit unmöglich gemacht hätten.

Heutzutage würde es schon reichen, einfach etwas zu erfinden über jemanden, den man fertigmachen will – Hauptsache, die Lüge erfüllt ihren Zweck, zurücknehmen kann man sie dann immer noch, wenn es unbedingt sein muss.

Was wäre aus Amerika geworden, wenn die Verkündiger des Evangeliums geschwiegen hätten? Der wilde Haufen, der die Unabhängigkeit erstritt, kam aus vielen Kirchen im Nordosten; dort hatten die Prediger begeistert und von Gottes Geist beseelt die Freiheit gepredigt. Im Bürgerkrieg sprachen sich die Prediger im Nordosten und anderswo gegen die Sklaverei aus. Oder betrachten wir die Bürgerrechtsbewegung und Martin Luther King jr. und die Hunderte weiterer schwarzer Pfarrer, die von ihren Kanzeln die Bürgerrechte predigten.

Kraftlose Kanzeln versklaven ganze Völker.

---

136 Chris Gentilviso, „NSA Spied On Martin Luther King Jr., Declassified Documents Reveal", Huffington Post, http://www.huffngtonpost.com/2013/09/26/nsa-martin-luther-king-jr_n_3995150.html (Zugriff am 04.10.2014); Los Angeles Times, „FBI Spied on Coretta Scott King, Files Show", http://articles.latimes.com/2007/aug/31/nation/na-king31 (Zugriff am 04.10.2014)

Sind wir denn nicht ein christliches Land?

Wären die alten Puritaner noch da, man würde sie „Fundamentalisten" und „christliche Radikale" nennen, im vollen Sinn des Wortes. Sie sahen sich als Wüstenpilger – wie die Israeliten unter Mose suchten sie ihr Verheißenes Land. Ihre Heeresbanner im Englischen Bürgerkrieg trugen die Worte „Löwe von Juda", Choräle singend zogen sie in die Schlacht. 1649 versuchten die Puritaner im Unterhaus, den Herrentag, den wöchentlichen Ruhetag, vom Sonntag auf den Samstag zu legen, auf den Sabbat, den Ruhetag der Juden, und sie erwogen, das mosaische Gesetz in die englische Gesetzgebung einzubauen.

In der Anfangszeit der Kolonien saßen in den Gottesdiensten der Puritaner Männer und Frauen getrennt, wie es bis heute in einer Synagoge üblich ist. Die historisch-geistliche Verbindung ist unverkennbar, man bedenke nur die Namen amerikanischer Städte: Jericho, Jordan, Salem, Bethlehem, Babylon und so weiter.

Auch unsere Hauptstadt ist voller biblischer Symbolik. In der Aluminiumspitze des Washington-Denkmals ist eingraviert: „Laus Deo" – Gelobt sei Gott; in die Steine sind Bibelverse eingemeißelt, zum Beispiel Johannes 5,39, und „Heilig dem Herrn".

Das Thomas-Jefferson-Denkmal trägt viele Jefferson-Zitate, die auf Gott hinweisen: „Gott, der uns das Leben gab, gab uns auch die Freiheit. Können die Freiheiten eines Landes noch gesichert sein, wenn wir nicht mehr wahrhaben wollen, dass diese Freiheiten eine Gabe Gottes sind? Ich zittere um mein Land, wenn ich daran denke, dass Gott gerecht urteilen wird. Seine Gerechtigkeit kann nicht für immer schlafen."[137]

Auch bei den Inschriften im Inneren des Lincoln-Denkmals erscheinen das Wort „Gott" und Bibelverse. Am US-Senat ist eine Plakette angebracht mit den Worten „In God We Trust" – Auf Gott vertrauen wir.

---

[137] Monticello.org, „Quotations on the Jefferson Memorial", http://www.monticello.org/site/jefferson/quotations-jefferson-memorial (Zugriff am 04.10.2014).

In der Kongress-Bibliothek – der größten Bibliothek der Welt – steht Mose mit den Zehn Geboten; hier kann man auch die Mainzer Riesenbibel und eine Gutenberg-Bibel bewundern. In die Wände sind Bibelverse eingemeißelt, zum Beispiel diese:

Und das Licht scheint in der Finsternis, und die Finsternis hat's nicht ergriffen. Johannes 1,5 (LUT)

Denn der Weisheit Anfang ist: Erwirb Weisheit und erwirb Einsicht mit allem, was du hast. Sprüche 4,7 (LUT)

Es ist dir gesagt, Mensch, was gut ist und was der Herr von dir fordert, nämlich Gottes Wort halten und Liebe üben und demütig sein vor deinem Gott. Micha 6,8 (LUT)

Die Himmel erzählen die Ehre Gottes, und die Feste verkündigt seiner Hände Werk. Psalm 19,2 (LUT)

Mose und die Zehn Gebote findet man auch am Obersten Gerichtshof und in der Kapelle des Kapitols; diese hat auch ein schönes Buntglasfenster, das den betenden George Washington zeigt – auf den Knien!

52 der 55 Unterzeichner der Verfassung der USA gingen regelmäßig zur Kirche. Seit 1864 steht auf den Banknoten und Münzen „In God We Trust" – Auf Gott vertrauen wir; diese Aussage wurde 1956 ganz offiziell zum Wahlspruch der Vereinigten Staaten, und 1954 wurden dem Fahneneid die Worte „unter Gott" hinzugefügt. Das sind nur einige wenige Beispiele dafür, dass der Gottesbezug und Bibelverse zu den Grundlagen von Amerika gehören; es gibt noch viele andere!

Manche sagen, Amerika sei kein christliches Land. Diese Behauptung ist entweder ein Verschleierungsversuch, eine dreiste Lüge oder sie zeugt von völliger Unkenntnis der Geschichte. Amerikas geistliches (christliches) Vermächtnis von 1607 an bis heute könnte eine Bibliothek füllen! Amerikas Entstehung war vorherbestimmt, unser Auftrag klar. Amerika stand vornean unter denen, die der Welt das Evangelium brachten.

Amerikaner haben Missionare ausgesendet und Hungrige gespeist, Amerika hat sich um die Armen und Waisen gekümmert, in Katastrophen immer Hilfe gebracht, und an unseren Küsten haben wir gesagt: „Gebt mir eure Müden und Armen, eure geknechteten Massen, die sich nach Aufatmen sehnen."[138] Diese Zeilen aus einem Gedicht von Emma Lazarus sind zu lesen an der Freiheitsstatue; Emma war Jüdin und half den Juden, die aus den russischen Schtetln[139] nach New York kamen. Uns unterscheidet das Erbarmen, das Gläubige mit anderen haben; wir verdanken es unseren christlichen Werten. Noch bis vor Kurzem waren wir Hüter des christlichen Glaubens.

Ein anderer Auftrag Amerikas war, Freund Israels zu sein, und seit 1948 bis vor Kurzem standen die meisten amerikanischen Präsidenten auf der Seite Israels. Seit 1948 hat Israel in etwa sechs Kriegen mit seinen Nachbarländern gekämpft und seine Feinde besiegt – auch dank der Waffenhilfe aus den USA. Vor Jahren traf ich Benjamin Netanjahu, damals war er noch nicht Israels Regierungschef. Wenn er die USA besuche, so Netanjahu, könne er nur staunen darüber, wie viele bibeltreue Christen ihm sagten, sie würden für Israel und für ihn persönlich beten. Er sagte: „Ich habe festgestellt, dass die bibeltreuen Christen zu Israels besten Freunden gehören."

Und auch das muss gesagt werden: Amerika hat der Ausbreitung des Bösen in der Welt Widerstand geleistet. Manche Länder sehen die Vereinigten Staaten von Amerika als aggressive Macht, die nur Länder und Völker beherrschen und ihr Land samt seinen Bodenschätzen erobern will. Nun ja, unsere Beteiligung am Ersten und

---

138 Emma Lazarus, „The New Colossus", Auszug aus dem Gedicht, das in den Sockel der Freiheitsstatue eingraviert ist.

139 Im russischen Zarenreich waren Juden unerwünscht und bestenfalls geduldet. Seit 1791 durften Juden nur noch in einem bestimmten Bezirk leben; dieser erstreckte sich von der Ostsee im Norden bis zur Krim und dem Schwarzen Meer im Süden über Teile der heutigen Länder Polen, Ukraine, Litauen und Weißrussland. Innerhalb dieses „Ansiedlungsrayons" durften Juden nur in genau definierten Gebieten leben, den Schtetln, in denen sie die Bevölkerungsmehrheit stellten. (Anm. d. Übers.)

Zweiten Weltkrieg hat uns Hunderttausende Soldaten gekostet, aber sie hat den Aufstieg von Diktatoren und die Ausbreitung mörderischer Regimes verhindert.

Ein Beispiel: Im Nordirak leben viele Kurden; sie sind pro-amerikanisch eingestellt und schätzen es sehr, dass sie aus den blutigen Klauen Saddam Husseins befreit wurden. Hätte Amerika sich einfach zurückgelehnt, hätte der Kommunismus ganz Europa erfasst und unter die Herrschaft des Atheismus gebracht – der immer mit den Zwillingen geistliche Finsternis und Bedrückung einhergeht. Ohne das Einschreiten Amerikas hätte Hitler sich seinen Traum erfüllt und die Juden in Europa ausgelöscht. Die Zeit fehlt, unser Eingreifen in Japan, Korea und anderen Ländern zu schildern. Ohne die erste und die zweite Invasion im Irak hätte Saddam Hussein seine Chemie-Waffen weiterhin gegen sein eigenes Volk eingesetzt. Hätten wir nicht eingegriffen, als er Kuwait überfiel, hätten wir fortan das Öl von diesem Diktator kaufen können. Beschweren kann sich jeder, aber ohne Amerika wäre es ziemlich finster und ungemütlich auf der Welt!

AMERIKA IM WANDEL

Amerikas geistlicher Wandel hin zum Unglauben begann Anfang der 1960er-Jahre; 1962 verbot der Oberste Gerichtshof das amtlich angeordnete Schulgebet und 1963 die Bibellesung in staatlichen Schulen.[140] Neun Jahre später (1973) wurde die Abtreibung legalisiert – schwangere Frauen konnten nun frei entscheiden, ob sie ihr Kind austragen wollten oder nicht. Jetzt, Jahrzehnte später, steht die Ehe unter Beschuss; sie sei ein Auslaufmodell, heute pflege man gleichgeschlechtliche Beziehungen.

Seit Kurzem gibt es in einigen Staaten im Westen der USA Gesetze, die per Flächennutzungsplan Bibelkreise in Privathäusern erschweren oder ganz verbieten. Schüler in staatlichen

---

140 Americans United for the Separation of Church and State, „Prayer and the Public Schools Religion, Education & Your Rights", https://www.au.org/resources/publications/prayer-and-the-public-schools (Zugriff am 04.10.2014).

Schulen sollen weder Kreuze noch christliche T-Shirts tragen, und mit Weihnachtsliedern und Krippenspielen in staatlichen Schulen riskiert man eine Klage von der ACLU.

Wenn bei einer Naturkatastrophe ein Prediger zu sagen wagt, das könnte ein Gerichtshandeln Gottes sein, breitet sich Empörung aus. Zum Vergleich: Im Antiquariat habe ich ein weltliches Buch von 1907 gefunden. Es dokumentiert das verheerende Erdbeben in San Francisco vom 18. April 1906; danach stand die Stadt drei Tage lang in Flammen. In der Einführung ist zu lesen, dies sei ein „Gericht Gottes" über die Bosheit der Stadt gewesen.

Springen wir zum Northridge-Erdbeben von 1994 vor, das – ebenfalls in Kalifornien – das Herz der Pornoindustrie erschütterte, und lesen wir die Leserbriefe der Kalifornier: „Klar, die frommen Spinner sagen bestimmt, dass das ein Gericht Gottes ist, aber was diese Idioten sagen, interessiert mich nicht." Früher hätte der Präsident einen Fasten- und Gebetstag ausgerufen, das ganze Volk hätte sich vor Gott demütigen sollen. Heute ist das Gebet oftmals nur noch der letzte Strohhalm, und falls zufällig Wahljahr ist und man sich davon Wählerstimmen erhofft, lässt man sich beim Beten fotografieren.

WAS KOMMT DA AUF UNS ZU?

In den letzten Jahren wuchs das Bewusstsein für die Parallelen zwischen Amerika und dem alten Rom vor dem Untergang – Bücher, Artikel und Kommentare wurden verfasst, um das Geheimnis zu ergründen, was genau diesem Weltreich den Todesstoß versetzt hat. Denn das amerikanische „Weltreich" befindet sich in der gleichen Abwärtsspirale und Parallelen gibt es zuhauf.

Die Parallelen sind wirklich auffällig, und wir sollten ernsthaft fragen, warum Roms Wirtschaft zusammenbrach und warum Rom von heidnischen Stämmen überrannt wurde. Dass das Militär ein Grund war für den Niedergang Roms, ist einigermaßen bekannt; dieser einst starke und gefürchtete Faktor war zu weit verstreut, um den Frieden noch zu sichern. Die Kosten für den Erhalt des Imperiums, den Schutz seiner Grenzen und die Eroberung neuen Landes, die Kosten für Bau und Erhaltung der Straßen – sie wurden untragbar und der Schuldenberg war nicht mehr zu bewältigen.

Den Gutsbesitzern im Reich war es einst gut ergangen – doch dann wurde das Ackerland besteuert, auch um die Armenfürsorge aufrechtzuerhalten, die zum Hauptstandbein des Wohlfahrtsstaates wurde. So viele lebten von den Almosen des Staates, dass die, die ein Einkommen erwirtschafteten, davon kaum noch leben konnten, weil sie so viel Steuern zahlen mussten. Viele Bauern gingen bankrott und gaben ihren Hof auf – dann konnten sie entweder auf Staatskosten leben, oder sie gingen zum Heer, oder sie suchten sich in der Ferne neues Land.

Rom kippte, als es günstiger und attraktiver wurde, sich auf die Fürsorge des Staates zu verlassen, als von der eigenen Hände Arbeit zu leben und hohe Steuern zu zahlen. Die Mächtigen im Reich schrien danach, die Reichen zu besteuern, und irgendwann war bei der Mittelschicht nichts mehr zu holen – entweder man war richtig reich oder aber bettelarm.

Wer die Zeiten versteht, sieht klar, dass Amerika jetzt in vielerlei Hinsicht im gleichen Zustand ist wie das Römerreich damals. 49,2 Prozent der Amerikaner erhalten auf die eine oder andere Art Unterstützung vom Staat,[141] und neuere Zahlen zeigen, dass es mehr Menschen gibt, die vom Staat Hilfe zum Lebensunterhalt beziehen, als Erwerbstätige.[142]

---

141 Merrill Matthews, „We've Crossed the Tipping Point; Most Americans Now Receive Government Benefits", Forbes, 2. Juli 2014, http://www.forbes.com/sites/merrillmatthews/2014/07/02/weve-crossed-the-tipping-point-most-americans-now-receive-government-benefits/ (Zugriff am 04.10.2014); Terence P. Jeffrey, „Census: 49% of Americans Get Gov't Benefits; 82M in Households on Medicaid", CNS News, 23. Oktober 2013, http://cnsnews.com/news/article/terence-p-jeffrey/census-49-americans-get-gov-t-benefits-82m-households-medicaid (Zugriff am 04.10.2014).

142 Terence P. Jeffrey, „Census Bureau: Means-Tested Gov't Benefit Recipients Outnumber Full-Time Year-Round Workers", CNS News, 24. Oktober 2013, http://cnsnews.com/news/article/terence-p-jeffrey/census-bureau-means-tested-govt-benefit-recipients-outnumber-full (Zugriff am 04.10.2014).

Eine andere Beobachtung betrifft die sinkende Geburtenrate. Früher lebten viele auf dem Bauernhof und hatten viele Kinder, denn die Kinder halfen beim Melken und Füttern, beim Pflügen und in der Ernte und bei allem. Mein eigener Vater hatte neun Geschwister – für die Bauern, die ihr Essen selbst anbauten, war eine große Familie leichter zu ernähren. Die Geburtenrate brach ein im Zuge der Landflucht; in den Städten gingen beide Elternteile in die Fabrik oder ins Büro, und man begnügte sich mit zwei Kindern.

Bis zur Zeit der Drucklegung (2015) wurden allein in den USA über 55 Millionen Kinder abgetrieben.[143] Das ist eine wahre Tragödie, nicht nur aus ethischer und geistlicher, sondern auch aus volkswirtschaftlicher Sicht: Uns fehlen über 55 Millionen Amerikaner, die Probleme lösen, Erfindungen machen, arbeiten und die Alten versorgen könnten. Man hat sie ermordet.

Auch im Römerreich sank die Geburtenrate. In der letzten Phase war die Steuerlast so hoch, dass die Leute auf Kinder verzichteten, sie konnten sie einfach nicht mehr ernähren.

Zur Zeit Neros ging das Erbe von vierhundert Senatorenfamilien an den Staat über, weil sie keine Kinder hatten. Das Römische Reich fiel in sich zusammen, es wurde wie vom Krebs innerlich aufgefressen.

Diese 24 Parallelen von Amerika und Rom habe ich gefunden:

- Beide waren eine Supermacht – die größte der Welt.
- Beide hatten die größte Heeresmacht der Welt.
- Beide setzten Soldaten ein, um den Frieden zu sichern.
- Beide besetzten den Nahen Osten.
- Beide hatten direkt mit Israel und den Juden zu tun.

---

143 National Right to Life, „Abortion Statistics".

- Beide hatten eine „Freiheitsstatue" – die Römer verehrten die Göttin Libertas, Amerika hat die Freiheitsstatue.

- Beide hatten einen Regierungshügel namens „Kapitol".

- Beide hatten einen Senat.

- Beide hatten denselben Architektur-Stil für ihre Regierungsgebäude.

- Beide hatten eine große Führerfigur (Kaiser/Präsident).

- Beide führten den Adler im Wappen.

- Beide erlaubten die Tötung von Säuglingen.

- Beide erlaubten Homosexualität.

- Beide hatten Stadien für Sportveranstaltungen.

- Beide hielten bestbezahlte, gefeierte Sportler.

- Beide liebten Wettrennen (Wagenrennen/Autorennen).

- Beide hatten eine Nationalhymne, die bei Sportveranstaltungen gesungen wurde, und man stand dazu auf.

- Beide hatten eine Fahne und schworen ihr Treue.

- Beide hatten Kriege aufgrund von Sklaverei.

- Beide schafften später die Sklaverei ab.

- Beide führten Volkszählungen durch.

- Beide erlebten, dass der Mittelstand so ausgepresst wurde, dass er Haus und Hof verlassen musste.

- Beide mussten die Hälfte ihrer Bevölkerung auf Staatskosten versorgen.

- Am Ende des Römischen Reiches waren die Senatoren gottlos und ohne Religionszugehörigkeit. Alle Religionen waren zugelassen, aber die Christen wurden verfolgt, man warf ihnen Intoleranz vor.

Der Westteil des Römischen Reiches erfreute sich jahrhundertelang großen Wohlstands, doch dann ergaben sich die meisten Bürger der Faulheit und verließen sich auf die Wohltaten des Staates. Rom fiel nicht einem Krieg zum Opfer oder einem anderen Weltreich, das gegen es aufgestanden wäre -wie es den vorhergehenden Weltreichen ergangen war, von denen die Propheten der Bibel sprechen.

Rom ging langsam zugrunde, von innen heraus, aufgrund schlechter Leiterschaft und schlechter Entscheidungen, die zum wirtschaftlichen, geistlichen und sittlichen Bankrott führten. Die Vorschriften des römischen Senats schwächten den Unternehmergeist und machten das Leben zu teuer. Die Römerstädte, die für einen hohen Lebensstandard gebaut waren, zerfielen.

Die vielen Wirtschafts- und Sozialreformen, die das Leben erleichtern und verbessern sollten, vermehrten nur die Zahl der Beamten und Bürokraten und belasteten den Steuerzahler noch mehr. Die Bauern in Italien gaben ihre Höfe auf, weil sie die steigenden Steuern nicht mehr schultern konnten. Sie packten ihre Sachen, verließen ihre Heimat und gingen dorthin, wo der lange Arm Roms nicht mehr hinreichte. Historiker schreiben über die extreme Steuerlast und deren schlimme Auswirkung.

Im 3. Jahrhundert war die Steuerlast so schwer geworden, dass die Leute ihr Vermögen angreifen mussten. Der Grund waren die zunehmenden Kosten der Reichsverwaltung, denen kein Produktionszuwachs entgegenstand ... Die dank Steuererhöhungen steigenden Einnahmen wurden durch einen Rückgang der Produktion und der Arbeitskräfte wieder aufgezehrt; also mussten die Übriggebliebenen noch höhere Steuern zahlen, und ihre allmähliche Verarmung ließ die Staatseinnahmen noch mehr sinken.[144]

Als die Republik Rom sich dem Ende näherte, war die Bevölkerung gespalten: Die Reichen wurden geschröpft und die untätige Unterschicht ließ sich vom Staat unterhalten – der

---

144 A. E. R. Boak, Manpower Shortage and the Fall of the Roman Empire in the West (Ann Arbor, MI: University of Michigan Press, 1955).

Konflikt zwischen Reich und Arm wurde stärker. Die reichen Senatoren sorgten sich mehr um Wählergunst und Position als darum, Probleme zu lösen, und das gemeine Volk war nur zu bereit, jedem zu folgen, der ihm Brot und Spiele versprach.

Das Wort „Diktator" ist eine Erfindung der Römer; in Krisenzeiten gaben sie ihrem Kaiser uneingeschränkte Macht, allerdings nur für eine Dauer von sechs Monaten. Während einer solchen Diktatur nahmen die Kaiser oft die Gelegenheit wahr, sich aller ihrer Feinde und Opponenten zu entledigen. (Wer von so etwas noch nie gehört hat, der hat vermutlich bisher in einer Höhle gelebt.)

Im Jahr 49 v. Chr. übertrug der Senat die Macht an Pompeius, und vor einer Wiederwahl hätte Gaius Julius Caesar sein Heer entlassen und seine Befehlsgewalt niederlegen müssen. Caesar aber überquerte den Rubikon, einen kleinen Fluss, und marschierte auf Rom zu – das kam einer Kriegserklärung an den Senat gleich.

Nach dem Sieg über Pompeius kehrte Caesar nach Rom zurück und wurde dort jubelnd empfangen. Unter anderem öffnete er die Grenzen und gewährte jedem Zuwanderer die Staatsbürgerschaft – gerade wie es heute manche gern machen würden an unseren Südgrenzen, damit Millionen die amerikanische Staatsbürgerschaft erhalten können.

Schließlich bekam der Senat Angst vor der uneingeschränkten Macht Caesars und vor seinem Ehrgeiz, und seine große Beliebtheit in bestimmten Kreisen wurde als Gefahr für das Reich empfunden, denn Caesar wollte König sein. Fünf Jahre nach dem Konflikt mit Pompeius, am 15. März 44 v. Chr., wurde Caesar im Senat von zwei Römern erstochen. Es war die Innenpolitik und es waren römische Politiker, die ihn schließlich zu Fall brachten.

Caesars Tod stürzte Rom in einen schrecklichen Bürgerkrieg. Schließlich kam Kaiser Augustus an die Macht; er herrschte zur Zeit der Geburt Jesu (Lukas 2,1). Augustus regierte 41 Jahre lang und starb im Jahr 14 n. Chr. Unter seiner Herrschaft galt die Pax Romana, der römische Friede; die Römerheere dienten ausschließlich zur Friedenssicherung und dazu, eventuelle

Aufstände im Reich niederzuschlagen. Von der Zeit, als Rom unter Augustus im Jahr 27 v. Chr. zum Weltreich wurde, bis zu seinem Fall an die Germanen 476 n. Chr. herrschte das Römische Reich als Weltreich 503 Jahre lang.

DIE ERKENNTNISSE DES LAKTANZ

Im 4. Jahrhundert gab es Leute mit geistlichem Urteilsvermögen, die den Untergang Roms vorhersagten. Laktanz lebte von 240 bis 320, er war Berater von Kaiser Konstantin. Er zählt zu den Kirchenvätern und verfasste Lehr- und Verteidigungsschriften, zum Beispiel die „Institutiones Divinae" („Göttliche Unterweisungen"). Hier zeigt er im Kapitel „Verwüstung der Welt und der Wechsel der Weltreiche" am Beispiel des Untergangs Ägyptens, der zur Befreiung der Kinder Israels führte, im ersten Absatz:

Weil damals das Volk Gottes vereint war und in einem einzigen Land lebte, wurde nur Ägypten geschlagen. Doch nun, da das Volk Gottes aus allen Sprachen gesammelt wird und unter den Völkern lebt und von denen, die über es herrschen, unterdrückt wird, muss es geschehen, dass alle Nationen, das heißt die ganze Welt, geschlagen wird mit Striemen vom Himmel, damit die Gerechten, die Gott anbeten, befreit werden.[145]

Laktanz sagt: Wie Ägypten Zeichen gegeben wurden, die seine Zerstörung ankündigten, so würden zur letzten Zeit besondere „Schreckzeichen" und „Wunderzeichen" erscheinen. (Ein Wunderzeichen geht etwas Erstaunlichem voran, das zuvor geweissagt wurde.) Wenn das Ende der Welt nahe, würde die Menschheit sich sehr verändern; die Gerechtigkeit gehe unter; „Vermessenheit" (Mangel an Ehrfurcht), „Habsucht und Lüsternheit" nähmen zu; wenn es noch Gute gebe, so würden sie „Gegenstand der Plünderung und des Gespötts". Er schrieb, es würden neue Gesetze aufgestellt und alte abgeschafft, es würde weder Sicherheit

---

145 Lactantius, Divine Institutes, Book VII, http://www.newadvent.org/fathers/07017.htm (Zugriff am 04.10.2014).

noch Obrigkeit mehr geben und keine Ruhe vor den Kriegen, die überall toben werden, „nicht bloß mit auswärtigen und angrenzenden Völkern, sondern auch unter den eigenen Volksgenossen".

In unserer Zeit sehen wir diese Warnzeichen klar: Ethische Werte und Sitttlichkeit sind niedergegangen und die Gerechten haben die Stimme nicht erhoben. Die Geldgier blüht und trägt die Frucht einer großen Immobilien- und Finanzkrise, die sich über Jahre hinzieht. Die Schuldigen werden freigesprochen und die Unschuldigen werden verspottet, denn die Gerichte entscheiden gegen die Grundsätze der Bibel. Nation steht auf gegen Nation – Nordkorea gegen Südkorea, Indien ist im Konflikt mit Pakistan und China zieht gegen Taiwan in die Propagandaschlacht.

Die bekannteste Warnung des Laktanz, die er zur Zeit Konstantins gab, war seine Vorhersage des Untergangs des Römischen Reiches und wie der Herrscherstab nach Osten gehen würde:

Der römische Name, der jetzt die Welt regiert, wird von der Erde weggenommen und die Herrschaft nach Asien zurückkehren; und der Osten wird wieder herrschen, der Westen aber zur Knechtschaft zurückgeführt werden.[146]

Man nimmt an, dass auf Laktanz' Prognose hin Kaiser Konstantin das Reich teilte und nach Osten zog, nach Kleinasien, und dort, in Byzanz, ein „neues Rom des Ostens" erbaute; dieses nannte er Konstantinopel, heute heißt diese Stadt Istanbul. Später sollte Konstantinopel zum Sitz eines neuen christlichen Reiches werden, dem Byzantinischen Reich (Ost-Rom). Als Rom und Italien von den heidnischen Stämmen erobert wurde, zerfiel das Römerreich in zehn Stücke, die von zehn Stämmen beherrscht wurden. Die Byzantiner zogen ins Heilige Land ein und bauten dort schöne Kirchen, den heiligen Stätten und dem irdischen Dienst Jesu Christi zu Ehren.

Ost-Rom bestand etwa tausend Jahre lang; im 15. Jahrhundert wurde Konstantinopel von den Muslimen unter Sultan Mehmet II. eingenommen. Diese Teilung war eine Erfüllung von Daniel 2,

───────────────

146 Ebd.

dem Traum von dem goldenen Standbild mit zwei eisernen Beinen – Ost-Rom und West-Rom. Dazu wurde bemerkt: Der Fall Roms war gleichbedeutend mit dem Untergang des Reiches, ja er war der Weltuntergang. Ein Jahrhundert zuvor hatte Laktanz geschrieben: „Der Fall und Untergang der Welt wird bald geschehen, aber es scheint, dass nichts dergleichen zu befürchten ist, solange Rom unangetastet bleibt. Doch ist die Hauptstadt der Welt einmal gefallen ... wer kann zweifeln, dass dann das Ende der Welt gekommen ist für die Sache der Menschheit und der ganzen Welt? Diese Stadt hält alles zusammen."[147]

DIE KRISE ALS CHANCE ZUR VERÄNDERUNG

Wirtschaftskrisen führen oft zur Veränderung. Mitunter kommt die Veränderung fast von selbst, wie bei der industriellen Revolution oder in der elektronischen Revolution in den 1990er-Jahren. Andere Veränderungen waren wie Rauchschwaden: Die Krise wurde bewusst herbeigeführt, um an die Macht zu gelangen oder Änderungen durchzusetzen. Die kommunistische Oktoberrevolution in Russland machte sich die Unzufriedenheit der Arbeiter zunutze, um den Zaren zu stürzen und ein Manifest umzusetzen, das von außen gut aussah; aber das Millionen schreckliche Armut und Unterdrückung brachte.

Jahrhunderte hindurch haben die Mächtigen dieser Welt Wirtschaftskrisen für die Politik zu gebrauchen gewusst; auch Diktatoren benutzten die arme Unterschicht, die oft nicht arbeitete, um gegen eine korrupte Regierung aufzustehen; sie köderten das Volk mit dem Versprechen, die Missstände zu ändern. Der Same des Misstrauens gegen die Reichen (Wall-Street, Bankiers, Geschäftsleute) ging auf – man warf ihnen vor, *sie* hätten die Krise herbeigeführt, und verlangte, dass sie dafür büßen müssten. Alle Diktatoren singen das gleiche Lied: „Ich verspreche, den Reichtum umzuverteilen an die, die nicht so viel Glück hatten, und gebe allen die gleichen Chancen."

147 A. H. M. Jones, The Later Roman Empire 284–602 (o. S.; Basil Blackwell Ltd, 1964).

Das alles geschieht im Namen der Opportunität. In jedem Aufstand, jeder Revolution, jeder großen Anti-Regierung-Demonstration spielt die Jugend die Hauptrolle. Auch Hitler hatte seine Jugendbewegung; damit spurte er die junge Generation auf seine Ziele ein.

Es gibt einige bekannte Politiker, die mit dieser Strategie vieles zum Schlechteren veränderten, zum Beispiel:

- Lenin, der den Kommunismus einführte, stürzte Millionen in Armut und Tod.
- Hitler führte den Nationalsozialismus ein, er begann den Zweiten Weltkrieg und ermordete 6 Millionen Juden.
- Mussolini wurde zum Diktator von Italien und trat an Hitlers Seite in den Krieg ein.
- Castro wurde zum Diktator und führte das reiche Kuba in Armut und Bedrückung.

Anders ausgedrückt: Die Wirtschaftskrise in Frankreich führte zum Aufstieg Napoleons, eine Arbeiterkrise in Russland führte zur kommunistischen Oktoberrevolution. Das schreckliche Ende der Rentenmark, die Deutschland aufgezwungen worden war, leistete dem Aufstieg Adolf Hitlers, dem Dritten Reich und dem Nationalsozialismus Vorschub. Die Wirtschaftskrise in Venezuela ließ die Versprechen von Victor Chávez auf fruchtbaren Boden fallen. In Anbetracht der unbezwingbaren Schulden Amerikas: Wohin soll das noch führen?

DAS AMERIKANISCHE STEUERRECHT

Wer hat nicht schon über seiner Steuererklärung gebrütet? Man braucht sich nicht zu wundern, wenn drei Fachleute vier Antworten geben; das liegt vielleicht ganz einfach daran, dass die Steuergesetze recht verwirrend sind.

Die Bibel enthält ungefähr 740 000 Wörter; je nach Übersetzung oder Übertragung können es auch mehr sein. Wie lange braucht man, um die Bibel durchzulesen? Wenn man flott liest, müsste es bei zwanzig Minuten täglich in einem Jahr zu schaffen sein.

Und wie viele Wörter enthält die Steuergesetzgebung der USA? Laut Bundesdruckerei umfasst sie insgesamt 20 Bände mit 13 458 Seiten; sie kosten 974 Dollar[148] (Dazu kommt noch ein 3 387 Seiten starker Zusatz, der vom Kongress verfasst wurde; damit wären wir bei 16 845 Seiten.[149]) – Meine Studienbibel hat 1500 Seiten. Unsere Steuergesetze sind also fast neunmal so umfangreich wie eine Bibel! Wahrscheinlich sind unsere Politiker in Washington alles Juristen, denn vermutlich können nur diese sich in diesem Paragrafenwald zurechtfinden.

Warum mögen wir es nicht, wenn wir wieder mal die Steuererklärung machen müssen? Weil im Finanzamt jeder eine andere Antwort gibt. Aber dort können sie nichts dafür. Wenn man bei vier Kapiteln täglich ein Jahr braucht, um die Bibel durchzulesen, muss man beim gleichen Tempo für die Steuergesetzgebung neun Jahre einplanen!

Kein Wunder, bei den vielen Steuern, die wir zahlen. Wer arbeitet und Geld ausgeben kann, hat jede Menge Gelegenheit, das Staatssäckel zu füllen:

- Umsatzsteuer auf fast alles, was man kaufen kann, einschließlich Essen, Kleidung und Alltagsbedarf[150]

- Vermögenssteuer

- Steuern auf jeden Liter Sprit

---

148 Laut Trygves digitalem Tagebuch, „How Long Is It?", 12. März 2006, http://www.trygve.com/taxcode.html (Zugriff am 05.10.2014).

149 Cayman Net News, „Editorial: We Are Not the United States of America's Policeman", 12. Mai 2009, http://www.caymannetnews.com/article.php?news_id=15437 (Zugriff am 05.10.2014).

150 In Deutschland sind Briefmarken umsatzsteuerbefreit. (Anm. d. Übers.)

- Steuern auf Wasser und Abwasser, Fernwärme und Strom[151]

- Steuer, die vorab vom Gehalt abgezogen wird[152]

- Steuern, wenn man ein Auto kauft[153]

- Steuern auf große Gewinne

- Steuern auf Zinsen, die man bekommt für sein Erspartes und seine Investments

- Steuern auf den Nebenjob

- Steuern auf Haus- und Grundbesitz

- Maut[154]

- Einfuhrsteuer, Umsatzsteuer auf im Ausland erworbene Waren

- Steuern auf Elektronik und Dienste (Mobiltelefone, Internet, Kabel etc.[155])

- Strafe bei Verstoß gegen die Krankenversicherungspflicht

Wer wollte bestreiten, dass wir in dem Stadium angelangt sind, in dem das Römerreich kurz vor dem Kollaps war. Aber die Probleme in der Politik sind nur die Spitze des Eisbergs, das eigentliche Problem liegt tiefer: Die Nation ist mit Wissen und Willen von den Grundsätzen abgerückt, die unser Fundament bildeten – die Grundsätze der Heiligen Schrift.

---

151 In Deutschland: Stromsteuer und EEG-Abgabe. (Anm. d. Übers.)

152 In Deutschland: Lohn- bzw. Einkommensteuer. (Anm. d. Übers.)

153 In Deutschland: Kraftfahrzeugsteuer. (Anm. d. Übers.)

154 In Deutschland für Lkw auf Autobahnen und ausgebauten Bundesstraßen. (Anm. d. Übers.)

155 In Deutschland: Rundfunkabgabe, Vergnügungssteuer. (Anm. d. Übers.)

Wenn Glaube und Regierung kollidieren

Was hatten die Mächtigen im Römerreich gegen die Christen und ihren Glauben? Dreierlei.

Erstens: Religion. Eigentlich war Rom in Religionsfragen sehr tolerant, man durfte alle möglichen Götzen verehren und ihnen Tempel bauen. Das war auch ein Wirtschaftsfaktor – Tausende von Besuchern brachten Opfergaben dar, kauften Andenken und Minigötzen fürs Wohnzimmer. Die Christen jedoch glaubten an einen einzigen, wahren Gott und an einen einzigen Weg zum Himmel – Jesus. Bei den Griechen und Römern, die oft vom Tempelkult profitierten (inklusive Tempelprostitution), löste solche „Intoleranz" Empörung aus.

Zweitens erwarteten sie keine Sozialhilfe vom Staat, sondern versorgten die Waisen und Witwen unter ihnen aus eigenen Mitteln, durch Opfergaben, die zusammengelegt und verteilt wurden (Apostelgeschichte 6,1; 1. Timotheus 5,16). Damit verlor der Staat an Einfluss, weil die Armen nicht mehr von ihm abhängig waren; diese Punkte gingen nun an die Gemeinde am Ort, die sich selbst um ihre Leute kümmerte. So hat Gott es sich gedacht: Die Gemeinde Jesu soll den Ihren helfen, wenn sie in Not sind. In Amerika aber hat die Gemeinde zu oft zugelassen, dass die Sozialhilfe vom Staat die Barmherzigkeit und die helfenden Hände des Leibes Christi lähmt.

Drittens hatten die Christen einen besonderen Tag, an dem sie keine Arbeit verrichteten – wie die Juden. Das Christentum erwuchs ja aus dem Judentum, und am Anfang feierten die Christen wie die Juden den Sabbat. Als mehr Heidenchristen hinzukamen, entstand ein Konflikt zwischen den gesetzestreuen Juden und denen, die an Jesus als ihren Messias glaubten. In der Apostelgeschichte lesen wir von Konflikten im Tempel und in den Synagogen; das zwang die Heidenchristen, sich in Privathäusern zu versammeln. Im Römischen Reich war der Sonntag ein normaler Arbeitstag, aber die Christen trafen sich mehr und mehr am „ersten Wochentag", am Sonntag (1. Korinther 16,2). Auch das könnte zu Konflikten geführt haben.

Die alten Griechen und Römer badeten in Mythen und Götzendienst, sie beteten Götter und Göttinnen an. Wie bereits erwähnt trug das in den Tempelstädten zum Einkommen bei, denn die Leute schnitzten und gossen Götter zum Mitnehmen. Die Bekehrung zu Jesus Christus war das Ende aller Götzen und Götter – der Christ diente nur noch dem Schöpfer und Richter der Welt. Er hörte auf, an seinem Lieblingstempel zu opfern, und er kaufte auch keine Götterchen und Amulette mehr: Allzeittief für Umsatz und Steueraufkommen! So war es in den heidnischen Römerstädten nicht gern gesehen, wenn sich Menschen zu Jesus Christus hinwandten (Apostelgeschichte 19,23-41).

Vergleichen wir das mit Amerika, dem Römerreich unserer Zeit: Politisch korrekt hat man uns beigebracht, dass alle Religionen zu Gott führen und deshalb gleichbehandelt werden müssen – kein Unterschied zwischen Christentum, Islam und Hinduismus. Wir Christen verkündigen, dass Jesus allein der Weg zum Vater, die Wahrheit und das Leben ist. – Höre ich da einen Aufschrei? „Engstirnige Ewiggestrige, rechtsextreme Intoleranz!", souffliert die Medien-Elite. Man nennt uns „Hassgruppen", wenn wir nur einen Einzigen als Gott akzeptieren und nur einen einzigen Weg zur seligen Ewigkeit. In Amerika gilt es als ungehörig und nicht hinnehmbar, wenn man die Götzen kritisiert oder andere Religionen; Christen hingegen haben keine Schonzeit, sie dürfen ganzjährig gejagt und erlegt werden.

Gottes Plan A war, dass sein Volk den Armen helfen soll und nicht der Staat. Das fängt an mit der Verordnung, dass man die Ränder des Ackers nicht abernten darf und im Weinberg keine Nachlese halten soll; diese Reste sind für den Fremdling und den Armen bestimmt, damit alle Brot und Wein haben (3. Mose 19,9+10). Alle Bauern in Israel mussten einen „Drittelzehnten" entrichten zugunsten der Leviten, der Fremden, Waisen und Witwen, „dass sie in deinen Toren essen und satt werden" (5. Mose 26,12).

Im Gesetz Moses war auch das Grundstück-Lösen festgelegt: Wenn jemand Grundbesitz verkaufen musste, dann konnte der nächste Verwandte es „lösen", also zurückkaufen, und dem armen Bruder zurückgeben (3. Mose 25,25). Wenn ein Volksgenosse verarmte, sollten die anderen ihm aushelfen und, wenn nötig, auch ihn selbst „lösen" (V. 35.47-49).

Oft war es damals so: Wenn jemand überschuldet war und nicht zahlen konnte, wurden er selbst oder seine Kinder als Sklaven verkauft, um die Schulden zu begleichen. Handelte es sich dabei um Israeliten, dann sollten andere Israeliten diese Sklaven „lösen" und ihnen in ihrer Armut unter die Arme greifen. Wurde der Sklave an einen anderen Israeliten verkauft, dann war das nicht für immer, denn in jedem siebten Jahr, im Sabbatjahr, sowie im Halljahr mussten die Sklaven freigelassen werden (3. Mose 25,39-41; 5. Mose 15,12). Bei der Freilassung sollte ihm ein Startkapital mitgegeben werden:

Und wenn du ihn als Freien entlässt, so sollst du ihn nicht mit leeren Händen ziehen lassen; sondern du sollst ihn reichlich von deiner Herde und von deiner Tenne und von deiner Kelter ausstatten und ihm geben von dem, womit der Herr, dein Gott, dich gesegnet hat. 5. Mose 15,13+14

Gott ehrt die, die dem Armen helfen, und ich weiß es zu schätzen, dass Amerika einen Teil der Steuergelder einsetzt, um denen zu helfen, die wirklich in Not sind, weil sie vielleicht zu krank oder zu behindert sind, um arbeiten zu können. Man macht nie einen Fehler, wenn man den Armen hilft; die Bibel sagt, wer das tut, „der leiht dem Herrn", und der Herr vergilt dem, der einem seiner geringsten Brüder Barmherzigkeit erweist (Sprüche 19,17). Amerika war immer gesegnet, weil wir uns um die Armen im Lande kümmern: Wir versorgen Leute, die sonst verhungern oder erfrieren oder anderweitig schrecklich leiden müssten, mit Nahrung und Kleidung und geben ihnen ein Dach über dem Kopf.

Doch in den letzten Jahren wurde klar: Hunderttausende arbeitsfähiger Amerikaner wollen nur „die Kuh melken" und auf Staatskosten zu Hause bleiben. In der letzten Phase des Römischen Reiches wuchs der Steuerbedarf für die Geschenke ans Volk ins Unendliche, denn mehr Leute lebten von den Almosen des Staates als von ihrer Hände Arbeit. Heute bezieht über die Hälfte aller Amerikaner irgendwie Geld oder Sachleistungen vom Staat. Der nimmt im Jahr 2,5 Billionen Dollar Steuern ein, und das von zurzeit nur 40 % seiner Bürger – alle anderen zahlen keine direkten Steuern. Wenn die, die jetzt arbeiten, in den Ruhestand gehen, wird der Bedarf an Sozialhilfe weiter steigen, aber es kommen nicht genügend Erwerbstätige nach; dann müssen noch weniger Leute noch höhere Steuern zahlen, um noch mehr Nichterwerbstätige zu versorgen. Ursprünglich war sie wirklich schön und gut, diese Unterstützung; aber jetzt ist sie zu einem Drachen geworden, der die Mittelschicht zu verschlingen droht.

Viele christliche Gemeinden verteilen in ihrer Stadt bei bestimmten Aktionen Essen, Kleider und anderen Alltagsbedarf. In Amerika gibt es über 450 000 Gemeinden, und schätzungsweise 118 Millionen Amerikaner (etwa 40 %) gehen sonntags zum Gottesdienst. Sowohl im Alten als auch im Neuen Testament werden wir aufgefordert, von unserem Einkommen den Zehnten zu geben; aber nur 9–14 % der amerikanischen Kirchgänger geben den Zehnten regelmäßig; am besten schneiden noch die Bibeltreuen ab. Würden alle Gläubigen den Zehnten geben, könnten wir die wirklich Armen in unseren Städten versorgen.

ROM UND AMERIKA – EIN DETAILLIERTER VERGLEICH

In Amerikas geistlichem und religiösem Leben gibt es Parallelen zu Israel, und auch das, was die Regierung in Washington tut, ist ein Abbild des Römischen Reiches. Immerhin hatte Israel 13 Stämme, vor seinem Untergang hatte Rom 13 Provinzen, und die Keimzelle der Vereinigten Staaten bestand aus 13 Kolonien:

13 Stämme in Israel	13 römische Provinzen	13 amerikanische Kolonien
1. Stamm Ruben	1. Provinz Hispania	1. Massachusetts
2. Stamm Simeon	2. Provinz Britannia	2. New Hampshire
3. Stamm Levi	3. Provinz Africa	3. Connecticut
4. Stamm Juda	4. Provinz Gallia	4. Rhode Island
5. Stamm Gad	5. Provinz Rom	4. Pennsylvania
6. Stamm Dan	6. Provinz Italia	6. New Jersey
7. Stamm Ephraim	7. Provinz Aegyptus	7. Delaware
8. Stamm Manasse	8. Provinz Macedonia	8. Maryland
9. Stamm Naftali	9. Provinz Pontus	9. Virginia
10. Stamm Asser	10. Provinz Thracia	10. Georgia
11. Stamm Issaschar	11. Provinz des Ostens	11. North Carolina
12. Stamm Benjamin	12. Provinz Dacia	12. South Carolina
13. Stamm Sebulon	13. Provinz Asia	13. New York

Vergleicht man das Vorgehen und die Aktivität Roms – seiner Kaiser, des Senats, des Militärs und des Volkes – mit Amerika, wird es einem unheimlich zumute. Das kann man nicht so eben mal nachmachen, das alles bewusst herbeizuführen ist nahezu unmöglich – es sei denn, es gäbe einen durchdachten Plan, der das Vergangene (Rom) verbände mit dem, was später kommt (Amerika). Ein paar Seiten weiter vorne, im Abschnitt „Was kommt auf uns zu?", habe ich diese Parallelen bereits aufgezählt; hier möchte ich die einzelnen Punkte näher beleuchten.

Beide waren eine Supermacht – die größte der Welt
Als Rom auf dem Höhepunkt war, kam ihm an Macht und Ansehen kein Land gleich. – Im 20. Jahrhundert galten die Sowjetunion und Amerika als Supermächte im Zweikampf. Dann brach der Kommunismus in der Sowjetunion und in Osteuropa zusammen und Russland war auch keine Wirtschaftsmacht mehr; so verblieb Amerika als einzige Weltmacht, vor allem als Wirtschafts- und Militärmacht.

Beide hatten die größte Heeresmacht der Welt

Die römischen Legionen lagen über der zivilisierten Welt wie die Heuschrecken; man scheute sie und fürchtete sich vor der größten Heeresmacht der Welt. Zu Roms besten Zeiten waren die Soldaten gut ausgebildet und hervorragend ausgerüstet mit den besten Waffen, die es gab. Ganze Völker zitterten vor den Legionen der Römer, keiner konnte vor diesen Soldaten bestehen, wenn sie vereint gegen ihre Feinde zogen, und lange Zeit sorgten Soldaten im ganzen Reich für Ruhe und Frieden. – In zwei Irakkriegen sowie für sein Engagement in Afghanistan hat Amerika andere Militärmächte hinter sich geschart, und die vier Abteilungen unseres Militärs, Marines, Army, Navy und Air Force[156], gelten weltweit als überlegen. China und Russland geben sich alle Mühe, uns unsere Militärtechnik abzuschauen und nachzumachen.

Als Roms Niedergang begann, war das Militär mit am stärksten betroffen, und schließlich zerfiel Europa unter die Herrschaft von zehn Stämmen.

Beide besetzten den Nahen Osten

Die Römer eroberten mit ihren Legionen den ganzen Mittelmeerraum einschließlich Israels. Der Kindermord in Bethlehem wurde von römischen Soldaten durchgeführt. Immer sechshundert Soldaten bildeten eine Kohorte (bei Luther: „Schar", Markus 15,16). – Wie damals Rom hat heute Amerika einen „langen Arm"; seine Truppen „besetzen" Afghanistan und den Irak. Wir haben Militärstützpunkte in Israel und Deutschland, auf den Philippinen und anderswo.

Unter den Römern wurde aus Israel „Palästina". – Amerika nennt Israel zwar Israel, die arabische Welt jedoch gebraucht die Bezeichnung „Palästina".

---

156 Marines – Marine-Infanterie, Army – Heer, Navy – Marine, Air Force – Luftwaffe. (Anm. d. Übers.)

Beide hatten direkt mit Israel und den Juden zu tun

Das Römische Reich bestimmte in Israel Religion und Politik, es setzte nicht nur die Statthalter ein, sondern auch den Hohepriester. – Das heutige Israel versichert sich bei allen größeren Entscheidungen des Einverständnisses und der Unterstützung der USA.

Beide hatten einen Regierungshügel namens „Kapitol"

In Rom gab es einen Hügel namens Capitolina. Hier entstanden die Gesetze, nach denen sich alle Untertanen zu richten hatten. – In Washington haben wir das Kapitol („Capitol Hill"), hier erarbeitet der Kongress Gesetzesvorschläge, nach denen sich dann alle Amerikaner zu richten haben sowie alle, die sich auf amerikanischem Boden befinden.

Beide hatten einen Senat

Die Gesetze der Römer wurden im Senat erörtert und verabschiedet. Jeder Untertan musste ihnen Folge leisten; jedoch erlaubte sich so mancher Kaiser, sie zu ignorieren, wenn sie ihn in seinen Machtgelüsten und seiner Selbstbeweihräucherung behinderten. – In Amerika schreibt der Kongress auf dem Kapitol unsere Bundesgesetze, und diese Leute sind Meister darin, Gesetze zu erlassen, die für alle gelten, außer für sie selbst; sie finden die Schlupflöcher oder erklären sich zur Ausnahme.

Beide hatten eine starke Führerfigur (Kaiser – Präsident)

Den mächtigsten Mann im Staate nannten die Römer Imperator; von Rom aus beherrschte er als Kaiser das Weltreich. Der Kaiser zur Zeit des Paulus hieß Nero; er gehörte zu denen, die die Christen besonders schlimm verfolgten. – Auch Amerika ernennt einen Mächtigen, den „Präsidenten der Vereinigten Staaten".

Beide führten den Adler im Wappen

Das ist eine erstaunliche Parallele! Das Römische Reich wählte den Adler zum Wappentier; er saß an der Spitze der Standarten der Römer-Legionen. – Auch Amerika führt den Adler im

Wappen; er ist im Wappen des Präsidenten und auf allen Wappen der Streitkräfte.

Beide hatten Kriege aufgrund von Sklaverei

Zur Zeit der alten Römer war Sklaverei in aller Welt ganz normal; aber es gab Sklavenaufstände (Revolten) und Sklavenkriege. – Amerika erlaubte Sklavenhandel und Sklaverei, bis zur „Revolte", dem Bürgerkrieg, der die Sklavenbefreiung erkämpfte; nun wurde die Sklaverei in den USA verboten.

Beide erlaubten die Tötung von Säuglingen

Zur Zeit der Geburt Jesu wies König Herodes die römischen Soldaten an, in Rama und Bethlehem alle Jungen unter zwei Jahren umzubringen. Der heidnische König hatte gehört, dass in Bethlehem ein Judenkönig zur Welt gekommen war. – In Amerika ist derselbe Geist am Werk, wenn es Abtreibung freigibt und zulässt, dass Babys im Bauch ihrer Mutter ermordet werden. Wie das alte Rom verabschiedet Amerika Gesetze und fällt Gerichtsurteile, die das Leben im Mutterleib nicht schützen.

Freiheit für Homosexualität

Zur Zeit des Apostels Paulus wurde die Sünde der Homosexualität praktiziert, besonders unter den Großen des Reiches. Man weiß, dass Kaiser Nero Homosexueller war; für viele Römer waren homosexuelle Beziehungen ganz normal. – In Amerika nennt man das gay, „fröhlich", und „alternativen Lebensstil". Im Westen ist Homosexualtität nicht nur akzeptiert, sondern zunehmend populär.

Stadien für Sportveranstaltungen

Die Griechen und Römer liebten den Sport: Laufen, Ringen, Wagenrennen. Oft fanden die Wettkämpfe in großen Stadien statt, wo Tausende von Zuschauern Platz fanden. – Auch Amerika füllt Stadien mit Tausenden, die dabei sein wollen, wenn ihre Lieblingsmannschaft antritt.

Der Ringersport wurde zur Industrie, diese aggressive Unterhaltung ist in Amerika sehr beliebt; und aus den von den Römern umjubelten Wagenrennen haben wir den Motorsport gemacht.

Beide standen auf, um bei Sportveranstaltungen die Nationalhymne zu singen

Rom hatte eine Nationalhymne, Amerika hat auch eine. Die Römer sangen sie in den Stadien und Amphitheatern (z. B. im Kolosseum in Rom). – Heute singt man die Nationalhymne auch bei großen Sportveranstaltungen vor dem Anpfiff.

Beide hatten eine Fahne und schworen ihr Treue

Wieder so etwas Befremdendes: Rom hatte eine Fahne, sie stand für das ganze Reich. Wer hinter dem Reich stand, der schwor der Fahne die Treue. – Das tun wir in Amerika bis heute, vor allem zu besonderen Gelegenheiten.

Rom suchte Erfüllung in den Religionen aus dem Osten

Neue, fremde Religionen hatten es leicht bei den Römern; Rom hatte keine eigene Religion, alles war erlaubt (außer dem Christentum). Ihre geistliche Leere füllten die Römer mit der Hinwendung zu den Religionen des Ostens. Rom hatte eine vielfältige Spiritualität, aber man fand keine Erfüllung darin. – Die Amerikaner unserer Tage suchen ihre geistliche Leere mit der Mystik des Ostens zu füllen: Kabbala, Hinduismus, Buddhismus – alles Religionen aus dem Osten.

Rom verfiel dem Luxus

Die Römer in der Hauptstadt waren versessen auf Glas, Schmuck, Juwelen und teuren Luxus. Man trug seinen Reichtum zur Schau und suchte einander zu übertrumpfen. – Das kann man auch von den Amerikanern sagen: Manche bezahlen gern das Doppelte, nur um sich in Markenschuhen und -klamotten bewundern zu lasen.

Rom führte alle fünf Jahre eine Volkszählung durch

Alle fünf Jahre führte Rom eine Volkszählung durch, und jedes Familienoberhaupt musste seine Angehörigen und Sklaven namentlich melden. – Auch die USA führen Volkszählungen durch, in der Informationen zu den Familienmitgliedern erhoben werden.

Zerfall und Untergang des Römerreichs hatten nicht nur eine einzige Ursache, sie waren die Folge vieler politischer und geistlicher Entscheidungen, die insgesamt Rom schwächten und es schließlich in sich zusammenfallen ließen.

Was im alten Rom geschah, wiederholt sich im heutigen Amerika.

10
HABEN WIR WIEDER 1933?

Wenn Geschichte sich wiederholt, erkennen es am besten die, die „das Original" miterlebt haben – sie sehen die Parallelen sehr deutlich. Zyklen mit prophetischer Bedeutung wiederholen sich oft nach bestimmten Zeiten, die wir schon in der Bibel finden: vierzig Jahre, fünfzig, siebzig oder hundertzwanzig Jahre. Diese wichtigen Zahlen finden sich in beiden Testamenten bei Ereignissen, die für die Heilsgeschichte bedeutsam sind:

- Um das Jahr 30 n. Chr. kündigte Jesus die Tempelzerstörung an (Matthäus 24,1+2), und *vierzig* Jahre später, 70 n. Chr., zerstörte die römische Zehnte Legion Stadt und Tempel.

- 1898 sagten die Zionisten, in *fünfzig* Jahren würde es in Palästina einen Judenstaat geben, und das erfüllte sich genau 50 Jahre später, 1948.

- 1917, nach 400 Jahren der Türkenherrschaft, wechselte Jerusalem den Besitzer und wurde von den Briten eingenommen. Genau *fünfzig* Jahre später, nach dem Sechstagekrieg 1967, wurde Jerusalem wiedervereinigt und zur Hauptstadt Israels.

- Seit der Oktoberrevolution von 1917 war Russland kommunistisch und die russischen Juden waren gefangen in einem totalitären System. Diese Gefangenschaft währte *siebzig* Jahre – genauso lange, wie Jahrtausende zuvor die Juden in der babylonischen Gefangenschaft waren (Jeremia 25,11). Dann kam das Jahr 1987, und unter Michail Gorbatschow durften sie sich wieder aufmachen in das Land ihrer Väter, nach Israel.

Heute leben in Israel 1,2 Millionen russischsprachige Juden – eine Erfüllung der Weissagung bei Jeremia:

> **Doch siehe, es kommen Tage, spricht der Herr, da man nicht mehr sagen wird: „So wahr der Herr lebt, der die Kinder Israels aus dem Land Ägypten heraufgeführt hat!", sondern: „So wahr der Herr lebt, der die Kinder Israels heraufgeführt hat aus dem Land des Nordens und aus allen Ländern, wohin er sie verstoßen hatte!" Denn ich will sie wieder in ihr Land zurückbringen, das ich ihren Vätern gegeben habe.**
>
> Jeremia 16,14+15

Schon immer waren die Juden Zielscheibe von Weltreichen, Eroberern und Heidenvölkern gewesen; die schlimmste Verfolgung allerdings kam durch die Nationalsozialisten. Ein Paukenschlag war 1938 die Reichspogromnacht, die man wohl als Vorgeschmack auf den Holocaust werten kann.[157] In der „Reichskristallnacht" brannten in Deutschland (einschließlich Österreich) 1406 Synagogen und Betstuben, und etwa 7500 jüdische Geschäfte, Wohnungen, Gemeindehäuser und Friedhofskapellen wurden von Deutschen geplündert und zerstört. Anschließend wurde den Juden eine „Sühneleistung" von 100 Millionen Reichsmark auferlegt. Synagogen, Häuser und Geschäfte von Juden wurden mit Hassparolen bemalt, Hunderte Juden wurden ermordet, und etwa 30 000 Juden wurden verhaftet und in Konzentrationslager gebracht.[158]

Das war die Einführung in die sieben Jahre Holocaust, in dem sechs Millionen Juden ermordet wurden – eine Vorschau auf die kommende Trübsalszeit, die ebenfalls sieben Jahre dauern wird (Daniel 9,27; Matthäus 24,21; Offenbarung 7,14). Nach den schrecklichen Wehen des Holocausts kam der Staat Israel zur

---

157 http://www.ushmm.org/outreach/en/article.php?ModuleId=10007697.

158 United States Holocaust Memorial Museum, „The 'Night of Broken Glass'", http://www.ushmm.org/outreach/en/article.php?ModuleId=10007697 (Zugriff am 05.10.2014); https://de.wikipedia.org/wiki/Novemberpogrome_1938, https://de.wikisource.org/wiki/Verordnung_%C3%BCber_eine_S%C3%BChneleistung_der_Juden_deutscher_Staatsangeh%C3%B6rigkeit, https://de.wikipedia.org/wiki/Judenverm%C3%B6gensabgabe (Zugriff am 19.05.2016).

Welt; wenn die sieben Jahre der großen Trübsal zu Ende sind, bringen ihre Wehen das Reich des Messias hervor, der von Israel aus herrschen wird (Sacharja 14).

Wie bereits gesagt: Wer schon beim „Original" dabei war, der erkennt es als Erster, wenn Geschichte sich wiederholt. Mir war nicht bewusst, dass auch diese Episode der Menschheitsgeschichte sich wiederholen könnte, bis ich drei Begegnungen hatte: die erste in Orange County (Kalifornien), die zweite in Hixson (Tennessee) und die dritte auf einer weiteren großen Konferenz. Dabei lernte ich drei betagte Damen kennen, alle über achtzig, die 1933 in Deutschland gelebt hatten; eine von ihnen war sogar dem neuen Kanzler begegnet, der das Volk bezirzt und verzaubert hatte. Die Damen kannten einander nicht, waren einander nie begegnet, aber alle drei sagten mir im Prinzip dasselbe: Beunruhigt und mit Tränen in den Augen stießen sie hervor, in diesem freien Amerika sähen sie dieselbe Entwicklung wie damals in Deutschland. Aufgewühlt zählten sie auf, was Jahre vor den November-pogromen von 1938 in Deutschland geschah – und diese gefährliche Entwicklung wiederholt sich gerade in Amerika.

1933 war ein Schicksalsjahr. Die ganze Welt war in Veränderung begriffen, sowohl in wirtschaftlicher als auch in militärischer Hinsicht. Die Weltwirtschaftskrise und der Bankenkrach hatten die Wirtschaft fast zum Erliegen gebracht. Hier ein Zitat von 1933:

Endlich brauchen wir auf unserem Weg zur Wiederaufnahme der Arbeit zwei Sicherungen gegen die Rückkehr der Übel der alten Ordnung: wir brauchen eine strenge Aufsicht über den Geldverkehr und die Kredite und Investitionen, damit das Spekulieren mit dem Geld anderer Leute aufhört; und wir müssen für eine angemessene, aber vernünftige Währung sorgen.[159]

Franklin D. Roosevelt
beim Amtsantritt am 4. März 1933

---

159 Franklin D. Roosevelt, „Inaugural Address, March 4, 1933", The American Presidency Project, http://www.presidency.ucsb.edu/ws/? pid=14473 (Zugriff am 05.10.2014).

1933 herrschte in den Volkswirtschaften und in der Weltwirtschaft das Chaos. – Heute ist Amerika hoffnungslos verschuldet und Europa ächzt unter der Währungskrise; in Griechenland, Spanien, Italien und Portugal herrscht hohe Arbeitslosigkeit und die Regierungen sind nicht fähig, den Forderungen der Bevölkerung nachzukommen.

In den Jahren vor 1933 mussten Tausende von Banken schließen, weil die Sparer und Anleger ihr Geld zurückhaben wollten. Der Weltmarkt brach zusammen, und vor den Suppenküchen und Arbeitsämtern in unseren Städten gab es lange Schlangen. – Zum ersten Mal in jüngerer Zeit haben amerikanische Städte, zum Beispiel Detroit, ihre Zahlungsunfähigkeit erklärt und können ihre Verpflichtungen nicht mehr erfüllen.

Das Geschehen nach 1933 führte zum Zweiten Weltkrieg; die freie Welt wollte nicht tatenlos zusehen, wie der deutsche Diktator Europa mit seinem Eroberungs- und Vernichtungskrieg überzog. – Auch Jahrzehnte später hat Amerika durch Kriege auf fremdem Boden den Machtzuwachs von Diktatoren verhindert: Weil Amerika in den Krieg zog, konnten wir gemeinsam mit unseren Verbündeten Saddam Hussein beseitigen; hinter den Kulissen hat Amerika Aufstände gefördert, die in Ägypten zu Husni Mubaraks Rücktritt und in Libyen zur Absetzung von Muammar al-Gaddafi geführt haben.

1933 führte die amerikanische Regierung massive Hilfsprogramme ein; das Volk war so arm dran wie noch nie. Jetzt haben wir so viele Arme wie noch nie, und der Anteil derer, die von Sozialhilfe leben, ist auf Rekordhöhe gestiegen. – Wie 1933 Franklin Roosevelt dank seiner Beliebtheit bei der Elite seine Programme durchsetzen konnte, so bedient sich die jetzige Regierung (2015) der von den Liberalen dominierten Medien: Mit ihrer Hilfe kann man Verbalattacken reiten gegen alle, die anderer Meinung sind als die Regierung und sich ihre Ziele nicht zu eigen machen wollen und die nicht zu allem Ja und Amen sagen, was die Regierung vorhat.

Was wir heute in der Wirtschaft zu meistern haben, kann also durchaus mit der Zeit Roosevelts verglichen werden, besonders den 1930er-Jahren. Roosevelt und seine Minister waren Sozialisten, und auch dieser Kreis schließt sich heute: Sozialisten entwerfen und perfektionieren und verabschieden neue Gesetze.

Doch die vielleicht befremdendste und besorgniserregendste Parallele unserer Zeit kommt in dem folgenden Fragenkatalog zum Vorschein – wer könnte dies gesagt haben?

Wer bin ich?

- Mein Land war eine Demokratie.
- Bevor ich gewählt wurde, hat mein Land Milliarden ausgegeben für Krieg.
- Vor meiner Wahl kannte mich kaum jemand.
- Vor meiner Wahl wussten nur wenige, was ich glaubte und was ich will.
- Ich wurde bekannt, weil ich eine Ausstrahlung habe und zündende Reden halten kann.
- Ich habe einen Bestseller geschrieben, er wurde im ganzen Land gelesen.
- Wenn ich sprach, haben Frauen geschrieen, Leute haben geweint und manche wurden ohnmächtig.
- Große Menschenmengen folgten mir, die Leute warteten stundenlang, nur um mich zu sehen.
- Die Menschen in meinem Land wollten eine ganz andere Politik.
- Damals steckte mein Land in der Wirtschaftskrise.
- Ich versprach, die Wirtschaft wieder in Gang zu bringen, ich versprach ihnen Arbeit und Straßen.

- Nach meiner Wahl war ich für viele der von Gott gesandte Retter.

- Man warf mir vor, ich gebe mich mit Schlägern ab.

- Es war die Jugend, die mich an die Macht gebracht hat.

- In Berlin hielt ich eine berühmte Rede.

- Ich hielt meine Reden in riesigen Stadien und unter freiem Himmel.

- Manche Informationen über meine Vergangenheit wurden nicht veröffentlicht.

- Wer etwas gegen mich sagte, der bekam es mit meinen Leuten zu tun.

- Ich war „der Mann der kleinen Leute".

- Mein Geheimnis waren die zündenden Reden, die die Massen mitrissen.

Nun, auf wen könnte das zutreffen? Die Antwort ist: Adolf Hitler! Die Welt kennt ihn als den schrecklichen Diktator, der die Juden ausrotten wollte, aber 1933 sahen die Deutschen in ihm den Wirtschaftsheiland, der etwas tat und der sie wieder stolz darauf machte, dass sie Deutsche waren. Sie sahen ihn als Retter der Volkswirtschaft – denn die lag auch in Deutschland am Boden.

Es ist erstaunlich, wie jeder einzelne Satz ebenso zutrifft auf einen anderen Mann, der 2008 zum Präsidenten gewählt wurde, auf Barack Obama. Das ist nur ein Hinweis auf ein Geschehen aus früherer Zeit rund um die Wahl eines Mannes zum deutschen Kanzler; ich behaupte damit nicht, dass das, was in der Folge in Deutschland geschah, sich in Amerika wiederholen wird.

Nicht ich, sondern noch lebende Zeitzeugen drückten ihre Besorgnis aus, dass unsere Regierung zu viel Macht an sich reißen könnte. Laut den Deutschen, die jene Zeit selbst erlebt haben, begann die Regierung damals, das Volk auf Schritt und Tritt zu überwachen. – Zurzeit erfahren wir scheibchenweise, dass die NSA und andere Regierungshelfer Facebook und Twitter durchforsten, unseren Telefon- und E-Mail-Verkehr überwachen und überhaupt alle möglichen „sozialen Medien" und elektronische Kommunikation.

In Deutschland erhöhte die neue Regierung die Steuern, um dem Volk so viele Wohltaten wie möglich zu gewähren, und gewöhnte es daran, der Regierung aus der Hand zu fressen. – Knapp die Hälfte der Amerikaner ist erwerbstätig, die andere Hälfte braucht Hilfe vom Staat, um zu überleben.

Jungvermählte [in Deutschland] erhielten ein Darlehen über tausend Mark, um sich einzurichten. Familien wurden unterstützt, Kindergarten und Schulbildung waren kostenlos. Die Oberschulen wurden verstaatlicht und Hochschulen bekamen Gelder vom Staat. Jeder hatte das Recht auf Zuteilungen, es gab Karten für Lebensmittel, Kleidung und Wohnraum.[160]

In Wirklichkeit gab es gar nichts umsonst; alles wurde von den Erwerbstätigen bezahlt: Die Steuern wurden erhöht und die Leute zahlten 80 % Steuern. – Wenn man alle Arten von Steuern und Abgaben in Amerika zusammenzählt, gehen bis zu fünfzig Prozent unseres Einkommens an den Staat.

Die NS-Regierung glänzte durch Regulierungswut – sogar die Form der Tische im Restaurant war vorgeschrieben und auch, was man kaufen und verkaufen durfte. Die deutsche Regierung war sozialistisch und wollte den Kapitalismus abschaffen. Die Nazis spannten den Klassenkampf für ihre Ziele ein und spielten die Reichen und die Armen gegeneinander aus, um die breite Masse für sich zu gewinnen:

---

160 Kitty Werthmann, „America Truly Is the Greatest Country in the World", http://www. armsmart.com/includes/emails/2011/1938_Germany.html (Zugriff am 05.10.2014).

Wir Nationalsozialisten sind Feinde, Todfeinde, des gegenwärtigen Kapitalismus, der die Schwachen ausbeutet ... und wir sind entschlossen, ihn zu zerstören, koste es, was es wolle.[161]

Gregor Strasser
Nationalsozialistischer Theologe

Wer damals in Deutschland lebte, erinnert sich an die Verstaatlichung des Gesundheitswesens:

Vor Hitler hatten wir eine sehr gute medizinische Versorgung. An der Universität Wien studierten auch Amerikaner. Dann kam Hitler und das Gesundheitswesen wurde sozialisiert: Jeder konnte zum Arzt gehen, ohne dafür zu bezahlen. Die Ärzte wurden vom Staat bezahlt. Das Problem war, dass die Leute jetzt wegen jeder Kleinigkeit zum Doktor gingen. Wenn ein guter Arzt morgens um acht seine Praxis öffnete, warteten schon vierzig Leute, und auch die Krankenhäuser waren voll. Vor geplanten Operationen gab es ein bis zwei Jahre Wartezeit. Für Forschung war kein Geld mehr da, alles floss in die sozialisierte Medizin. Die Forschung an den Ausbildungsstätten kam zum Stillstand, deshalb verließen die besten Ärzte Österreich und gingen in andere Länder.[162]

Kitty Werthmann, Zeitzeugin

Wie im heutigen Amerika wurde Gott aus den staatlichen Schulen und der Öffentlichkeit verbannt.

Deutschland erließ Waffengesetze, ließ Schusswaffen konfiszieren:

Dann wurden die Schusswaffen registriert. Leute kamen durch Schusswaffen zu Schaden. Hitler sagte, die Waffen müssten Seriennummern bekommen, das sei der beste Weg, Verbrecher zu fangen. Die meisten Bürger waren gesetzestreu und marschierten pflichtbewusst zur Polizei, um ihre Schusswaffen zu melden. Nicht lange danach hieß es, am besten solle jeder seine Waffe abgeben. Wer eine besaß, das wussten sie ja schon, und es war zwecklos, sich zu weigern.[163]

---

161 Zitiert in David Nichols, Adolf Hitler (Santa Barbara, CA: ABC-CLIO Inc., 2000).

162 Werthmann, „America Truly Is the Greatest Country in the World".

163 Ebd.

Ohne Waffe konnte sich keiner mehr verteidigen. Als die Juden vom Arbeitsplatz und aus ihren Häusern vertrieben und in Gettos gezwungen und schließlich in Viehwaggons ins Vernichtungslager gekarrt wurden, konnten sie sich nicht verteidigen. Wir amerikanischen Bürger haben immer noch das Recht, eine Waffe zu tragen; aber die Bundesregierung hat massenweise Munition aufgekauft und das Angebot ist deutlich knapper geworden. Sogar die „Social Security Administration", also das Amt für Sozialversicherung, hat 174 000 Magazine gekauft[164] – man fragt sich, wozu man so etwas braucht, wenn man mit Rentnern und Behinderten zu tun hat.

Überlebende des NS-Regimes erinnern sich auch, dass der Funkverkehr abgehört wurde; so konnte man leicht herausfinden, wer mit der Regierung nicht einverstanden war. – Jetzt wird unsere gesamte elektronische Kommunikation überwacht, und alle werden einer von vier Gruppen zugeteilt: Die eine Farbe für alle, die als passiv und ungefährlich gelten; eine andere für Politik-Interessierte und Fromme – die gelten als bedenklich. Wenn man sich offen gegen die Regierungspolitik ausspricht oder als Christ anderer Meinung ist als der Präsident, bekommt man noch eine andere Farbe: potenzieller Terrorist. Ganze Behörden sind dazu da, uns zu überwachen, und die Überwachung hat definitiv zugenommen.

Hier ist eine Aufstellung davon, wer laut meinen Quellen zum „potenziellen Terroristen" abgestempelt werden könnte:[165]

---

164 Charles W. Cooke, „The Great Ammunition Myths", National Review Online, 5. März 2013, http://www.nationalreview.com/articles/342161/great-ammunition-myth-charles-c-w-cooke (Zugriff am 05.10.2014).

165 Study of Terrorism and Responses to Terrorism, „Hot Spots of Terrorism and Other Crimes in the United States, 1970 to 2008", 31. Januar 2012, http://www.start.umd.edu/sites/default/files/files/publications/research_briefs/LaFree_Bersani_HotSpotsOfUS-Terrorism.pdf (Zugriff am 05.10.2014); Public Intelligence, „DHS-University of Maryland Study: Hot Spots of Terrorism and Other Crimes in the United States 1970 to 2008", 10. Februar 2012, https://publicintelligence.net/dhs-umd-terrorism-hot-spots/ (Zugriff am 05.10.2014).

- entschlossene Nationalisten (extreme Patrioten)
- Globalisierungsgegner, die sich gegen eine Weltregierung und gegen die „Neue Weltordnung" aussprechen
- Datenschützer und Bürgerrechtler, denen die Machtkonzentration in Washington verdächtig ist
- Leute, denen die Freiheit heilig ist
- Leute, die glauben, dass ihre Lebensweise gefährdet ist
- Leute, die sich auf Krisen vorbereiten und Vorräte anlegen – Nahrungsmittel, Gold und andere überlebenswichtige Güter
- Leute, die Religion in die Politik einbringen

Ich sollte noch hinzufügen, dass die meisten Leute, auf die das zutrifft, im Südosten bis Mittelwesten der Vereinigten Staaten leben. Bei der Einstellung zum Militär wurden Bewerber gefragt, ob sie bereit seien, auch auf Bürger der Vereinigten Staaten zu schießen. Diese Art Fragen erinnert an Verschwörungstheorien der Art, dass die Regierung die Einführung des Kriegsrechts (Ausnahmezustand) plant oder sich auf Massenunruhen vorbereitet.

Immer wieder hört man, dass in ehemaligen Kasernen zu Hunderttausenden Plastiksärge produziert werden. Das sind keine bloßen Gerüchte, sondern Tatsachen, auch wenn die Geheimdienste es bestreiten. In letzter Zeit wurden Hunderttausende schwarzer Plastik-Babysärge hergestellt. Mit eigenen Augen habe ich einen gelben Sarg für ein Kleinkind gesehen mit einem kleinen Kissen und einer Decke, in die man den Leichnam einhüllen kann. Im Sarg befindet sich auch eine Rolle Klebeband samt Anweisung, wie der Sarg korrekt zu verschließen ist. Die Unterseite des Sargs ist geriffelt – als müsste er förderbandtauglich sein.

Meine erste Frage war: „Warum so viele?", und die zweite: „Warum Babysärge? Sind die für Katastrophen im In- oder Ausland, vielleicht für einen Tsunami oder ein Erdbeben?" Ohne

Zweifel wurden sie für eine schnelle Massenbestattung gemacht, bei der es keine Trauerfeier geben würde. Nachforschungen legen nahe, dass es Vorkehrungen für eine besonders für Kleinkinder tödliche Epidemie sein könnten oder für einen Angriff mit chemischen oder biologischen Waffen, der Zehntausende auf einmal das Leben kosten könnte.[166]

In Deutschland kümmerte sich kaum jemand um die ungerechte Gängelung, Hauptsache die Wirtschaft kam wieder in Schwung und das Volk war guten Mutes. Ein Deutscher stellte fest:

Solange die Wirtschaft stark war, wer fragte nach Redefreiheit, Reisefreiheit oder freien und geheimen Wahlen? In der [Weimarer] Republik hungerten die Leute in den Städten und Brot auf dem Tisch war wichtiger als ein Stimmzettel in der Wahlkabine … Wie zu allen Zeiten entschied auch in Nazi-Deutschland die Wirtschaft über das politische Schicksal einer Partei oder eines Diktators. Auch der Antichrist wird darauf zählen, dass die meisten von uns so handeln, als wäre unser Körper wichtiger als unsere Seele.[167]

DIE DEUTSCHEN PFARRER

Auf die Frage „Wer war schuld am Tod von sechs Millionen Juden?" sagen manche, die diese Zeit miterlebt haben: „Die Kirche in Deutschland tat kaum etwas, um den Aufstieg des Dikators zu verhindern, und sie kümmerte sich herzlich wenig um die verfolgten Juden – wichtig war ihr nur, dass das Leben weiterging." Hitler sagte über das Christentum in Deutschland:

Was glauben Sie, werden die Massen jemals wieder christlich werden? Dummes Zeug. Nie wieder. Der Film ist abgespielt. Da geht niemand mehr herein. Aber nachhelfen werden wir. Die Pfaffen sollen sich selbst ihr Grab schaufeln. Sie werden ihren lieben Gott an uns verraten. Um ihr erbärmliches Gelumpe von Stellung und Einkommen werden sie alles preisgeben.[168]

---

166 Diese Information stammt aus einer anonymen Quelle.

167 Zitiert in: Erwin W. Lutzer, Hitler's Cross (Chicago: Moody Publishers, 2012).

168 Ebd. – Deutscher Wortlaut nach http://www.gym-hartberg.ac.at/schule/images/stories/Religion/themen_matura/17_NS_Religion.pdf (Zugriff am 29.05.2016).

Die meisten deutschen Pfarrer unterstützten eine Partei und Geisteshaltung, die zuzeiten im Widerspruch stand zu den Grundsätzen der Bibel. Etwa 95 Prozent der deutschen Pfarrer und Pastoren waren evangelisch oder katholisch. In manchen Kirchen hing eine Fahne, in der das Hakenkreuz und das Kreuz des Christentums kombiniert waren.

Als Hitler an die Macht kam, wusste er genau, welche Signalwörter er benutzen musste, um die Leute in den Kirchen zu gewinnen: Er berief sich auf „den Herrgott" und „die Vorsehung", und als er Kanzler wurde, jubelten die Deutschen ihrem „Heiland" und „Erlöser" zu. In seinen jungen Jahren besuchte Lester Sumrall Deutschland, das war kurz nach Hitlers Amtsantritt. Die Christen waren so begeistert von Hitler, dass sie Lester fragten, ob sie nach seinem Vortrag ein Opfer für die Sache des Nationalsozialismus einsammeln dürften! Das war sechs Jahre vor Beginn des Zweiten Weltkriegs und der Judenvernichtung.[169]

Dietrich Bonhoeffer war evangelischer Pfarrer; er wurde bekannt für seine Beteiligung am Widerstand. Er gehörte der Bekennenden Kirche an, einem Zusammenschluss wahrer Christen, die an der Wahrheit des Wortes Gottes festhielten. Zwei Tage nach der Wahl Hitlers zum Reichskanzler warnte Bonhoeffer im Radio die Deutschen vor einer unangemessenen Verehrung eines Führers, der zum Verführer werden könnte. Mitten im Satz wurde das Mikrofon abgeschaltet!

Hitler griff in kirchliche Angelegenheiten ein, betrieb die „Gleichschaltung" und „Arisierung" der Landeskirchen, und viele geistliche Ämter wurden von Nazis besetzt. Als Hitler vor einer Wahl Bedenken hatte, versammelte er Tausende von Pfarrern in einem Stadion und versprach den Kirchen und Geistlichen, die ihn unterstützten, Freiheit. Tausende weigerten sich – und wurden später verhaftet.

---

169 Persönliche Gespräche des Autors mit Lester Sumrall.

In dem kleinen, aber starken Buch „How Do You Kill 11 Million People?" (dt. Wie bringt man elf Millionen um?) spricht Andy Andrews über die Macht der Lüge. Adolf Eichmann ging unbewaffnet in ein Judengetto, auch seine Begleiter waren unbewaffnet, und erzählte den Juden eine totale Lüge – und diese folgten seinen Anweisungen und stiegen bereitwillig in den Zug:

Juden! Zuletzt können wir Ihnen berichten, dass die Russen an unserer Ostfront vorrücken. Bitte entschuldigen Sie die Eile, mit der wir Sie in unseren Schutz gebracht haben. Leider gab es kaum Zeit für Erklärungen. Doch seien Sie unbesorgt, wir wollen nur das Beste für Sie. In Kürze werden Sie diesen Ort verlassen und an sehr gute Orte gebracht werden. Dort werden Sie arbeiten, Ihre Frauen können zu Hause bleiben, Ihre Kinder zur Schule gehen, alles wird bestens sein. In den Zügen werden wir zusammenrücken müssen, aber die Fahrt ist kurz. Männer? Achten Sie auf Ihre Familie und steigen Sie geordnet ein. Jetzt schnell, meine Freunde, wir müssen uns beeilen![170]

In Waggons, die normalerweise für acht Rinder gebaut waren, wurden nun hundert Juden gepfercht und ohne ihr Wissen in die Vernichtungslager gebracht. In Deutschland und in den besetzten Ländern gab es schätzungsweise 15 000 Haftlager, 1100 davon mit Gleisanschluss. In den Städten kam es vor, dass man in der Kirche die Schreie aus den Zügen hörte.

Doch man gewöhnte sich daran, und anstatt nachzufragen und zu protestieren, sang man eben lauter, um die beunruhigenden, angstvollen Schreie der Juden auf ihrem Weg in die Vernichtungslager mit ihren Gas- und Folterkammern zu übertönen.[171]

Doch nun zurück zu den drei Jüdinnen, jede aus einem anderen Bundesstaat, und sie hatten nie miteinander gesprochen. Alle drei sagten mehr oder weniger das Gleiche: Bankenrettung und andere Maßnahmen zugunsten der Autoindustrie, die Krankenversiche-

---

170 Zitiert in: Andy Andrews, How Do You Kill 11 Million People? (Nashville: Thomas Nelson, 2011), 24–25.

171 Ebd.

rungspflicht und die Parallelen von 1933 zu heute. Sie sagten: „Es passiert wieder, und keiner merkt es. Die Amerikaner sind wie die Deutschen, sie merken es nicht, bis es zu spät ist. Die Geschichte wiederholt sich!"

Diese Frauen sehen die Voreingenommenheit der Medien gegen die Konservativen und Christen; sie sehen, dass die Vorhaben der extremen Liberalen vorangetrieben werden, und sie haben wirklich Angst. Für sie ist es sehr ernüchternd zu beobachten, wie unsere Freiheit systematisch beschnitten wird, und wir haben keine Wahl – wir müssen es hinnehmen, dass unsere Politiker das Land verändern wollen.

Die Hitler-Diktatur steht für 11 Millionen Ermordete – Menschen wurden hingerichtet für das, wer sie *waren*, nicht für das, was sie *getan* hatten: Behinderte, Katholiken, Polen, sowjetische Kriegsgefangene, Abweichler und andere wurden von den Nazis verfolgt wegen ihrer religiösen und politischen Überzeugungen, ihrer körperlichen Einschränkungen, oder weil sie nicht in das arische Ideal passten.

Es wurden ja nicht nur 6 Millionen Juden ermordet, sondern in ganz Europa auch schätzungsweise 5 Millionen Christen. Es gab fromme Gläubige und Leute mit einem wachen Verstand wie Oskar Schindler, die Tausenden von Juden das Leben retteten. Einfache Familien wie die ten Booms in Holland versteckten Juden in ihren Häusern. Vier ten Booms starben, weil sie Juden gerettet hatten, und nur Corrie kam lebendig aus dem KZ heraus; nach dem Krieg predigte sie in über sechzig Ländern über Vergebung: „Jesus ist Sieger!"[172]

In den USA sprechen Prediger über Glauben und Einheit im Leib Christi, aber die Kirche ist gespaltener denn je – zwischen Liberalen und Konservativen, Demokraten und Republikanern, ethnischen Gruppen und über die Frage, was richtig und was verkehrt ist.

---

172 Corrie ten Boom Museum, „History", http://www.corrietenboom.com/history.htm (Zugriff am 05.10.2014).

1943 BIS 2013: DIE USA UND TEHERAN

Von November 1943 bis November 2013 sind es genau siebzig Jahre. Ist das eine weitere ungute Serie? Man setzt sich mit bösen Menschen an einen Tisch und macht Hoffnungen, aber liefern kann man nicht. Am 28. November 1943 berieten sich auf der Konferenz von Teheran, der „Konferenz der ‚Großen Drei'", der britische Premierminister Sir Winston Churchill, US-Präsident Franklin D. Roosevelt und der sowjetische Staatschef Josef Stalin. Churchill und Roosevelt boten Stalin die Hand, aber was er wirklich glaubte, das war ihnen nicht ganz klar. Der Historiker Prof. David Reynolds sagt:

Sie haben keine Ahnung, wie der Kreml Politik macht, aber sie gelangen zu der Überzeugung, dass Stalin einigermaßen moderat ist und auf den Westen zugehen möchte. Doch da sind diese undurchsichtigen Leute um ihn herum – man weiß nicht so recht, wer sie sind, aber sie sind die Sturen, sie sind die Bösen. Wahrscheinlich gehört Molotow dazu, und sie glauben tatsächlich, Molotow sei eine eigenständige Figur; heute wissen wir, dass Molotow ständig nach Stalins Pfeife tanzen musste. ... Im 21. Jahrhundert ist es fast unvorstellbar, wie wenig wir im Zweiten Weltkrieg über Russland wussten, aber diese Unkenntnis müssen wir berücksichtigen, um zu verstehen, wieso Churchill und Roosevelt so auf Stalin zugingen ... ein Stück Menschlichkeit in einem wahnsinnigen, finsteren, unmenschlichen Land ... Sie irren sich gründlich, aber darauf haben sie nun einmal gesetzt.[173]

Nachdem Stalin sich bereiterklärt hatte, unsere Invasionspläne zu unterstützen und so den Sieg über Hitlerdeutschland zu beschleunigen, forderte er Ostpolen für sich – die Polen wurden dazu nicht befragt –, und 220 000 Tote später (davon 200 000 Zivilisten) bekam Stalin Ostpolen wie im Hitler-Stalin-Pakt 1939 vereinbart und vergrößerte schon mal den Gulag, um alle Andersdenkenden zur Zwangsarbeit zu schicken. Sir Max Hastings sagte über die Teheran-Konferenz: „Roosevelt zeigte eine ziemlich

---

173 WW2History.com, „Tehran Conference Begins", http://ww2history.com/key_moments/Western/Tehran_Conference_begins (Zugriff am 05.10.2014).

zynische Gleichgültigkeit gegenüber dem Schicksal Osteuropas, es war ihm egal, dass Osteuropa von der einen Tyrannei befreit wurde, nur um sich einer anderen beugen zu müssen."[174]

Siebzig Jahre später schlossen die fünf Veto-Mächte des UNO-Sicherheitsrats (USA, England, Frankreich, Russland und China) plus Deutschland (P5+1) und der Iran einen Pakt über das Atomprogramm des Irans, der möglicherweise eine Atombombe bauen kann. Doch statt dass es die Juden vor einem neuen Holocaust schützt, bedroht dieses Abkommen die Existenz Israels.

Mit Uran-Zentrifugen kann der Iran hochangereichertes, nahezu reines Uran gewinnen – und Kernwaffen bauen. Im Iran kommen auf jede Kleinstadt, jedes Dorf fünfeinhalb Zentrifugen; laut Abkommen dürfen sie keine neuen installieren, sondern nur die abgenutzten durch bessere ersetzen. Laut der UNO-Atomaufsichtsbehörde testet der Iran in der unterirdischen Atomanlage Natanz bereits andere, neuere, effizientere Zentrifugen.[175] Ein iranischer Politiker sagte: „Wir müssen dafür sorgen, dass unser Recht auf Forschung und Entwicklung respektiert wird."[176] Diese Begriffe finden im Westen offene Ohren: „unser Recht".

Das war siebzig Jahre nach der „Konferenz von Teheran", und wieder vertrauen Amerika und der Westen naiv einem bösen Herrscher, der vor nichts zurückschreckt, sondern sich holt, was er will. Die Medien bezeichnen den neuen Präsidenten als „moderat", aber hinter den Kulissen wird auch Hassan Rohani von Ayatollah Ali Chamenei gesteuert, demselben „geistlichen Oberhaupt", das schon hinter Rohanis Vorgänger stand. Nur dass wir jetzt keine kriegsentscheidende Invasion in der Normandie planen, und im Mittelpunkt der Verhandlungen stehen keine Amerikaner, sondern die Pläne amerikanischer Politiker, die

---

174 WW2History.com, „Yalta", http://ww2history.com/experts/Max_Hastings/Yalta (Zugriff am 05.10.2014).

175 Louis Charbonneau, „Iran, Big Power Nuclear Talks Hit Snag on Centrifuge Research", Reuters.com, 8. Januar 2014, http://www.reuters.com/article/2014/01/08/us-iran-nuclear-idUSBREA0718V20140108 (Zugriff am 05.10.2014).

176 Ebd.

einem falschen „Frieden" auf Kosten der Freiheit von Amerika und Israel nachjagen. Wir sagen zwar, wir stünden auf der Seite Israels, aber seinem erbittertsten Feind geben wir Millionen von Dollar, damit er Atomwaffen bauen und auf Israel abschießen kann.

Iranische Spitzenpolitiker tweeten zuversichtlich: „Weltmächte beugen sich dem Iran" (Hassan Rohani, 14. Januar 2014)[177], und bauen ihr Atomprogramm weiter aus, errichten eine neue Atomanlage.

Obama droht damit, neue Sanktionen zu verhindern – zurzeit (2015) berät der Kongress über solche für den Fall, dass der Iran das Atomabkommen nicht einhalten sollte: Wenn es nicht funktioniere, könne man die Uhr ja zurückdrehen, meint er. Naja. Wenn die Atombombe einmal explodiert ist, ist der Geist aus der Flasche und man bringt ihn nicht mehr hinein.

Beten wir anhaltend um Frieden für Jerusalem, und erheben wir unsere Stimmen zu den Kongress-Abgeordneten. Und hören wir auf, lauter zu singen, wenn der Zug mit der bedrohten Freiheit vorbeifährt.

UND WIE GEHT'S WEITER?

Vor Jahren schon habe ich festgestellt, dass Abtreibung so sehr Teil unserer Kultur geworden ist, dass es eines Wunders bedarf, dies noch zu ändern. Der nächste Albtraum steht vor der Tür: die Legalisierung homosexueller Beziehungen bis hin zur Homo-Ehe.

Jesus verglich seine Wiederkunft mit den Tagen Lots. In 1. Mose 19 lesen wir, dass die alten und die jungen Männer in der Stadt der sexuellen Perversion verfallen waren: Sie wollten Sex haben mit den beiden Männern, die nach Sodom kamen, um Lot zu warnen vor deren Untergang. Oft wird übersehen, dass die, die mit der

---

177 Fred Lucas, „Iranian President: 'World Powers Surrendered to Iranian Nation's Will'", TheBlaze, 14. Januar 2014, http://www.theblaze.com/stories/2014/01/14/iranian-president-world-powers-surrendered-to-iranian- Nation's-will/ (Zugriff am 05.10.2014).

Lebensart der Sodomiter nicht einverstanden waren, extremen Widerstand erlebten und mit Gewalt bedroht wurden. Petrus schreibt dazu:

> ... während er den gerechten Lot herausrettete, der durch den zügellosen Lebenswandel der Frevler geplagt worden war (denn dadurch, dass er es mit ansehen und mit anhören musste, quälte der Gerechte, der unter ihnen wohnte, Tag für Tag seine gerechte Seele mit ihren gesetzlosen Werken).
>
> 2. Petrus 2,7+8

Was Lot sah und hörte, beunruhigte ihn also sehr; dass Männer es mit Männern trieben, war ihm eine Qual.

Hier stehen zwei verschiedene Wörter – „geplagt" und „quälte". „Quälen" heißt foltern; dieses Wort finden wir auch in Matthäus 8,29: Ein Besessener wurde von Dämonen gequält. In Sodom ging es also so übel zu, dass es für Lots inneres Empfinden eine Folter war, unter diesen Menschen zu leben.

Im „Sefer ha-Jaschar" (Buch des Redlichen), einem alten jüdischen Geschichtsbuch, liest man von vier Richtern in diesen fünf Städten, die erlaubten, in den Straßen Polster auszulegen, an die Fremde gefesselt werden durften, und dann wurden sie sexuell missbraucht. Wahrscheinlich deshalb ließ Lot es nicht zu, dass die beiden Männer (Engelsboten), die in sein Haus gekommen waren, nachts auf die Straße gingen.

Außerdem wurde Lot heftig bedroht, als er sich weigerte, die beiden Gäste dem Mob auszuliefern. So böse waren die Männer in der Stadt:

> Sie aber sprachen: Mach, dass du fortkommst! Und sie sagten: Der ist der einzige Fremdling hier und will den Richter spielen! Nun wollen wir's mit dir noch schlimmer treiben als mit ihnen! Und sie drangen heftig auf den Mann Lot ein und machten sich daran, die Tür aufzubrechen. 1. Mose 19,9

Die Sünder waren zornig und gewaltbereit gegenüber einem Gerechten, der ihnen ihr Unrecht vorhielt. Sie sagten ihm, er habe kein Recht, über sie zu urteilen. Einfach ausgedrückt: Würde er ihren Begierden entgegenstehen, sagten sie, würde er richtig Ärger kriegen – vielleicht drohten sie ihm, um ihren Willen zu bekommen, mit Gruppenvergewaltigung oder gar mit Mord.

Der gleiche Geist zeigte sich bei einer Petition für die Ehe von Mann und Frau im Nordwesten der USA: Eine Organisation bekam Zugang zu den Namen der Unterzeichner und begann, deren Familien und Kinder zu bedrohen. Wenn die Ungerechten aufstehen gegen die Gerechten, wenn es gefährlich wird, sich gegen Bosheit und Verderbtheit zu äußern, dann nimmt Gott es zur Kenntnis, und die Folge ist Gericht – über das ganze Volk und über die einzelnen Menschen.

In Sodom war es schon weit gekommen: Fremde riskierten Gruppenvergewaltigung, die Ruchlosen waren wirklich außer Rand und Band. Lot wurde Schlimmes angedroht, falls er ihren perversen Gelüsten nicht zu Willen sein wollte, und um die beiden Männer zu schützen, bot er seine beiden Töchter an, die noch Jungfrauen waren. Wie konnte er nur?! Lange konnte ich das nicht verstehen, doch dann wurde mir klar: Diese Männer waren so verdreht, dass sie nach Frauen gar kein Verlangen hatten.

SIE TATEN NICHT BUSSE

Sowohl Noah als auch Lot warnten ihre Zeitgenossen, aber keiner schaffte es, jemanden zu bekehren, abgesehen von den nächsten Angehörigen. Acht Menschen, außer Noah nur seine Frau, seine Söhne und seine Schwiegertöchter, waren in der Arche, und bei Lot waren es noch weniger Überlebende: nur er und seine beiden Töchter. Noah kündigte eine Zerstörung durch Wasser an, die beiden Engel warnten vor der Zerstörung durch Feuer. Lot hatte zwei Töchter, und die Schwiegersöhne verspotteten ihn; sie entflohen nicht dem kommenden Zorn und kamen in dem Gericht über die Stadt ums Leben. Und nun der Unterschied: Noah hatte 120 Jahre, um die Arche zu bauen; Lot hatte nur eine Nacht, um seine Familie zu sammeln – und er schaffte es nicht.

Wir nähern uns dem Ende der Zeit, und wir sehen, dass die Menschheit sich verhärtet und dem Ruf zur Buße kein Gehör schenkt. Die Menschen glauben nicht, dass sie etwas verkehrt gemacht haben – sie bringen den Leuten bei, es gäbe keine absolute Werte, und Sünde sei, wenn man seiner Überzeugung zuwiderhandle. In Offenbarung 9,20, 16,9 und 16,11 lesen wir, dass in der kommenden Trübsalszeit die Menschen von ihrer Bosheit nicht mehr umkehren.

Die Ungläubigen und Sünder wiegen sich in Sicherheit, aber das ist reiner Selbstbetrug. Petrus sagte über die Tage Lots und seine Rettung vor dem Eintreffen des Gerichts und der Zerstörung:

... so weiß der Herr die Gottesfürchtigen aus der Versuchung zu erretten, die Ungerechten aber zur Bestrafung aufzubewahren für den Tag des Gerichts.

2. Petrus 2,9

Das griechische Wort für „aufbewahren" bedeutet, jemanden gut im Auge zu behalten, damit er nicht entkommt; am Ende werden die Gottlosen also dem kommenden Zorn nicht entfliehen können. Petrus vergleicht die Ungerechten mit den gefallenen Engeln, die zurzeit in Ketten der Finsternis gebunden sind, „aufgespart" oder „verwahrt" für den Tag des Gerichts (2. Petrus 2,4; Judas 6).

Zur Zeit des Endes wird die Herzenshärtigkeit der Menschen eine Scheidung bewirken zwischen Licht und Finsternis, Gerechtigkeit und Ungerechtigkeit. Im Deutschland der 1930er-Jahre gab es zwei Gruppen, die einander deutlich gegenüberstanden. Die eine Gruppe folgte ihrem Führer, der sich der Massenmedien wohl zu bedienen wusste, blindlings in den Untergang. Die andere Gruppe war ein kleiner Überrest von Gerechten, die hinter die Fassade blickten; sie äußerten sich gegen die geistlichen Mächte, welche die Politiker manipulierten, und wurden verfolgt – viele erlitten für ihre Stellungnahme den Tod.

Ich hoffe sehr, dass es in Amerika nie so weit kommt. Aber wenn sich Geschichte tatsächlich wiederholt, dann zeigt die Vorlage deutlich, wohin die Reise geht. Es könnte sein, dass wir schon bald turbulente, schwere Zeiten haben. Bleiben wir fest im Glauben.

11

UNERSCHWINGLICH: HINTER DEN KULISSEN VON „OBAMACARE"

Bevor das Gesetz zur „Krankenversicherung für alle" erlassen wurde („Affordable[178] Care Act", auch bekannt als „ObamaCare"), konnte man von den Liberalen im Kongress, in den Medien, in Äußerungen der Regierung und aus dem Mund des Präsidenten vernehmen:

- „Glauben Sie nicht dem Lärmen, dass Ihre Krankenversicherung unbezahlbar würde."
- „Wenn Sie mit Ihrer Krankenversicherung zufrieden sind, können Sie sie beibehalten."
- „Ihr Senioren werdet ObamaCare mögen."
- „Wenn das dumme Volk doch nur begreifen würde, wie großartig die ‚Krankenversicherung für alle' ist."
- „ObamaCare wird das Haushaltsdefizit verkleinern."
- „Wenn diese Deppen ObamaCare erst einmal ‚kapiert' haben, sind sie davon begeistert."
- „Lassen Sie die Republikaner doch weiterfaseln. ObamaCare ist das Beste seit einem halben Jahrhundert."[179]

Das berühmte Zitat der kalifornischen Senatorin Nancy Pelosi hat sich als prophetisch erwiesen: „Wir müssen das Gesetz verab-

---

178 affordable – erschwinglich, bezahlbar. (Anm. d. Übers.)

179 Geffory Dickens, „What They Said Before the Train Wreck: The Top 10 Worst Quotes Pushing ObamaCare", 18. November 2013, http://newsbusters.org/blogs/geoffrey-dickens/2013/11/18/what-they-said-debacle-top-10-worst-quotes-pushing-obama-care#ixzz2sNDKgqp0 (Zugriff am 05.10.2014).

schieden, dann können Sie selbst entdecken, was drinsteckt.“[180]
Was ist denn so schwierig daran, ein Krankenversicherungsgesetz
zu lesen und die Einzelheiten auszudiskutieren? Vielleicht sein
Umfang – ursprünglich war es 2409 Seiten dick. Wer hat sich all
das ausgedacht?

Der Architekt des Ganzen ist Dr. Jonathan Gruber.

Von Anfang an hatte ich große Vorbehalte gegen die Verlaut-
barungen und die Medienkampagne für diese Sozialreform. Es
hörte sich ja wirklich gut an: „Sie können weiterhin zu Ihrem
Arzt gehen und Ihre jetzige Krankenversicherung behalten“, „Sie
können bei Ihrem Krankenhaus bleiben“, „Die Krankenversicherung wird günstiger“, „Wer bisher keine hatte, kann sich jetzt
eine leisten“, „Kinder bis 26 sind mitversichert“, „Vorversicherte
können nicht hinausgeworfen werden“. Alles schön und gut – aber
leider *zu schön, um wahr zu sein!* Besonders die Versprechen, dass
Krankenversicherung für alle erschwinglich wäre und man seinen
Arzt, seine Versicherung und sein Krankenhaus beibehalten
könnte.

Je mehr ich mich damit befasste, umso besorgter wurde ich. Ein
paar Beispiele:

- Wie kann man Millionen neue Leute hinzufügen und
  dabei ihre „Leistungen“ bezahlen, Geld sparen und Kosten
  senken? Das fällt doch nicht vom Himmel, und schon gar
  nicht in solchen Größenordnungen; irgendjemand muss
  bezahlen für all dieses „Gratis“.

- Wie kann man Millionen neue Leute hinzufügen und
  dabei die Qualität der Betreuung aufrecht erhalten sowie
  die Freiheit, einfach zum Arzt zu gehen, wenn man

180 Jonathan Capehart, „Pelosi defends her infamous health care remark“, Washington
Post, Post Partisan (Blog), 20. Juni 2012, http://www.washingtonpost.com/blogs/
post-partisan/post/pelosi-defends-her-infamous-health-care-remark/2012/06/20/
gJQAqch6qV_blog.html (Zugriff am 05.10.2014).

möchte? Es gibt doch nicht genügend Ärzte, Kranken-
schwestern und Krankenhäuser, um die Millionen neuen
Versicherungsnehmer zu versorgen.

- Und was ist mit den Ärzten, die sagten, sie würden ihre
  Praxis lieber schließen und in den Ruhestand gehen,
  als sich das anzutun – der Ansturm der Patienten, die
  Konventionalstrafen und all der Papierkrieg, den das
  Gesetz mit sich bringt?

Kaum einem war bewusst, dass man nun krankenversiche-
rungs*pflichtig* würde – wer sich also lieber nicht versichern will,
muss jedes Jahr eine Geldstrafe zahlen, die das Staatssäckel füllt.
Keiner sah, dass Millionen von Arbeitern die Vierzig-Stunden-
Woche auf 29 Stunden gekürzt würde, um die Mehrausgaben der
Arbeitgeber zu senken. Auch war ihnen nicht bewusst, dass die
Vergütung an die Ärzte für Medicare-Patienten[181] beschnitten
würde und viele Ärzte die Anzahl der Patienten begrenzen. Und
keiner hatte erwartet, dass Allgemeinärzte und Krankenhäuser
auf dem Land schließen würden.

Ein Arzt aus Kentucky, der zwanzig Jahre im Geschäft war, hat
seine Praxis lieber geschlossen. Mit 65 hat er das Gefühl, dass er
bei all diesen neuen Regulierungen nicht mehr weitermachen
kann; so müssen alle Krankenakten digitalisiert werden. Das
bedeutet einen Aufwand von zehntausenden Dollar, und anstatt
all das Geld und die vielen Arbeitswochen zu investieren, um dem
neuen Gesetz Genüge zu leisten, macht er lieber zu. Das ist nur
ein Beispiel von vielen.

In Hamilton (Alabama) schließt das einzige Krankenhaus der
Stadt. Jahrelang haben sie dort Leute praktisch umsonst behandelt
– und kamen mit Millionen Dollar in die roten Zahlen. Ein Arzt

---

181 Medicare ist seit 1967 die öffentliche und bundesstaatliche Krankenversicherung
   innerhalb des Gesundheitssystems der USA für ältere (ab 67) oder behinderte Bürger.
   (Anm. d. Übers.)

sagte, für eine Operation, die 35 000 Dollar koste, bekämen sie von der Regierung etwa 350 Dollar. Auf die Frage, was mit Schwerverletzten geschehen würde, antwortete er, die Rettungsdienste seien privat und stünden weiterhin zur Verfügung, aber die Verletzten würden zur Behandlung in den Nachbarstaat gebracht, nach Mississippi. Der Arzt sagte: „Und sicher werden Leute auch unnötig sterben, denn in der Stadt gibt es nichts mehr, um Notfallpatienten zu versorgen."

Die Mutter von Präsident Obama und andere Familienangehörige waren Sozialisten. Er und der engste Kreis um ihn herum wollen für jeden Amerikaner die gleiche Versorgung. Das hört sich großartig an, aber schauen wir in die Länder, in denen diese Art „Versorgung" besteht. Oft wird Kanada als Vorbild an Gesundheitsversorgung gerühmt. Warum nur kommen so viele Kanadier nach Amerika und lassen sich hier operieren?

Bei einem Dienst in der Mitte Kanadas fragte ich die Leute, wie ihnen ihr Gesundheitswesen gefällt. Die Antwort lautete: „Es kostet nichts, aber wir bezahlen dafür. Jeder erwerbstätige Kanadier muss Steuern zahlen, von Januar bis August arbeiten wir für die Regierung und was wir von September bis Dezember verdienen, ist für uns."

Der Pastor der Gemeinde in Kanada, in der ich predigte, erzählte von zwei Gemeindegliedern, die kürzlich ins Krankenhaus mussten: Eine ältere Dame war gestürzt und hatte das Knie verletzt. Über 40 Stunden saß sie mit Schmerzen in der Notaufnahme – ohne Schmerzbehandlung, sie wartete einfach nur, dass sie drankam. Der Mann, auch er ein Notfall, wartete stundenlang, bevor sich irgendjemand um ihn kümmerte. Sie sagten, je nach Dringlichkeit und Alter müsse man mitunter fünf Monate lang auf die Operation warten. Und Kanada hat nur ein Zehntel der Bevölkerung der USA.

Auf einer Mittelmeerkreuzfahrt sprach ich mit unserem italienischen Reiseführer über das Gesundheitswesen in Italien. Er war Historiker und teilte mir seine Sicht mit: Das Weltreich Amerika bewegt sich in dieselbe Richtung wie das alte Römische Reich. Als ich ihn zur „Krankenversicherung für alle" fragte, antwortete er: „Ihre Regierung will das. Sie haben es als ‚kostenlose Gesundheitsversorgung' verkauft, aber kostenlos ist es sicher nicht. 60 % meines Einkommens gehen an den Staat und die Krankenversicherung." Er unterstrich auch, dass es schwierig sein kann, einen Arzttermin zu vereinbaren. Das war vor ObamaCare, es liegt schon mehrere Jahre zurück; er sagte, Amerika habe das beste Gesundheitswesen der Welt und das neue System würde alles ändern.

Ein Vermächtnis hinterlassen?

Jeder amerikanische Präsident, wenn er ins „Oval Office" einzieht, will Großes bewirken und ein historisches Vermächtnis hinterlassen – sein Name soll für immer in die Annalen der Geschichte eingehen. Für Harry Truman war es die Gründung des Staates Israel, die er unterstützte und förderte. Für Carter war es „Camp David", der Friedensvertrag zwischen Ägypten und Israel. Für Reagan war es der Zusammenbruch des Kommunismus in Europa und der Fall des Eisernen Vorhangs. Für George Herbert Walker Bush war es die Befreiung Kuwaits von der Invasion durch Saddam Hussein. Für Clinton war es der Aufschwung und der ausgeglichene Haushalt. Für George W. Bush war es der Krieg gegen den Terror und dass er durchsetzte, unsere Feinde auf ihrem eigenen Boden zu schlagen und nicht auf amerikanischer Erde. Während seiner Amtszeit wurden viele Anschlagsversuche auf unserem Boden vereitelt; davon haben wir nur nie etwas gehört.

In einem Gespräch mit einem ehemaligen US-Kongressabgeordneten erfuhr ich, dass Obama die „Krankenversicherung für alle" zu seinem Vermächtnis machen will. Mein Gegenüber erzählte mir, vor der Verabschiedung des „Affordable Care Act" hätten zwei republikanische Senatoren um einen Termin im Weißen

Haus gebeten, um ihrer Besorgnis über ObamaCare Ausdruck zu verleihen. Sie wurden hereingebeten, dann trat Obama ein und machte zwei Aussagen. Die erste: „Ich habe gewonnen und nicht Sie, also finden Sie sich damit ab." Die zweite Aussage in der kurzen Unterhaltung lautete: „Die Gesundheitsfürsorge wird mein Vermächtnis sein, also bleiben Sie mir aus dem Weg."[182] Vor Jahren sagte Obama nachweislich etwas ganz Ähnliches zum israelischen Regierungschef Benjamin Netanjahu: „Wir werden die Welt verändern, also kommen Sie uns nicht in die Quere."[183]

Bevor Obama Präsident wurde, sagte er oft, er wolle „Amerika von Grund auf verändern". Soweit ich weiß, hat bisher nur ein einziger Journalist gefragt: „Warum halten Sie es für nötig, dieses Land so grundlegend zu verändern, wo es Ihnen doch so viele Möglichkeiten geboten und Sie so erfolgreich gemacht hat?"[184] Präsident Obama wich aus, er beantwortete lieber eine Frage, die zwar nicht gestellt worden war, die ihm aber mehr zusagte. Allerdings wurde es deutlich im Gespräch mit „Joe dem Klempner" in Toledo (Ohio), dass er den Wohlstand des Landes umverteilen will. Es wurde auch offensichtlich, dass er ein zweifaches Vermächtnis anstrebt:

- Erstens will er in die Geschichtsbücher eingehen als der erste schwarze Präsident.

- Zweitens will er Geschichte schreiben als der Mann, der die staatliche Gesundheitsversorgung für alle eingeführt hat.

---

182 Persönliches Gespräch des Autors mit einem ehemaligen amerikanischen Kongressabgeordneten bei einem gemeinsamen Essen.

183 Das berichtete ein hoher Regierungsbeamter in Israel, dem jemand aus der Regierung Obama davon erzählt hatte.

184 Bill O'Reilly, „TRANSCRIPT: Bill O'Reilly Interviews President Obama", Fox News, 2. Februar 2012, http://www.foxnews.com/politics/2014/02/02/transcript-bill-oreilly-interviews-president-obama/ (Zugriff am 05.10.2014).

Warum musste dieses Gesetz so schnell wie möglich verabschiedet werden, ungelesen und undebattiert? Vermutlich war Obama unsicher, ob er für eine zweite Amtszeit gewählt würde, und wollte es deshalb vor 2012 durchbringen. Der Grund ist also nicht eine Regierung, die „sich kümmert", sondern eine, die „Amerika von Grund auf verändern" will. Die Änderungen im Gesundheitswesen sind aber nicht nur grundlegend, sie sind auch sehr gefährlich; und wenn wir den Kopf in den Sand stecken und einfach nichts tun, werden sie Einzelpersonen, Unternehmen und der Volkswirtschaft ungeahnte wirtschaftliche Katastrophen einbringen.

Es ist offensichtlich: Auf Bundes- und auf Staatenebene sind Liberale an der Macht, die die volle Kontrolle über das Gesundheitswesen haben wollen. Entwicklung und Verkauf von Medikamenten sind ein Milliardengeschäft, und es gibt Krankheiten, die zu behandeln Milliarden kostet. Die neueren Naturheilverfahren stoßen bei der Schul- und der traditionellen Medizin oft auf Skepsis, wenn sie nicht überprüft wurden und ihre Wirksamkeit nicht bewiesen ist.

Ich wurde informiert, dass Mediziner und Forscher in Israel Behandlungsmöglichkeiten entdeckt haben für bestimmte Krankheiten, die weltweit vorkommen und besonders in Amerika – allerdings wird die FDA (Lebens- und Arzneimittelbehörde) diese „Heilverfahren" niemals zulassen. Würden sie es tun, würde das dem Gesundheitswesen das Wasser abgraben – es muss ja Profit machen, um Ärzte, Geräte und Krankenhäuser zu finanzieren. In meiner Gegend gibt es eine Legende, dass die Medizinmänner der Cherokee-Indianer eine Mischung von Kräutern und Wurzeln kannten, die bestimmte Krankheiten heilen kann, aber dieses Wissen ist verloren gegangen. Ich frage mich, wenn man diese Mischung jemals wieder entdecken würde, ob sie auf den Markt kommen dürfte, besonders wenn sie ein Problem wirklich heilen und nicht nur die Symptome behandeln würde.

Das Unsichtbare im System

In der Johannes-Offenbarung lesen wir von einem System, das am Ende der Zeit alles Kaufen und Verkaufen kontrollieren wird; Johannes spricht von „dem Tier". Es wird drei Methoden nutzen: ein Zeichen an Stirn oder rechter Hand, den Namen des Tieres, die Zahl seines Namens. Vor der Verabschiedung des „Affordable Care Act" wurde ich aufmerksam gemacht auf eine elektronische Technik, den RFID-Chip. Er gehörte zum Plan und löste in mir Besorgnis aus und auch bei anderen, die um das „Zeichen" zum Kaufen und Verkaufen wissen. Zwei Jahre vor ObamaCare erfuhr ich von einem anderen Teil des Planes; wird dieser nicht geändert, wird er von nun an unser Leben verändern: die Implantation eines winzigen Gesundheits-Chips.

Der RFID-Chip

Anfang der 1990er-Jahre wurde mir bei einem Interview bei dem christlichen Fernsehsender CTN in Tampa (Florida) ein reiskorngroßes Ding gezeigt, das einen Mini-Sender enthielt. Damit sollte es möglich sein, entlaufene Haustiere und wertvolle Nutztiere zu orten, zum Beispiel bei Diebstahl – man brauchte es dem Tier nur unter die Haut zu bringen.

Ein paar Jahre später predigte ich in Florida und jemand sagte mir, die Regierung teste gerade ein implantierbares Gerät, das irgendwann jedem Bürger eingesetzt werden solle. Die Bestätigung bekam ich bei einer Einladung in derselben Gegend; mein Gastgeber machte Mikroverschweißteile für Satelliten und konnte damit tatsächlich mit den Astronauten im Raumschiff sprechen! Die drei Stunden in seinem Haus waren wirklich augenöffnend.

Er erzählte mir von einem besonderen Chip, den die Astronauten damals dabei hatten, und dank dem mein Gastgeber an seinem Computer die Bewegungen des Raumschiffs nachverfolgen konnte. Ich hörte selbst, wie er mit einem Astronauten im Weltall sprach! Er sagte mir, dass irgendwann einmal jeder Mensch solch einen Chip eingesetzt bekäme, in die rechte Hand oder am Haaransatz. Dies wären die besten Stellen, denn hier könne die Körperwärme die winzige Batterie in Gang halten. Inzwischen hat die Technik natürlich Fortschritte gemacht.

Vor der Neuordnung des Gesundheitswesens erzählte man mir von den Argumenten, die für dieses Implantat sprächen und die die Amerikaner davon überzeugen würden: zum Schutz der Kinder gegen Entführung, um illegale Einwanderer dingfest zu machen, um unbescholtene Bürger (mit Chip) von potenziellen Terroristen (ohne Chip) zu unterscheiden und um Informationen zur Person zu speichern. Etwa zweieinhalb Millionen Menschen trügen den RFID-Chip bereits, wurde mir in Texas mitgeteilt.

Bei einem Dienst nahe Cincinnati (Ohio) erzählte mir der Pastor, in seiner Gemeinde sei ein Ehepaar, dessen Sohn für eine große Frachtreederei arbeite. Der Heimatschutz verlangte, jeder Mitarbeiter müsse sich einen Chip in die rechte Hand implantieren lassen, ohne Chip dürfe keiner auf die Lastkähne. Dem jungen Mann war das zu nah an der Warnung von Offenbarung 13,16–18, er weigerte sich. Sein Chef drohte mit Entlassung, aber dann fanden sie doch noch einen Weg: Er darf nun stattdessen eine Karte mit sich führen; dafür bezahlte er achthundert Dollar. Auf der Rückseite der Karte ist ein kleiner goldfarbener quadratischer Chip, der Informationen speichert.

CHINA-PUDER

Hitachi hat den China-Puder erfunden, offiziell heißen die Dingerchen „Chinese Powder Tags": Mit ihren 0,05 mm Kantenlänge (das heißt: auf einem Quadrat*millimeter* haben vierhundert Stück nebeneinander Platz!) kann man sie mit dem bloßen Auge nicht erkennen. Sie sind sechzigmal kleiner als ihre

Vorgänger, und die waren schon so winzig wie ein Salzkorn. Man stelle sich vor: Diese Winzigkeiten haben den Speicherplatz einer 128- Bit-ROM und können eine 38-stellige Nummer speichern! Und man bemerkt nichts davon, wenn man so etwas mit sich herumträgt und überwacht wird.

In „TechNewsDaily" war zu lesen, dass ein Geheimdienst 50 000 Dollar ausgab für ein Pilotprojekt zur Überwachung von Schulkindern.[185] Dieser „Puder" kann sogar in Papier, in Gutscheine, in Banknoten eingebracht werden. So winzig die Teilchen auch sind, aus 25 Zentimeter Entfernung kann man sie mit einem Scanner auslesen.

Das „Wired Magazine" und „WorldNetDaily" berichten, dass eine Schule in Kalifornien 115 000 Dollar ausgab, um Kindern RFID-Chips zu verpassen – Begründung: Die Lehrer verbringen jährlich 3000 Stunden mit den Anwesenheitslisten! Die Chips befanden sich entweder an Umhängebändern, die die Kinder sich morgens überstreiften, oder sie wurden an ihre Kleidung geheftet.[186] In Missouri wurden 147 Schulbusse damit ausgerüstet.[187] Das Verkaufsargument in den Ländern des Westens und damit auch in Amerika für solch eine Neuerung ist Zeit- und Geldersparnis.

Die indische Regierung und sechshundert Millionen Menschen

Sowohl Indien als auch China haben eine Bevölkerung von über einer Milliarde. Die indische Regierung hat angekündigt, eine 16-stellige Identifikationsnummer einzuführen; damit könnten sie 600 Millionen Menschen kennzeichnen und das

185 WND, „Schools Tag Kids With RFID Chips", 15. September 2010, http://www.wnd. com/2010/09/203529/ (Zugriff am 05.10.2014).

186 Ebd.; David Kravets, „Tracking School Children With RFID Tags? It's All About the Benjamins", 9. September 2012, www.wired.com/threatlevel/2012/09/rfid-chip-student-monitoring/ (Zugriff am 05.10.2014).

187 Beth Bacheldor, „Missouri School District Puts RFID on Buses", RFID Journal, http://www.rfidjournal.com/articles/view?2808 (Zugriff am 05.10.2014).

würde ihnen in Ernährungs- und Verwaltungsaufgaben helfen – allein durch die Verhinderung von Betrug und Bestechung erhoffen sie sich Einsparungen von 4 Milliarden Dollar im Jahr. Jetzt, wo ich das schreibe, ist bereits die Hälfte dieser Nummern ausgegeben worden; außerdem nutzen sie Fingerabdrücke und Iris-Erkennung. 2017 oder 2018 soll das System voll zum Einsatz kommen.

Jede Regierung ist daran interessiert, Geld zu sparen, und hier geht es um Milliarden, die solch ein implantierter Informationsträger einsparen könnte. Auch in Amerika ist das nicht undenkbar. Das bringt mich zu einem weiteren möglichen Aspekt der staatlichen Gesundheitsfürsorge, die den Amerikanern ungefragt aufgezwungen worden ist.

Natürlich möchte jede Regierung ihre Bürger zeichnen, nicht nur, um die Einwohnerzahl festzustellen, sondern auch aus wirtschaftlichen Gründen und zur Überwachung. Aus Offenbarung 13,16-18 wissen wir, dass das „Zeichen des Tieres" – Zahl, Name oder Markierung – dazu dient, das Kaufen und Verkaufen zu reglementieren.

Allerdings gibt es neben Nahrung – besonders in entwickelten Ländern – noch etwas, was jeder Mensch braucht: medizinische Versorgung. Ein Leben ohne Zugang zu Arztpraxen, Krankenhäusern und Notfallaufnahmen ist kaum vorstellbar. Was, wenn unsere Regierung verlangen würde, dass wir uns alle einen Gesundheits-Chip einpflanzen lassen? Mit dem man gleichzeitig ein Bewegungsprofil erstellen kann? Und wenn das Gesetz für die Verweigerer den Ausschluss aus dem Gesundheitswesen, Geldstrafe oder gar Freiheitsentzug vorsähe? So unmöglich ist das alles gar nicht, man bedenke nur die Geldstrafen für die Nichtbefolgung der Krankenversicherungspflicht.

Als ich das von dem ehemaligen Kongressabgeordneten hörte, konnte ich einen Grund sehen, warum Präsident Obama es so eilig hatte, dieses kapitale Gesetz zu unterzeichnen. Es ist über zweitausend Seiten dick, und man muss schon Jurist sein, um es zu verstehen, und ich fragte mich wirklich, warum ein so wichtiges und dabei teures Vorhaben so schnell durchgepeitscht werden musste. Natürlich, jeder hatte eine Meinung dazu:

- Damit wäre es dem Präsidenten möglich, nach und nach Millionen illegaler Einwanderer hinzuzufügen – Wählerstimmen!

- Je länger es dauerte, umso besser könnten die Amerikaner begreifen, was es bedeutet – und sie hätten aufstehen können und versuchen, es zu verhindern.

- Das Gesetz musste noch vor den Wahlen verabschiedet werden, denn eine Mehrheit der Republikaner im Repräsentantenhaus und im Senat wäre sein Aus gewesen.

GESUNDHEITSINFORMATIONEN AUF DEM CHIP

Auf dem Höhepunkt der Debatte um ObamaCare flog ein Freund von mir von Pennsylvania nach Florida. Er hatte anstrengende Tage hinter sich und hoffte auf zweieinhalb Stunden Ruhe. Doch dann saß er zwischen einem Oberst und einem Arzt, der auch in einem Gesundheits-Ausschuss saß.

Der Arzt sprach meinen Freund an, wollte wissen, was er machte – und um nicht unhöflich zu sein, antwortete der und fragte dann zurück. Der Arzt erklärte, er sei unterwegs zu einer größeren Sitzung und es gehe um das Krankenversicherungsgesetz und um das neue Datenspeicher-Implantat. Jetzt war mein Freund hellwach! Dazu hatte er wirklich Fragen – und der Arzt erklärte ihm, das Gesetz solle deshalb so schnell beschlossen werden, damit die RFID-Pläne in die nächste Phase gehen könnten.

Die Regierung arbeite schon jahrelang daran, so der Arzt weiter, aber nicht alle Blutgruppen vertrügen es, manche hätten den Chip abgestoßen, und es hätte leichte Komplikationen gegeben. Die letzten Jahre hätten sie aber dazu geforscht, und jetzt müsste es mit allen Blutgruppen funktionieren, meinte er. Unter anderem enthielte dieses kleine Ding die ganze Krankengeschichte und alle Patientendaten, theoretisch könnte das hunderte Millionen Dollar sparen. Außerdem könne man damit den Papierverbrauch senken und in Notfällen ermögliche es eine schnellere Behandlung – für die Öffentlichkeit ein gewichtiges Argument, meinte er. In Europa und Kanada käme es ja vor, dass man ein, zwei Tage in der Notaufnahme warten müsse, bis man Hilfe bekomme. Welch eine Erleichterung, wenn ein so kleines Ding kostbare Zeit spart und eine Menge Geld dazu!

Mein Freund staunte nur so. Der Arzt erwähnte auch, die Implantierung würde in den Krankenhäusern vorgenommen, denn die Leute hätten Vertrauen zu ihrem Arzt vor Ort. – Dieses Gesetz ist nun einmal beschlossene Sache, aber es wird seine Zeit brauchen, Millionen von Amerikanern diesen Chip zu implantieren (was nur hinter verschlossenen Türen diskutiert worden war). Das soll etwa 2018 geschehen; nur die Zeit wird zeigen, ob es wirklich so kommt und wann die Technik soweit ist. Wenn der Chip entsprechend programmiert werden kann, könnte man ihn auch im Einzelhandel, im Restaurant und generell für den Zahlungsverkehr nutzen.

Nun mischte sich der Oberst ein und sagte, er hätte sie nicht belauschen wollen, aber er sei unterwegs zu einer Sitzung, man bereite sich vor auf Unruhen wegen Lebensmittelknappheit. Das Militär bereite sich auf eine Art inneren Bürgerkrieg vor, der ausgelöst werden könne durch eine schwere Krise im Land. Nun wurden auch andere Passagiere aufmerksam und stimmten ihm zu – was er sage, sei wahr: Riesige unterirdische Bunker, in denen einst Bomben und Waffen gelagert wurden, seien ausgeräumt worden und dienten nun als riesige Lebensmittellager.[188]

---

188 Diese Information erhielt der Autor direkt von dem Pastor, der in dem Flugzeug war und mit dem Arzt sprach. Der Pastor bat darum, seinen Namen nicht anzugeben, damit er nicht um weitere Auskunft angegangen wird.

DEN CHIP GIBT'S ECHT!

Kurz nachdem ich von diesem Gespräch erfuhr, redete ich in Georgia und sprach auch über diesen potenziellen „Gesundheits-Chip". Ich wusste nicht, dass unter den Zuhörern jemand aus dem Gesundheitswesen saß und ein gut informierter Senator. Nach dem Gottesdienst sagte der Mann vom Krankenhaus zu einem meiner Mitarbeiter, vor ein paar Tagen habe er einen Geschäfts-termin gehabt mit Vertretern der Firma, die den Gesundheits-Chip mache. Die Firma würde gut verdienen an jedem, der ihn implantiert bekäme – jeder Nutzer müsse monatlich zehn Dollar Gebühren entrichten. Wenn man das hochrechnet, kommt man auf Milliardenbeträge! Wenn die Regierung das Gesundheits-wesen im Griff hat, dann kann sie auch „den Reichtum verteilen".[189]

In dieser Veranstaltung sprach ich beim Essen mit einem Senator. Dieser Herr sagte, ihm sei bewusst, dass der Gesund-heits-Chip komme, aber als Christ könne er nicht gutheißen, dass etwas, was einen kennzeichnet und zur Nummer macht, in die rechte Hand eingesetzt würde. Er selbst arbeite an einem Gesetzesentwurf für Georgia, der es verbieten solle, irgendwelche Ortungsgeräte unter die Haut oder in den Körper der Bürger von Georgia einzusetzen.[190]

Die „Washington Post" berichtete über ein Mitglied des Reprä-sentantenhauses, das die Implantate so kommentiert:

Das Repräsentantenhaus soll am Mittwoch über ein Gesetz abstimmen, das die Bürger von Virginia schützt vor Versuchen von Arbeitgebern oder Versicherungsgesellschaften, ihnen gegen ihren Willen Mikrochips einzusetzen ... Del. Mark L. Cole (R-Fredericksburg), der Initiator des

---

189 Diese Information über den Chip und die Folgekosten wurde einem meiner Mitarbeiter gegeben, als er an einer Regionalkonferenz in Atlanta (Georgia) teilnahm, auf der der Chip und das Vorgehen detailliert besprochen wurden.

190 Persönliches Gespräch des Autors mit einem Staatssenator/Senator von Georgia.

Gesetzesentwurfs, sagte, Hauptgrund sei der Datenschutz. Doch teilt er auch Bedenken, dass die Geräte eines Tages als „Zeichen des Tieres" dienen könnten, von dem in der Apokalypse die Rede sei.[191]

Die Reportage unterstrich, dass er von seinen liberalen Kollegen für seine Bedenken und Kommentare Spott erntet; sie gehen gar so weit und sagen, den Wähler interessierten solche Überlegungen doch nicht. (Ich bin sicher, dass das zutrifft auf die Wähler, die nie eine Bibel zur Hand nehmen und darin lesen!)

Ein anderer Bericht kam aus Pennsylvania: Ein Abgeordneter versuche, die Implantation von RFID-Chips, die persönliche Daten trügen, auf, in oder unter die Haut eines Menschen zu verbieten.[192]

Bevor Joe Biden Vizepräsident wurde, war er ein Senator von Delaware. In seiner Rede zur Bestellung von Roberts als Obersten Bundesrichter der USA stellte Biden eine seltsame Frage: Er wollte von dem künftigen Vorsitzenden des Gerichts, von Roberts, wissen, ob er gegen eine Implantatspflicht entscheiden würde, und warnte ihn, wenn er tatsächlich dieses Amt im Obersten Gerichtshof antrete, werde er sich mit dieser Frage befassen müssen.[193]

Medienberichten zufolge gibt es bereits Debatten darüber, dass Flughafenmitarbeiter gegen ihren Willen einen Überwachungs-Chip eingesetzt bekommen. In Mexiko wurden Arbeiter vor die

---

191 Fredrick Kunkle und Rosalind S. Helderman, „Human Microchips Seen by Some in Virginia House as Device of Antichrist", Washington Post, 10. Februar 2010, http://www.washingtonpost.com/wp-dyn/content/article/2010/02/09/AR2010020903796.html?hpid=newswell (Zugriff am 05.10.2014).

192 Abgeordnete Babette Josephs, „Josephs Introduces Bill to Ban the Human Implantation of ID Devices", http://www.pahouse.com/pr/182092208.asp (Zugriff am 05.10.2014).

193 YouTube.com, „Joe Biden Says There Is an Agenda to Get Everyone Microchipped and Brain Scanned", https://www.youtube.com/Bewachung(Uhr)? v=FQw68jl7KXc (Zugriff am 06.10.2014).

Wahl gestellt, entweder den Chip anzunehmen oder aber ihre Stelle zu verlieren. Das US-Militär schmiedet Pläne, Soldaten den Chip einzusetzen, um auf dem Schlachtfeld ihren Gesundheitszustand zu überwachen.[194]

Der Gebrauch von Chips zur Personenüberwachung scheint Fahrt aufzunehmen – man kann feststellen, wo sich eine Person auf dem Kasernengelände oder in der Fabrik gerade befindet, man kann nachvollziehen, wo ein Entführter gefangen gehalten wird, oder der Chip dient ganz einfach als „Stempelkarte", um die Arbeitszeit der Mitarbeiter festzustellen. Doch dazu bräuchte es keinen Chip; Augen-, Hand- oder Stimmerkennung können das auch. Sollte allerdings die Regierung einen Chipzwang im Gesundheitswesen beschließen und dafür ein Bundesgesetz verabschieden, dann müsste jeder ihn annehmen.

Neulich erhielt ich den Ausdruck einer Seite über das neue Computerprogramm für das Gesundheitswesen. Unten auf Seite 20 ist ein Kästchen, in dem man anklicken muss, ob die Person den RFID-Chip trägt.[195] So laufen schon Vorbereitungen für den Chip zum Einsatz im staatlichen Gesundheitswesen.

Steht das in ObamaCare drin?

Kommen solche Geräte in dem Krankenversicherungsgesetz denn überhaupt vor? Ich habe ein Exemplar davon hier, und einige Krankenhausbetreiber haben mir so manches mitgeteilt. Auf den Seiten 1502–1510 des Gesetzes ist die Rede von medizinischen Geräten, die zur Beobachtung dienen und elektronische Daten speichern können. Auf Seite 1502 in Zeile 10 wird ein landesweites Patientenregister erwähnt und weiter unten im Abschnitt ist die Rede von einem Gerät, das implantierbar sein

---

194 WND, „U.S. Military Developing Spychips for Soldiers", http://www.wnd.com/2012/05/u-s-military-developing-spychips-for-soldiers / (Zugriff am 09.10.2014).

195 Eine Pflegeperson in einem größeren Krankenhaus zeigte dem Autor einen Ausdruck der zwanzig Seiten zur Gesundheitsreform. Der Autor sah selber die Stelle, an der anzugeben war, ob der Patient ein Chip-Implantat trägt.

kann. Auf den Seiten 1501–1508 handelt ein Paragraph von einem medizinischen Gerät, das einen individuellen Identifikator enthält, zur Sammlung von Informationen und zur Patientenbeobachtung. Im Gesetz steht auch, dass diese Geräte innerhalb von 36 Monaten nach Inkrafttreten eingesetzt werden sollen! Die Wortwahl ist vage, es bleibt offen, welches Gerät genau gemeint ist; aber es könnte sich genauso gut um diesen Chip handeln.[196]

Dass der Gesetzgeber in früheren Zeiten ein solches implantierbares Gerät gutgeheißen hätte, bezweifle ich. Viele Kongressmitglieder waren mit Christen aufgewachsen, und nicht wenige kamen aus Familien, in denen man die Bibel las – sie hätten die Warnungen der Bibel in der Johannes-Offenbarung vor einer Kennzeichnung an der rechten Hand durch eine Weltregierung zumindest als existent akzeptiert.

Doch heute gibt es viele Politiker, die nicht nur nie die Bibel gelesen haben; sie haben auch keine Gottesdienste besucht – woher sollten sie dann die Warnungen der Bibel vor dem „Tier" kennen? Außerdem leben wir nun mal in der Endzeit, und irgendjemand muss den Anfang machen und Vorbereitungen treffen, damit all das geschehen kann, was prophezeit ist. In Amerika gibt es viele Liberale und „sozial Fortschrittliche", die das „Zeichen des Tieres" nicht nur *bereitwillig* annehmen würden, sondern mit einer gewissen *Arroganz* den Gläubigen gegenüber, als wollten sie den Frommen sagen: „Guckt mal her, ihr Ewiggestrigen – ich glaube nicht an eure dummen Prophetien!"

Personalausweise

In den USA leben Millionen von Christen, die in guter biblischer Lehre fest verwurzelt und gegründet sind, und sie wissen aus der Prophetie der Bibel, was auf uns zukommt. Sollte die Regierung uns ein Chip-Implantat aufzwingen wollen, würde das sicher bei vielen Gruppen sofortigen Widerstand hervorrufen.

---

196 GPO.org, „H. R. 3962", http://www.gpo.gov/fdsys/pkg/BILLS-111hr3962eh/pdf/ BILLS-111hr3962eh.pdf (Zugriff am 06.10.2014).

Die erste Gruppe wären wahrscheinlich ältere Leute aus bibel-
gläubigen Kreisen; sie würden in solch einem Gesetz die Vorstufe
für das „Zeichen des Tieres" sehen und sich augenblicklich
weigern, sich solch ein Gerät unter ihre Haut, in Hand oder Stirn
einsetzen zu lassen.

Eine zweite Gruppe sind die Amischen in Pennsylvania,
Delaware, Ohio und dem Staat New York; sie haben sich schon
gegen die „Krankenversicherung für alle" gewehrt. Die Amischen
sind friedliche Leute, sie leben unter sich, bauen ihre Nahrung
selbst an und lehnen die moderne Technik ab. Sie haben ihre
eigenen Ärzte und leben weithin autark und meist ohne jede
staatliche Unterstützung.

Als dritte Gruppe könnte man die ultraorthodoxen Juden
nennen, die zum Beispiel in New York leben. Streng Thora-
gläubige Juden würden dieses Implantat nicht annehmen. Gott
sagte durch Mose, die Israeliten dürften sich kein Zeichen in die
Haut machen – orthodoxe Juden lassen sich nicht tätowieren und
ihre Haut nicht einritzen und sie würden es sicher nicht schätzen,
wenn man sie zwänge, sich etwas in die Hand oder die Stirn
einsetzen zu lassen.

Zum Gebet binden sich Juden eine kleine schwarze Schachtel
(„Phylakterium") auf die Stirn, in der sich Bibelverse befinden.
Sie glauben, dass ihr Verstand Gott gehört und keiner Regierung.
Vielleicht flieht deshalb, wenn der Antichrist und der falsche
Prophet verlangen, das Bild des Tieres anzubeten und das „Zeichen
des Tieres" anzunehmen, ein riesiger Überrest von Juden aus
Jerusalem in die Berge, wo der Herr sie einen Teil der Trübsalszeit
übernatürlich bewahren und versorgen wird (Offenbarung 12).

Es fängt klein an; man könnte zum Beispiel zunächst eine Art
Inlands-Personalausweis einführen. Wenn wir versuchen, das
hinauszuzögern, könnte es durchaus sein, dass die Widerspens-
tigen (die älteren Bürger) irgendwann nicht mehr da oder die
Befürworter in der Überzahl sind, und dann hätten wir auch
keine Kraft zum Widerstand und keine Stimme mehr.

Die Idee eines Personalausweises ist nicht neu; er wurde schon in Erwägung gezogen, um Staatsangehörige von illegalen Einwanderern unterscheiden zu können. Drogenhändler und kriminelle Elemente schleichen sich in Amerika ein und erhöhen Kriminalität und Gewalt auf amerikanischem Boden, besonders in Staaten wie Texas und Arizona; das Ergebnis ist der Ruf nach einer neuen Art Ausweis, um Gesetzesbrecher besser identifizieren zu können. Gegen eine Karte ist grundsätzlich nichts einzuwenden, solange sie keinen Chip trägt, dessen Information nur von einem Computer und einem Zentralsystem ausgelesen werden kann.

Bei einem Dienst in Elkins (West-Virginia) lernte ich einen jungen Taiwanesen kennen. Als ich sagte, dass wir in Amerika möglicherweise eine Ausweiskarte samt Gesundheits-Chip bekämen, zückte er seine Brieftasche und reichte mir eine Plastikkarte mit seinem Foto, Namen und Adresse – und auf der Rückseite war ein kleiner quadratischer goldfarbener Chip! Der junge Mann erklärte mir, in seinem Land müsse jeder diese Karte haben und sie ständig bei sich tragen; wenn die Polizei sie sehen wolle und man habe die Karte nicht dabei, bekomme man eine Geldstrafe oder werde sogar verhaftet.

Moderne Führerscheine tragen ein Foto und eine Identifikationsnummer. Das hilft der Polizei festzustellen, wer der Fahrer ist, ob das Auto ihm gehört oder ob es gestohlen ist – und auch, ob er vorbestraft ist oder gesucht wird. Sollte in Mexiko die Wirtschaft zusammenbrechen oder eine schwere Lebensmittelknappheit auftreten, dann strömen die Leute nicht nur zu Tausenden, sondern zu Millionen über die Grenze, um Nahrung und andere Hilfe zu bekommen. Damit wären nicht nur die Bauerndörfer total überfordert, sondern auch unsere grenznahen Großstädte, und schon hätten wir die freudige Zustimmung der Bürger zu einem Personalausweis – was der Auftakt wäre zu einer Kontrolle, die weit finsterer sein wird!

Vor einigen Jahren verlangte ein großes Unternehmen in Kanada von allen seinen Mitarbeitern, sich in die rechte Hand einen Überwachungs-Chip einsetzen zu lassen – der würde melden, wann sie zur Arbeit kamen und nach Hause gingen, er würde Türen öffnen oder auch nicht, und zeigen, wo sie sich gerade befänden. Unter den Mitarbeitern waren auch drei Pfingstler; sie weigerten sich aus Glaubensgründen. Die Sache kam vor Gericht, und ihnen wurde erlaubt, stattdessen eine spezielle Karte mitzuführen. Die Implantate sind sicher eine Möglichkeit, ein Überwachungsgerät und ein Zeichen zur Identifizierung mit einer Zentraldatei zu verbinden.[197]

DAS VITAMIN GEGEN DIE PASSWORD-FLUT: GOOGLE VERLEIHT ÜBERMACHT

Auf der D11-Konferenz stellte Regina Dugan, Leiterin für innovative Forschung im Mobilfunk bei Motorola (gehört Google) eine Neuigkeit vor: ein Unternehmen namens MC10 hat einen „dehnbaren Schaltungsträger" entwickelt, den man auf der Haut oder in der Kleidung tragen kann. Die Sportmedizin kann damit mögliche Gehirnerschütterungen feststellen, er eignet sich auch zur lückenlosen Überwachung von Säuglingen.[198] In einer Welt, in der manche bis zu 39 Mal am Tag ihre Passwörter angeben,[199] wollten sie eine automatische Nutzer-Identifizierung anbieten, die dem Träger Zugang gibt zu jedem seiner Nutzerkonten. So unschuldig kann diese neue Technik daherkommen.

---

197 Der Autor erinnert sich, dass er das in den kanadischen Nachrichten sah.

198 Liz Gannes, „Passwords on Your Skin and In Your Stomach. . . .", 3. Juni 2013, http://allthingsd.com/20130603/passwords-on-your-skin-and-in-your-stomach-inside-googles-wild-motorola-research-projects-video/ (Zugriff am 06.10.2014).

199 Victoria Woollaston, „The Hi-Tech Tattoo That Could Replace ALL Your Passwords. . . .", Mail Online, 30. Mai 2013, http://www.dailymail.co.uk/sciencetech/article-2333203/Moto-X-Motorola-reveals-plans-ink-pills-replace-ALL-passwords.html (Zugriff am 06.10.2014).

Dugan, vormals Chefin des DARPA, der Forschungsbehörde des Pentagons, ließ ihre Zuhörer gleich sehen, wovon sie sprach – an ihrem Handgelenk klebte ein sehr dünnes, durchsichtiges „Pflaster" mit einem vollständigen Schaltkreis-System. Es müsse aber nicht durchsichtig sein; es könne auch aussehen wie ein Tattoo – das wäre für junge Menschen attraktiv – und immer noch die ganze Technik tragen, Schaltkreise, Antennen, RFID, und den Träger seinem Smartphone oder Computer gegenüber als den rechtmäßigen Nutzer ausweisen. Dugan arbeitet auch mit „Proteus Digital Health" zusammen; diese Firma hat bereits die FDA-Zulassung für einen verschluckbaren Sensor, der als Sonde medizinischen Zwecken dienen kann. Den will Dugan ebenfalls als Passwort-Ersatz anbieten.

Dann ging sie noch einen Schritt weiter: „Wenn es verschluckt ist, dient die Magensäure als Elektrolyt und lädt es auf; dann sendet es ein 18-bit-ECG-ähnliches Signal. Damit wird der gesamte Körper zum Passwort." Sei der Sensor erst einmal verschluckt, so Dugan, „sind meine Arme wie Drähte, meine Hände wie Krokodil-klemmen – sobald ich mein Telefon berühre, meinen Computer, meine Tür, mein Auto, was auch immer: ich habe augenblicklich vollen Zugang. Das ist meine erste Übermacht. Ich will das." Alle applaudierten begeistert und hätten die Pille am liebsten sofort geschluckt.[200]

Das große Ziel ist nun enthüllt; am Ende soll das Versicherungs-wesen, wie wir es kennen, bankrott gehen, und damit wird sich jeder in das staatliche Gesundheitswesen begeben müssen. Denn nur, wenn alles in Staatshand ist, kann man von jedem Menschen alternativlos fordern, sich ein Überwachungsgerät implantieren zu lassen. Das wird nicht nur alle persönlichen Daten tragen, sondern auch in aller Welt den Aufenthaltsort anzeigen können. Es geht um Kontrolle und Macht über jedermann.

---

200 Gannes, „Passwords on Your Skin and In Your Stomach. . . ."

Deshalb bin ich so besorgt angesichts der Männer und Frauen, die über viele Millionen Menschen bestimmen, aber die Prophetie der Bibel nicht kennen und nichts wissen von dem „Zeichen des Tieres", das das Kaufen und Verkaufen überwacht. Man wird gezwungen, an der rechten Hand einen Namen, eine Zahl oder ein Zeichen zu tragen, aber wer es annimmt, dem wird es übel schaden. Vielleicht ist der Gesundheits-Chip nicht genau dieses Zeichen des Tieres, aber wenn die Entwicklung so weitergeht, kann ein neueres, innovativeres System auftauchen, das vielleicht eine Vorstufe dessen ist, was kommen soll.

Die vielen schnellen Veränderungen in Amerika spiegeln sich in einem Kommentar zu einem Foto von Präsident Obama beim Telefonieren mit Benjamin Netanjahu, dem Regierungschef von Israel: Obama hatte die Füße auf dem Schreibtisch und ließ sich von vorne fotografieren – samt Schuhsohlen! Die Sohlen zu zeigen ist im Nahen Osten eine unsägliche Beleidigung. Eine israelische Zeitung schrieb:

Israelische Fernsehsprecher haben am Dienstagabend ein Foto von Präsident Obama als „Beleidigung" Israels interpretiert. Es wurde am Montag im Oval Office aufgenommen und zeigt Präsident Obama, wie er mit dem israelischen Premierminister Benjamin Netanjahu telefoniert … Der israelische „Channel One TV" berichtet, ein „amerikanischer Offizieller" in Jerusalem habe Netanjahu gesagt: „Wir verändern die Welt. Bitte funken Sie uns nicht dazwischen." Laut diesem Bericht wurde das von Netanjahus Unterstützern als „Drohung" gewertet.[201]

Wer die Welt verändern will, muss zunächst sein eigenes Land „von Grund auf verändern". Ein guter Einstieg wäre, jedermann in ein staatliches Gesundheitswesen zu zwingen.

─────────
201 CBS News, „Some Israelis Insulted By Obama Picture", http://www.cbsnews.com/news/some-israelis-insulted-by-obama-picture/ (Zugriff am 06.10.2014); Gil Ronen and Hana Levi Julian, „The Great Obama Shoe Photo Debate: What Was He Trying to Say?", 12. Juni 2009, http://www.israelnationalnews.com/News/News.aspx/131837#. VDKDdGddV0w (Zugriff am 06.10.2014).

1 2
LETZTE CHANCE FÜR AMERIKA

Amerikas Zukunft liegt in Gottes Hand, und unser Gott ist allmächtig. Aber könnte es auch sein, dass die Zukunft mehr und mehr in den Händen der Christen liegt? Damit er das Land heilt, will Gott, dass sein Volk sich demütigt, betet und umkehrt von seinen bösen Wegen (2. Chronik 7,14). Unser Land ist tief gefallen: von der ursprünglichen Höhe christlichen Lebens in einen Mischmasch humanistischer Ideen. Wir sind zu Meistern der Meinungsvermischung geworden, und nur wenige würden die Wahrheit als solche erkennen und sich ihr beugen, selbst wenn sie uns ins Gesicht schlagen würde.

DIE MOTTOS UNSERER UNIVERSITÄTEN

Die ersten Einwanderer ließen sich vor allem im Nordosten nieder, und dort findet man auch die meisten unserer ersten Universitäten. Ihre Wahlsprüche sprechen Bände: Harvard wählte „Glory in Christ" – Herrlichkeit in Christus, die Brown-Universität „In God we hope" – Auf Gott hoffen wir, Rutgers übernahm das Motto der Universität Utrecht (in Anlehnung an Maleachi 3,20) „Sun of Righteousness Shine Upon the West Also" – Sonne der Gerechtigkeit, gehe auf auch über dem Westen. Die John-Hopkins-Universität wählte „Die Wahrheit wird euch frei machen" (Johannes 8,32), der Wahlspruch der Universität Columbia lautete „In deinem Lichte sehen wir das Licht" (Psalm 36,10 LUT), Dartmouth wollte „Stimme eines Rufers in der Wüste" sein (Jesaja 40,3); dazu kamen Verse aus den Evangelien. Das Amherst-College wählte Latein: „Terras Irradient" – erleuchtete Länder, in Anlehnung an Jesaja 6,3 „Alle Lande sind seiner Ehre voll" (LUT). Princeton wählte „Blühend unter Gottes Schutz".

Viele unserer Hochschulen und Universitäten wurden von Geistlichen gegründet, und der Schwerpunkt lag auf Lehrdienst, Evangelisation und Mission. Wo es heute noch theologische Fakultäten gibt, sind diese oft unter der Leitung liberaler oder gar agnostischer Professoren, die der Autorität der Schrift wenig oder keine Bedeutung zumessen. Sie lehren über die Bibel wie über ein Geschichtsbuch voller Irrtümer und Mythen.

In Amerika gab es immer einen treuen Überrest von Betern, die darum flehten, dass Seelen errettet und die Gläubigen gestärkt werden. 1873 begann in einem YMCA (CVJM) in England die „Moody-Erweckung" und sprang nach Amerika über. 1880 erlebte Amerika eine „Ausgießung" des Heiligen Geistes, die viele geisterfüllte Armenier an die Westküste brachte, und die wiederum waren wesentlich beteiligt an der bekannten „Azusa Street"-Erweckung in Los Angeles 1906. Diese Ausgießung geschah in einem einzigen Haus und hielt über Jahre an; Tausende bekehrten sich und noch mehr wurden im Heiligen Geist getauft – und daraus sind viele große Denominationen entstanden.

Jahrzehnte später folgte die Heilungserweckung; sie begann nach der Staatsgründung Israels 1948 und ging etwa sieben Jahre lang ungebrochen weiter, erst etwa 1955 ebbte sie ab. In Stadt und Land wurden riesige Zeltkirchen aufgebaut, oft kamen zehn-, ja fünfzehntausend Suchende zu den Abendveranstaltungen.

1967 kam die dritte Welle der Ausgießung bei den Jesus-People und der Charismatischen Bewegung unter Katholiken und Namenschristen. Manche sagen, all diese Bewegungen zusammengenommen seien der „Spätregen" des Heiligen Geistes, den die Schrift verheißt (Jakobus 5,7).

Die Heilige Schrift deutet an, dass Gott die Erde besuchen wird durch eine weltweite Ausgießung Seines Geistes über alles Fleisch und besonders über die Söhne und Töchter. Schon immer in der Kirchengeschichte hat die Hand des Herrn die junge Generation vorangeschoben und so in dunklen Zeiten helle Lichter angezündet:

- William Booth, der Gründer der Heilsarmee, predigte mit 15 in den Straßen der Londoner Elendsviertel.

- Charles Haddon Spurgeon gilt als der größte Prediger des 19. Jahrhunderts; er war gerade 16, als er zu predigen begann, mit 18 wurde er Pastor, und wenige Jahre später baute er in London das „Tabernacle" (Zelt, Heiligtum) – das 5000 Zuhörer fasste und immer voll besetzt war.

- Jonathan Edwards war 13, als er in die Universität Yale eintrat (1716). Mit 21 war er Pastor einer großen Gemeinde; er führte Amerika in die „Große Erweckung".

- Amy Carmichael ging mit 28 als Missionarin nach Indien und diente dort 56 Jahre lang ohne Heimaturlaub; sie lebte und wirkte in gefährlichen Gegenden.

- George Williams war mit 23 schon Geschäftsmann und gründete den YMCA (CVJM), um andere Geschäftsleute mit dem Evangelium zu erreichen (1844).

- John Wesley wurde mit 26 Leiter des „Holy Club", den sein Bruder Charles an der Universität Oxford gegründet hatte. Auch durch ihn schenkte Gott Erweckung, und er evangelisierte in ganz England und Amerika.

- George Whitefield war Mitglied in Wesleys „Holy Club". Mit 23 ging er nach Amerika (1738), wo sich durch sein Wirken 30 000 Menschen zu Jesus bekehrten.

- Phillis Wheatley, ein Sklavenmädchen, schrieb mit 17 Jahren ein Gedicht über Whitefield und wurde landesweit zur Berühmtheit. Sie war die erste afro-amerikanische Frau, die ein Buch veröffentlichte, und der zweite Afro-Amerikaner überhaupt, der einen Gedichtband herausbrachte.

Die Christen in Amerika bewerten Gottes Handeln und das Geschehen im Reich Gottes oft nur auf Grundlage dessen, was sie in ihren Kirchen, Konferenzen oder Aktionen im Land sehen und erleben. Jedoch ist Amerika nur eines von hunderten Ländern und Regionen der Welt, und manchmal geschieht außerhalb Amerikas mehr Erfreuliches als in unseren Grenzen.

In Indonesien leben mehr Moslems als in jedem anderen Land der Welt; hier gibt es christliche Gemeinden mit 150 000 Gliedern – und die meisten Gottesdienstbesucher sind noch keine 30 Jahre alt. Dasselbe gilt für die wachsenden Kirchen in Asien und auch für die vielen Christen im Untergrund in China, Vietnam und Nordkorea.

Vor Jahren dachte ich darüber nach, in welche Richtung unser Dienst gehen sollte, und ich bat den Herrn, mich zu leiten: Welche Aufgaben auch immer er mir zuteilen würde, seien sie altbekannt oder ganz neu – wenn sie nur dazu dienten, dass ich meiner Berufung gerecht würde. In meinem Geist hörte ich, dass Gott zu den Söhnen und Töchtern kommt, denn er erfüllt seine Verheißung, dass er in den letzten Tagen seinen Geist auf sie ausgießt (Apostelgeschichte 2,17–18). – Auf dieses Gebet folgten einige unerwartete Veränderungen, und schließlich fand ich mich wieder in einem Dienst an der Stadtjugend. Inzwischen möchte ich diese junge Generation nicht nur erreichen, sondern einer vaterlosen Jugend ein geistlicher *Vater* sein – das heißt, ich möchte eine Brücke sein zwischen den Generationen, Jung und Alt verbinden und sehen, dass die Armee der Endzeit, von der Joel spricht, auf Erden sichtbar wird.

Meine Sicht des Zustands und der Zukunft Amerikas liegt zwischen den Meinungen der Liberalen, Moderaten und Konservativen: Die Liberalen glauben nicht, dass sie es schon geschafft hätten, dieses Land aus den Fesseln seines christlichen Erbes zu befreien – sie wollen noch weiter gehen. Die Moderaten glauben, wir seien genau richtig und haben das Nötige getan; hingegen haben viele Konservative das Gefühl, dass wir zu weit gegangen sind und nicht mehr zurück können.

DIE ZEITEN VERSTEHEN

Oft werde ich gefragt: „Gibt es für Amerika noch Hoffnung?", und ich antworte: „Ich hoffe nicht auf denjenigen, den wir wählen oder der regiert, sondern ich hoffe auf eine Verheißung, die sich gerade erfüllt – dass noch eine Erweckung kommt, eine weltweite Ausgießung, deren Höhepunkt die Wiederkunft Christi ist, nach Jakobus 5."

Wenn es noch Hoffnung gibt, was steht uns dann wirklich bevor? Wie können wir die Zeiten erkennen, in denen wir leben? Können prophetische Vorlagen, zum Beispiel die der jüdischen Feste, uns eine Ahnung davon geben, was auf uns zukommt? Ich glaube, ja.

Die jüdischen Feste haben praktische, geistliche und prophetische Bedeutung. Sie sind eine Vorschau auf große Ereignisse der Zukunft wie das Kommen des Messias und seines Reiches. In meinem Buch „Breaking the Code of the Feasts" habe ich ausführlich darüber geschrieben, hier eine Zusammenfassung.

Bei seinem ersten Kommen erfüllte Jesus die drei Frühlingsfeste: an Pessach wurde er gekreuzigt, an dem Tag der Ungesäuerten Brote lag er im Grab, und am Tag der Erstlingsgarbe zeigte er sich seinen Jüngern lebendig (Johannes 20,26+27). Fünfzig Tage danach, am Tag der Pfingsten, fiel der Heilige Geist auf hundertzwanzig Gläubige, und über dreitausend Seelen bekehrten sich (Apostelgeschichte 1,15; 2,1-4.41). Die Gabe des Heiligen Geistes ist allen Gläubigen versprochen, bis Jesus wiederkommt (1. Korinther 1,7). Das bedeutet, dass die Kirche seit knapp zweitausend Jahren im Pfingstfest lebt.

Im jüdischen Kalender folgt als nächstes Hauptfest Rosch Haschana, das Posaunenfest, das Hörnerblasen. Von diesem Fest glauben viele Bibellehrer, dass es mit dem „Schall der Posaune" zusammenfallen könnte, wenn die Toten in Christus auferstehen (1. Thessalonicher 4,16).

Zwischen Pfingsten und dem Posaunenfest liegen vier Monate. Das ist der heiße, trockene Sommer, in dem so gut wie kein Regen fällt. In Israel gibt es Regenzeiten – der Regen fällt nicht immer am selben Tag, aber normalerweise fallen im Herbst die „Frühregen" und im Frühjahr die „Spätregen".

Aus prophetischer Sicht ist der „Frühregen" die Ausgießung des Heiligen Geistes, von der wir in Apostelgeschichte 2,1-4 lesen; dadurch entstand am Tag der Pfingsten die christliche Kirche. Der „Spätregen" ist eine Ausgießung, die von Zeit zu Zeit in bestimmten Gegenden des Landes und der Welt bereits geistlichen Regen fallen ließ; aber es kommt noch eine weltweite Ausgießung der Erfrischung vom Himmel über alle Völker und über alles Fleisch.

Diese Ausgießung ist ein Zeichen der baldigen Wiederkunft Christi. Es gibt noch drei Anzeichen, und wenn diese zusammen mit der Ausgießung des Geistes erscheinen, können wir sicher sein: Das Ende ist da, Jesus kommt wieder!

1. WENN DIE MENSCHEN NICHT MEHR UMKEHREN

Jesus sagte, dass sich vor seiner Wiederkunft die Zeichen aus der Zeit Noahs vor der Flut wiederholen (Matthäus 24,37-39). Noah und seine Söhne bauten 120 Jahre lang an der Arche, aber kein Einziger bekehrte sich, keiner ließ ab von seinen Sünden. Nur acht Seelen, alle in Noahs Familie, entflohen dem nassen Tod, weil sie der Warnung glaubten und Vorkehrungen trafen (Hebräer 11,7; 2. Petrus 2,5).

In Lukas 17,28 sagte Jesus, dass sich auch die Tage Lots wiederholen würden, bevor er wiederkommt. Wie war es nun bei Lot? Nachdem zwei Engelsboten ihn gewarnt hatten vor der kommenden Zerstörung, nötigte Lot seine Töchter und Schwiegersöhne, mit ihm Sodom zu verlassen, bevor das Feuer fiel. Die Schwiegersöhne lachten darüber nur, sie verspotteten ihn und nahmen ihn nicht ernst (1. Mose 19,14). Weder Lot noch Noah konnten also irgendjemanden bekehren.

So wird es auch sein, wenn in der Trübsalszeit die Gerichte Gottes über die Erde kommen: Die Menschen kehren nicht um. Diese Tatsache wird in der Offenbarung drei Mal erwähnt: „Sie taten nicht Buße" (Offenbarung 9,20; 16,9; 16,11). In der gegenwärtigen Heilszeit predigt die Gemeinde Jesu das Evangelium „in aller Welt", aber bevor das Ende kommt, muss der Kreis sich schließen (Matthäus 24,14): Wenn das Evangelium von Jerusalem ausging und die Gläubigen zerstreut wurden, um die damals bekannte Welt zu erreichen, bevor Jerusalem zerstört wurde (sie hatten also etwa vierzig Jahre, um das Evangelium auszubreiten), dann muss es wieder von Jerusalem ausgehen und irgendwie die Welt erreichen.

In Jerusalem leben Anhänger dreier Religionen: Juden, Muslime und Christen. Bisher haben die orthodoxen Juden jeder Art von Evangelisation in der Stadt widerstanden; doch nun haben zwei große christliche Fernsehsender ihre Zentrale in Jerusalem: Daystar und TBN. Via Satellit kommt Daystar in zahllose Häuser in Israel. Jesus hat zwei sehr interessante Vorhersagen gemacht:

Ich sage euch: Ihr werdet mich von jetzt an nicht mehr sehen, bis ihr sprechen werdet: „Gepriesen sei der, welcher kommt im Namen des Herrn!"

Matthäus 23,39

Heute beten fromme Juden und Pilger aus aller Welt beständig an der Westmauer in Jerusalem. Die Juden haben ein Gebet um das baldige Erscheinen des Messias, und besonders während bestimmter Feste wird dieser Satz aus Psalm 118,26 immer wieder gebetet: „Gesegnet sei, der da kommt im Namen des Herrn." – Und nun die andere Vorhersage, die Jesus machte:

Denn wahrlich, ich sage euch: Ihr werdet mit den Städten Israels nicht fertig sein, bis der Sohn des Menschen kommt. Matthäus 10,23

Dieser Vers kann nicht gelten für die Gläubigen des 1. Jahrhunderts, denn zu ihrer Zeit kam der Herr nicht wieder. Ganz sicher spricht er aber davon, dass das Evangelium durch alle Städte Israels geht. Dies ist noch nicht geschehen, aber die moderne Technik gibt uns die besten Voraussetzungen dazu. In dieser Zeit bietet die Gemeinde Jesu die Botschaft der Gnade an – bevor Gottes großes Gericht eintrifft. Aber wie zur Zeit von Noah und Lot haben Sünde und Herzenshärtigkeit eine Mauer des Widerstands errichtet gegen den Geist der Überführung und Umkehr: immer seltener bereuen Männer und Frauen ihre Sünden und kehren um zu Gott. Wenn unser Volk erst einmal soweit ist, dass Überflutungen, Orkane und Erdbeben uns nicht mehr zur Besinnung bringen können, uns nicht mehr zu Gott um Erbarmen rufen lassen, dann haben wir die unbußfertige Generation, die reif ist für Gottes Gericht, wie zur Zeit Jesu.

2. Wenn das Mass voll ist

Alle Menschen werden als Sünder geboren. Sünde ist eine Beleidigung entweder gegen Gott oder gegen den Menschen oder gegen beide. In Gottes Augen ist Sünde, wenn man die geistlichen und ethischen Gesetze Gottes übertritt. Sünde ist ansteckend; wenn man sie dauerhaft nicht bereut, führt sie zu neuen Taten der Sünde und springt auf eine höhere Ebene der Perversion, „Verderbtheit", „Schuld", „Bosheit" oder auch „Iniquität": Ein Mann gibt sich nicht mehr damit ab, Pornos anzuschauen; er geht weiter zur Vergewaltigung, zum Inzest, wird zum Kinderschänder. Oder: Es bleibt nicht bei dem einen Gläschen Wein, man wird zum Alkoholiker und macht der Familie das Leben zur Hölle. Oder: Marihuana und Kokain.

Wie Einzelpersonen „verderbt" sein können, so auch ganze Völker. Für Amerika wäre das zum Beispiel Abtreibung, Homo-Ehe und Habsucht.

Zu Zeiten leben Amerikaner in einer Blase falscher Sicherheit: Es geht uns einigermaßen gut und wir werden nicht von größeren „Gerichten" heimgesucht; also nehmen wir an, dass Gott uns alles durchgehen lässt, auch wenn wir Böses gutheißen und das loben, was Gott verabscheut. Allerdings rührt dieser Mangel an Reaktion des Himmels daher, dass Gott sich zurückhält, denn „das Maß unserer Schuld ist noch nicht voll".

Gott verwendete diesen Ausdruck, als er Abraham sagte, seine Nachkommen würden 400 Jahre in einem fremden Land sein (Ägypten), und danach würde er sie zurückbringen ins Land der Verheißung. Gott wartete, bis das Maß der Schuld, der Becher der Bosheit der Amoriter voll war – dieser heidnische Stamm füllte nach dem Abzug der Hebräer nach Ägypten die Lücke und nahm Kanaan in Besitz (1. Mose 15,16), bis Gott sie gemäß seinem Plan *nach vier Generationen* aus Ägypten herausführte. In Gottes Gesetz steht deutlich: Die Schuld, die Bosheit, die Verderbtheit (engl. *iniquity*) der Väter wird heimgesucht an der dritten und *vierten Generation* (2. Mose 34,7–9). So wurde Israel am Ende der vierten Generation aus Ägypten befreit und die Amoriter wurden gerichtet; damals währte eine Generation hundert Jahre.

Das Bild des voll gewordenen Bechers steht für generationenlange Sünde. In Offenbarung 17,5 lesen wir von dem „Geheimnis Babylon", das in nur einer Stunde fällt, denn der Becher ihrer Bosheit ist voll.

Früher waren die Amerikaner ein geistlich gesinntes Volk und motiviert von der Liebe zu Gott. Oft war diese Spiritualität gemischt mit Patriotismus; das sieht man daran, dass wir singen: „God Bless America" (Gott segne Amerika), und: „America the Beautiful" (Amerika, die Wunderschöne). Seit den 1960er-Jahren haben die Liberal-Progressiven aber Gott den Kampf angesagt, und da die Frommen den Mund hielten und in den bequemen Kirchenbänken sitzenblieben, haben die Liberalen leider die Schlacht gewonnen.

Heute ist Abscheuliches akzeptabel geworden, und genau wie in den Tagen Noahs ist die Erde erfüllt von Gewalttat und das Denken und Trachten des Menschen ist beständig böse (1. Mose 6,5.13). Wenn Verderbtheit akzeptabel und Gerechtigkeit verworfen wird, dann sind wir in der Zeit des Endes angekommen, in den letzten Tagen der letzten Zeit.

3. Wenn Bundesbrüchige gewalttätig werden

Über die Nacht, in der zwei Engel in Menschengestalt Lot besuchten, lesen wir:

Aber ehe sie sich hinlegten, umringten die Männer der Stadt das Haus, die Männer von Sodom, jung und alt, das ganze Volk aus allen Enden, und riefen Lot und sprachen zu ihm: Wo sind die Männer, die diese Nacht zu dir gekommen sind? Bring sie heraus zu uns, damit wir uns über sie hermachen!

1. Mose 19,4+5

Lot weigerte sich, den verdrehten Forderungen dieser sexsüchtigen Männer nachzugeben; dafür erntete er zwei Reaktionen:

- Erstens versuchte der Mob, die Tür einzutreten und die beiden Engel auf die Straße zu zerren, um ihnen Gewalt anzutun.

- Zweitens beschimpften sie Lot, er spiele sich als Richter auf, und drohten ihm noch Schlimmeres an, wenn er seine beiden Gäste nicht herausrücken würde (1. Mose 19,9). Sodom war von Perversion zur gewalttätigen Perversion weitergegangen, wie es schon dreihundert Jahre zuvor bei Noah war, als die Erde erfüllt war mit Gewalttat.

Wenn die Gerechten gewalttätig misshandelt oder bedroht werden von perversen Männern und Frauen, wendet sich das Spiel: Gott steht auf und streitet für die, die in seinem Bund stehen. Dass die Generation Jesu im Jahr 70 n. Chr. unter ein so schweres Gericht fiel, hatte sicher mehrere Gründe; ein Hauptgrund war, dass Gott auf das unschuldige Blut reagierte, dass die Juden vergossen hatten, einschließlich das der Propheten und Priester, die Gott zu ihnen gesandt hatte (Matthäus 23,30-35). Auch das kommt wieder: Gott lässt die vollständige Zerstörung der Stadt zu, die sich schuldig gemacht hat am Blut der Propheten und Gerechten (Offenbarung 17,6; 18,24).

ZWISCHEN PFINGSTEN UND DEM POSAUNENFEST

In den letzten vierzig Tagen der vier Monate zwischen Pfingsten und dem Posaunenfest beachten die Juden die *teschuwa*, eine besondere Zeit der Umkehr: Sie erforschen ihr Gewissen, schreiben einander Briefe und zweimal am Tag beten sie Psalm 27, um sich auf den Versöhnungstag vorzubereiten. Ist es nicht interessant: Vor dem Posaunenblasen, dem Hörnerschall an Rosch Haschana ist eine wichtige Zeit der Umkehr zur Vorbereitung auf die Herbstfeste und den Regen.

Ich glaube, das gibt uns ein prophetisches Bild von der Zeit, in der wir leben. Aus prophetischer Sicht sind wir nun zwischen Pfingsten und der Entrückung (Posaunenfest/Hörnerschall), und zweierlei geschieht: Erstens erschallt ein lauter Ruf zur Umkehr, um die Menschen auf die Entrückung vorzubereiten, bei der die große Posaune erschallt; ich glaube, dass die Abkehr von der Sünde und die Umkehr zu Gott in der nächsten Zeit eine wichtige Botschaft ist! Zweitens: Wie sich vor dem Regen Wolken einstellen, so bereitet der Heilige Geist die letzte Ausgießung vor, deren Höhepunkt sein wird, wenn die Posaune erschallt. Der Fluch der Sommerdürre zerbricht – wir sehen schon, wie in aller Welt Menschen zu Jesus finden und eine neue Ausgießung des Heiligen Geistes die Länder und Völker überflutet!

Diese erstaunlichen prophetischen Muster und Serien der Welt- und Heilsgeschichte, von denen in diesem Buch die Rede ist, diese Kreise schließen sich jetzt in Amerika; das legt nahe, dass in Gottes Plan dieses Land jetzt im Zentrum der Erfüllung der Prophetie steht. Unser Land wählt seinen Weg, und damit sein Schicksal – vielleicht kommen auch wir auf die Liste der einst großen Weltreiche.

Doch wenn Sie von diesem Buch nur Kopfwissen mitnehmen, hat es seinen Zweck verfehlt. Viel dringender als Kopfwissen brauchen wir Offenbarung: Die Welt muss Jesus Christus kennenlernen, jetzt mehr denn je!

Was über Amerika kommt und über den Rest der Welt, das kommt, weil die Menschheit Gottes flehentlichem Ruf zur Umkehr die kalte Schulter gezeigt hat. Deshalb, und weil er nicht willens ist, seine Geschöpfe dem Untergang anheimfallen zu lassen, musste Gott der Welt einen Erlöser schicken: sich selbst. So kam sein Wort und heilte unsere Krankheiten, deren größte unsere angeborene Neigung zur Sünde ist. Es ist nur logisch, dass dieser Erlöser, dieses Wort, dass Gott selbst der durchgehende, der wichtigste „Code" in der Bibel ist. Er ist die Summe von allem.

Deshalb, wenn Sie ihn nicht kennen, oder Sie kennen ihn nicht so, wie es sein sollte, dann möchte ich Sie einladen: Machen Sie jetzt Nägel mit Köpfen. Laden Sie Jesus Christus ein, in Ihr Leben zu kommen und Sie zu verändern, damit Ihr Name eingetragen wird in das bedeutendste Buch überhaupt – in das Buch des Lebens!